Liebe Leserin, lieber Leser,

Noch vor wenigen Jahrzehnten billigte die Forschung Vätern nur eine eher randständige Rolle im Geflecht einer Familie zu. Sie galten vor allem als zuständig für das wirtschaftliche Wohlergehen, zudem noch für das Spielen und Toben mit dem Nachwuchs. Seit einiger Zeit aber haben Wissenschaftler erkannt, dass ein engagierter und sensibler Vater seine Kinder sehr viel stärker prägt als bislang angenommen. Dass er nicht nur männliches Rollenmodell ist, sondern entscheidend sowohl für das soziale und kognitive Gedeihen der Kinder als auch für deren Gefühlsleben. Daher sind Väter für eine positive Kindesentwicklung ebenso wichtig wie Mütter.

Wie wesentlich jedoch die *unterschiedlichen Geschlechterrollen* der Eltern für den Nachwuchs sind, ist strittig. Vor allem Psychoanalytiker unterstreichen die Bedeutung des Vaters als *Mann* für die Entwicklung der Töchter und vor allem für die der Söhne. Familienforscher und Entwicklungspsychologen betonen dagegen stärker seine Rolle als *gleichberechtigtes Elternteil*, das dem Kind eine Fülle zusätzlicher Anregungen bietet, ihm nahe ist und es unterstützt. Und sie machen deutlich, dass für das Wohlergehen der Kinder nicht allein die individuelle Beziehung zu Vater und Mutter wichtig ist, sondern das harmonische Miteinander in der Familie, also auch die Verbundenheit der Partner, ihre „triadische Fähigkeit" (siehe Seite 30).

Diese Befunde gelten für Gesellschaften, in denen Kinder vorwiegend in Kleinfamilien leben. In dem Fall ist auch die Frage der biologischen Vaterschaft zentral: Denn stellt ein Mann fest, dass er unwissentlich die Kinder eines anderen großzieht, führt dies fast immer zu einer tiefen Kränkung (siehe Seite 56). Auf der anderen Seite suchen Kinder, deren leiblicher Vater abwesend oder unbekannt ist, meist irgendwann im Leben nach den Wurzeln ihrer Herkunft – eine mitunter traumatische Erfahrung (siehe Seite 66).

»Anders als lange gedacht, sind Väter für die Kindesentwicklung ebenso wichtig wie die Mütter«

Anders in Kulturen wie jenen der Mosuo, einer ethnischen Minderheit im Südwesten von China. Dort spielt die biologische Vaterschaft kaum eine Rolle. Auch langjährige Paarbeziehungen sind dort selten; Kinder wachsen seit jeher in von Frauen geführten Familienclans auf. Männliche Bezugspersonen haben die Mädchen und Jungen aber dennoch: Oft sind es die Brüder der Mütter (siehe Seite 90).

Hierzulande hingegen scheint es für Männer niemals zuvor so erstrebenswert gewesen zu sein, selbst eigene Kinder großzuziehen. Bei Umfragen sagen heute 93 Prozent der kinderlosen jungen Männer, dass sie gern Nachwuchs hätten; noch 1997 äußerten diesen Wunsch nicht einmal 60 Prozent der Befragten.

Väter zeigen heute vielfach vom ersten Tag an Interesse an der individuellen Entwicklung ihrer Kinder und an Erziehungsfragen. Unternehmen und Vorgesetzte schieben Männer nicht automatisch aufs Karriere-Abstellgleis, wenn sie für einige Zeit ihren Nachwuchs betreuen. Und in der Gesellschaft werden emotional geprägte Beziehungen zwischen Vätern und Kindern ausdrücklich als erwünscht angesehen.

Soziologen stellen allerdings infrage, ob sich „der neue Vater" bereits in allen gesellschaftlichen Milieus durchgesetzt hat; sie sprechen lieber von „familienorientierten Brotverdienern". Denn nach der Geburt kommt es häufig zu einer Retraditionalisierung der Rollen; die Frau bleibt daheim, weil sie zuvor meist weniger Geld verdient hat als der Mann. Viele Väter haben zwar ihr zeitliches Engagement für Kinder erhöht und übernehmen inzwischen etliche Aufgaben bei der Kinderbetreuung, dennoch verbleibt die Verantwortung für die Organisation des Alltags meist bei den Müttern.

Männer sind demnach nicht unwillig, sie können nur in vielen Fällen nicht allen Ansprüchen gerecht werden. Daher sollte, wer den „neuen Vater" zum Rollenvorbild machen will, für entsprechende Rahmenbedingungen sorgen. Dass diese tatsächlich verhaltensändernd wirken, zeigt die Elternzeit: Das bis Ende 2006 gezahlte Erziehungsgeld nahm nur jeder 30. Berechtigte in Anspruch; Anfang 2010 aber bezog bereits jeder fünfte Vater das neue Elterngeld – und entschied sich für eine Auszeit aus dem Beruf. Im vermeintlich konservativen Bayern war es sogar jeder vierte.

Insofern können sich Väter derzeit unbeschwerter ihrer Familie zuwenden als jemals zuvor – manche tun es schon, die anderen haben zumindest viele Möglichkeiten dazu.

Herzlich Ihr

Claus Peter Simon
Geschäftsführender Redakteur

154 Samenspender Kirk Maxey ist möglicherweise Vater von 400 Nachkommen, denn eine Klinik verkaufte ohne sein Wissen sein Erbgut. Die ersten Kinder haben sich bereits gemeldet.

44 Ein neuer Weg Endet die Vaterschaft, wenn der Sohn 18 wird? Harald Martenstein hat darüber auf einer langen Wanderung mit seinem Sohn David nachgedacht.

DOSSIER:

Von Vaterliebe und Vaterhass

Eine Sammlung von Texten, deren Autorinnen und Autoren sich mit ihrem ungewöhnlichen Verhältnis zum eigenen Vater auseinandersetzen – darunter Brigitte Schwaiger, Niklas Frank, Luise Rinser und Gregory Hemingway.

ab Seite 115

INHALT

THEMEN FRÜHERER HEFTE UND KONTAKT ZUR REDAKTION UNTER GEO-WISSEN.DE

Redaktionsschluss dieser Ausgabe: 18. Oktober 2010

Alle Fakten und Daten in diesem Heft sind vom GEO-WISSEN-Verifikationsteam auf ihre Präzision, Relevanz und Richtigkeit überprüft worden. Kürzungen in Zitaten sind in der Regel nicht kenntlich gemacht.

Titelbild: David Maupilé

Enger Körperkontakt in der ersten Lebensphase ist nicht nur unerlässlich für die gesunde Entwicklung eines Kindes, für ein tiefes Vertrauen zu den Eltern – es stärkt auch die erzieherische Kompetenz des Vaters. Fotoprojekt: Matt und Melissa Eich

DIE ROLLE SEINES LEBENS

Der Mann in einer Familie prägt die nachfolgende Generation weitaus stärker als lange Zeit angenommen. Im Positiven wie im Negativen: durch Engagement und emotionale Beteiligung, aber auch, wenn er distanziert ist und autoritär. Die folgenden Seiten zeigen Projekte von Fotokünstlern, bei denen Väter die Hauptperson sind

KONZEPTION: BÄRBEL EDSE

Jos und Mai

Sander und Morris

Mauro und Maties

Silvester und Ufna

Alles eine Frage der Haltung

Fast nackt im Wasser stehend, reduziert auf das Menschsein, drücken die Blicke und die Art des Körperkontakts zwischen Vätern und Kindern in der Fotoserie „Männliche Madonnas“ von Alex ten Napel eine ganz besondere Individualität der Beziehung aus. Eines jedoch eint die Väter: der Wille, ihren Kindern Sicherheit zu geben.

Ronald und Quinty

Jens und Kiana

Rob, Celine und Julia

Marcel und Jeffrey

Kommt jetzt der Ernst des Lebens?

Wer hat hier eigentlich das Sagen? Warum steht der Vater am Rand? Gibt es eine Kluft zwischen den Kindern? Solche Fragen will die amerikanische Fotografin Lydia Panas nicht beantworten, aber zumindest aufwerfen. Seit mehreren Jahren schon beschäftigt sie sich für ihr Projekt „Das Zeichen des Abel“ mit der heiklen Übergangsphase zwischen Kindheit und Erwachsenenalter, der Konkurrenz unter Geschwistern und deren Beziehung zu Vater und Mutter. Sie bittet Freunde und Bekannte vor die Kamera, beobachtet, wie die sich positionieren, greift selbst nur wenig ein. Daher ähneln ihre Fotos oft einer therapeutischen Familienaufstellung, die dem Betrachter Auskunft gibt über die Beziehung der Menschen zueinander.

Lebensgefährten auf Augenhöhe

Von Geburt ihrer Tochter an haben der amerikanische Fotograf Matt Eich und seine Frau Melissa das Aufwachsen von Madelyn dokumentiert – ob beim Toben, beim Trinken oder bei den ersten Schritten in den Atlantik. Wie viele andere Väter hat auch Matt Eich sich nicht von Beginn an wohl in seiner neuen Rolle gefühlt. Was nicht ungewöhnlich ist, wie Entwicklungspsychologen wissen. Ebenso wie die Erkenntnis des Vaters in den Monaten danach: Die Existenz seiner Tochter, sagt Eich, habe ihn zu einem besseren Menschen gemacht. Madelyn profitiert vom väterlichen Engagement – denn es macht Kinder einfühlsamer, selbstbewusster und intelligenter als den Nachwuchs von wenig präsenten Männern.

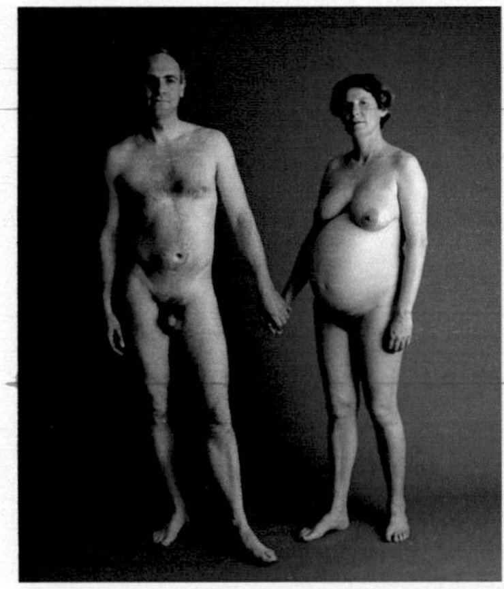
1991

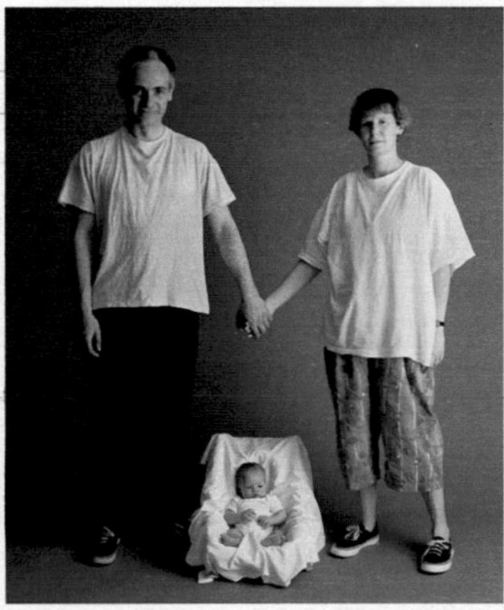
1991

1992

1993

1994

1995

1996

1997

1998

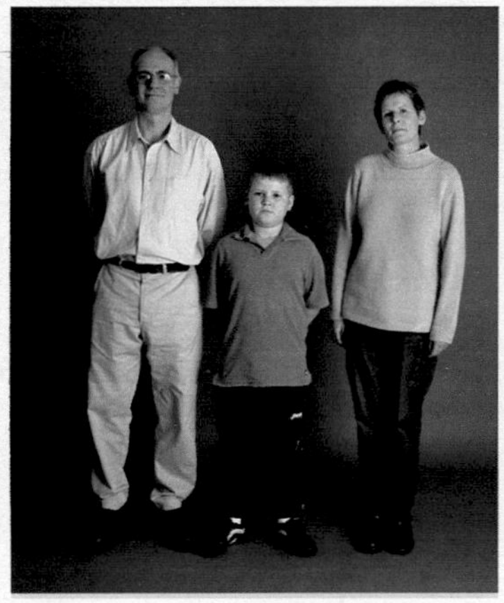
1999

2000

2001

2002

2003

2004

2005

2006

2007

2008

Über den Kopf gewachsen

So wie dieser junge Mann wachsen in Deutschland noch immer die meisten Kinder auf: gemeinsam mit Mutter und Vater, in einer, wie Psychologen sagen, Triangulierung. Auf manchen Fotos steht der Junge der Mutter näher, auf einigen jüngeren dem Vater. Der spielt in vielen Familien gerade in der Pubertät der Kinder eine besonders wichtige Rolle. Die Idee zu diesem Langzeitprojekt hatte der Londoner Fotograf Zed Nelson: Seit nunmehr zwei Jahrzehnten bittet er einmal im Jahr diese befreundete Familie zum Fototermin, immer zum gleichen Zeitpunkt, immer vor demselben Hintergrund.

2009

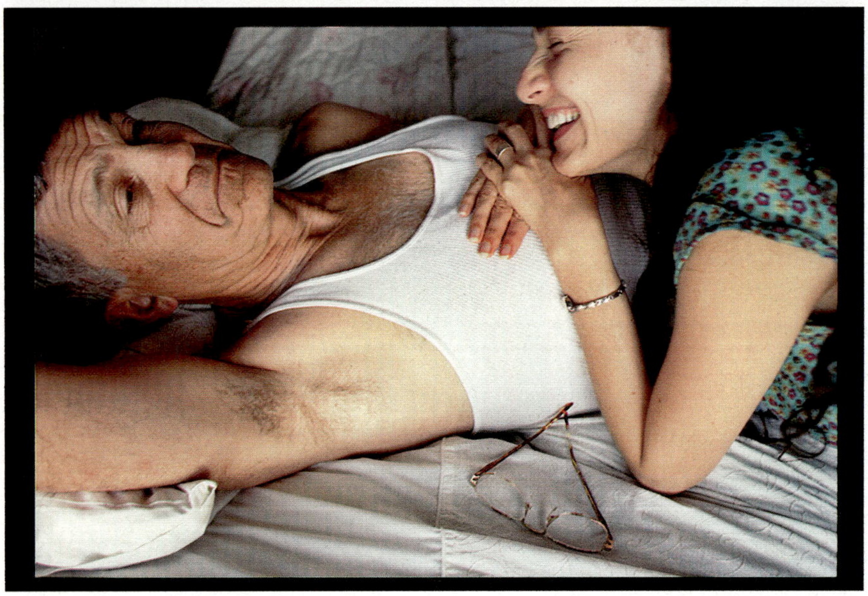

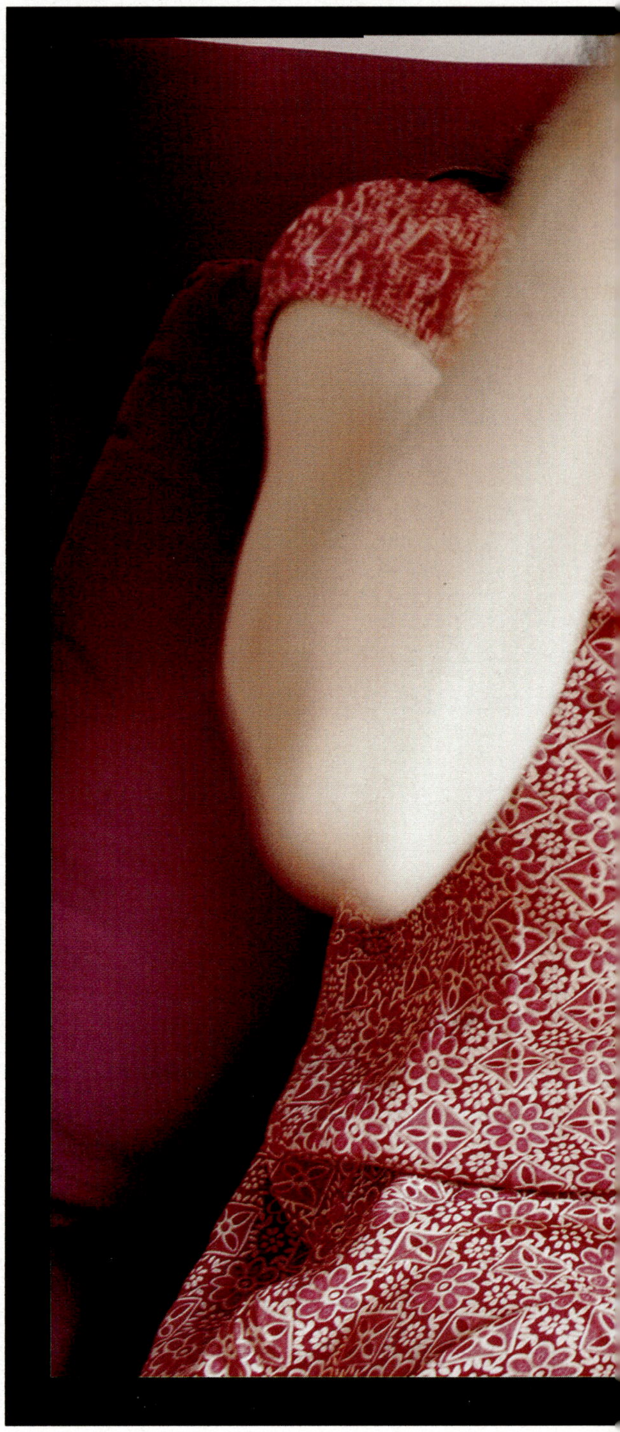

Tochter, Vater und der intime Blick der Kamera

Die Art und Weise, wie ein Vater mit seiner Tochter in der Kindheit umgeht, beeinflusst, wie sie ihr späteres Leben gestaltet, wie glücklich sie sich fühlt. Obwohl sie ihn gerade in der Pubertät – wenn sie ihre weibliche Identität entwickelt – am meisten braucht, entfremden sich Tochter und Vater im Teenageralter häufig. Anders bei der Familie der New Yorker Fotografin Elinor Carucci: Schon mit 15 Jahren begann Elinor, sich und ihre nächsten Familienangehörigen zu fotografieren, oft mit Selbstauslöser, in ganz intimen, alltäglichen Momenten, ohne Scheu vor Nacktheit und körperlicher Nähe.

Hier ist jeder sein eigener Herr

Sie leben bis heute zusammen in einem Haus im fränkischen Bubenreuth, haben unzählige Stunden im Esszimmer gesessen – der Postbeamte Berthold Angermüller und sein Sohn, der Bankangestellte Klaus Angermüller. Inzwischen pflegt der Sohn den 83-jährigen Vater; die vier Geschwister wohnen längst nicht mehr in der Nähe. Nicht alle Vater-Sohn-Beziehungen, die der Hamburger Fotograf David Maupilé seit 2002 für eine Langzeitstudie dokumentiert, sind derart beständig. Er hat Männer getroffen, die ihrem Vater bedingungslos nacheifern, aber auch solche, deren Lebensmodell in eine ganz andere Richtung weist. Ganz frei machen von den Familienbanden kann sich indes niemand, ob der Sohn des fränkischen Landwirts, der Sohn des russischen Kolchosebauern oder der Sohn des Streichbogenbauers aus Bubenreuth (kleine Fotos, von oben).

DIRECTV
beats cable
hands down.
Compare for yourself.
Call 1 888 550 1426

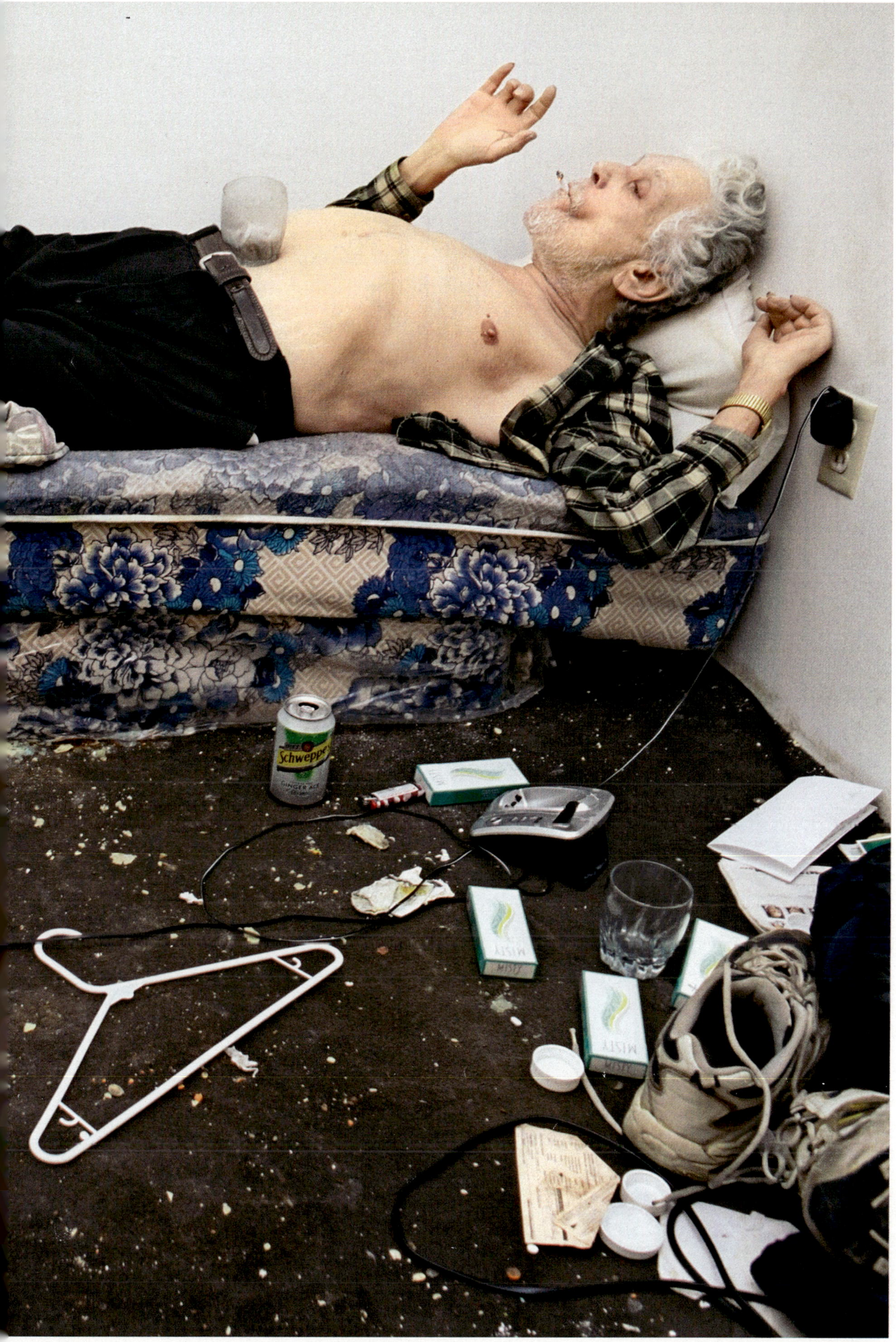

Wenn der Ältere kein Vorbild ist

Längst nicht jede Kindheit ist glücklich. Schon gar nicht, wenn der Vater das eigene Leben nicht in den Griff bekommt, wenn er krankhaft schwermütig ist, unter Persönlichkeitsstörungen leidet. Seit vielen Jahren dokumentiert die New Yorker Fotografin Brenda Ann Kenneally den Alltag ihres manisch-depressiven Vaters Eddie, unterstützt ihn, so gut sie kann. Die Arbeit mit der Kamera, sagt sie, sei für sie ein Weg, mit den eigenen Depressionen und Drogenproblemen umzugehen. Für ihren Vater empfindet sie die „gleiche Liebe und Dankbarkeit“ wie für „jeden, der mir erlaubt, meine Kamera in sein Leben zu bringen“. Ihre Projekte, die sich häufig mit sozialen Missständen befassen, hatten ihrem Leben erstmals ein Ziel gegeben.

Mein Vater, der Vergewaltiger

„Kinder des Hasses" werden sie genannt, die etwa 20 000 Jungen und Mädchen im ostafrikanischen Ruanda, die nach der Vergewaltigung ihrer Mütter geboren wurden. Viele der Frauen wurden von ihren Familien und Dorfgemeinschaften verstoßen; zu groß sei die „Schande", ein Kind vom Feind empfangen zu haben. Auf diese oft vergessene Seite des 1994 in Ruanda verübten Völkermords stieß der US-Fotograf Jonathan Torgovnik bei einer Reportage. Er sagt: „Sie wachen jeden Morgen auf, schauen in die Augen dieser Kinder und damit auch in die Augen ihrer Peiniger. Und doch: Es sind ihre Kinder." Torgovnik hat eine Stiftung gegründet, die den Kindern die Schule finanziert und sich um die medizinische Versorgung der Mütter kümmert.

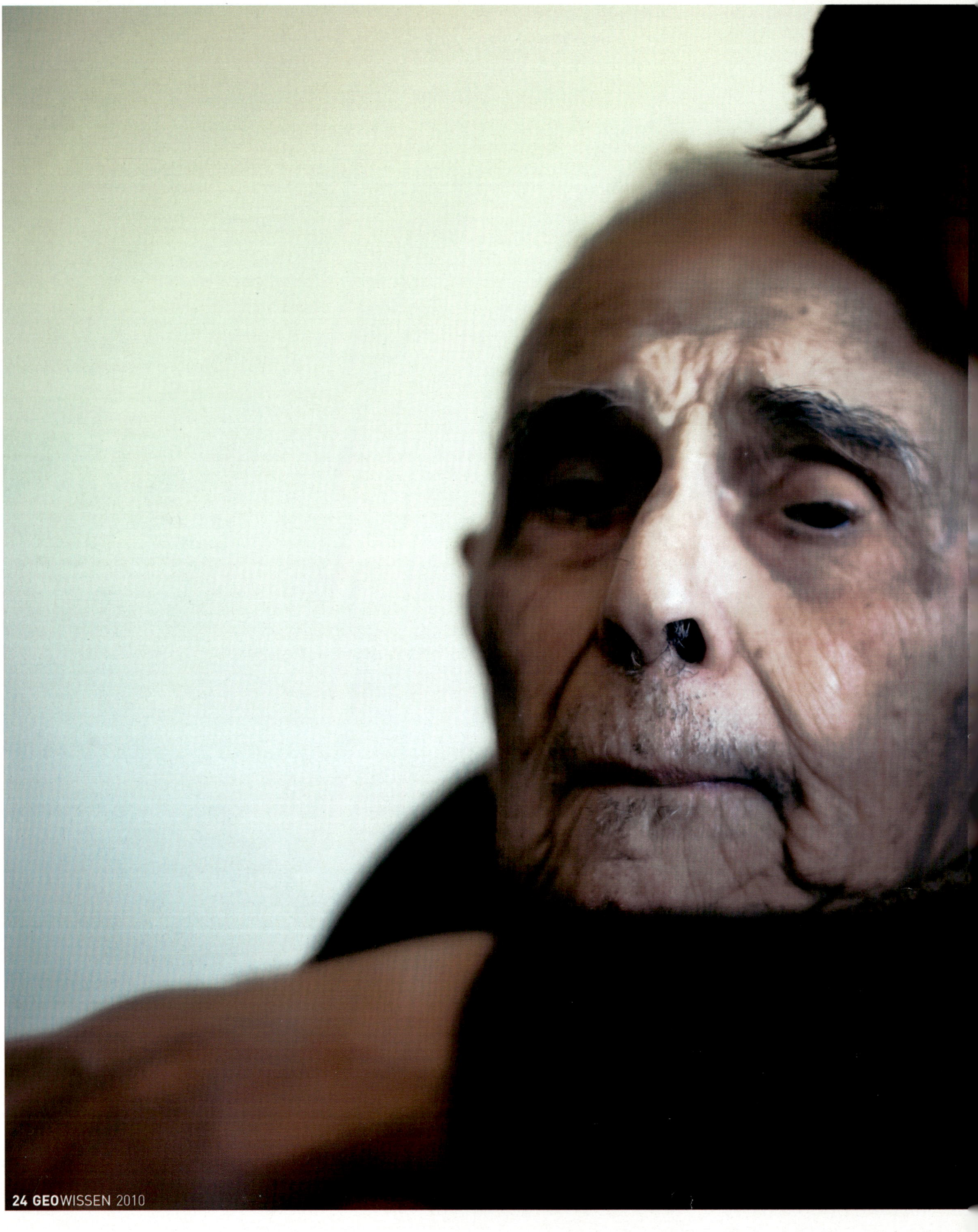

Der lange Weg ins Vergessen

Ein Sohn begleitet seinen Vater bis in den Tod, drei Jahre lang. Erlebt, wie der einst so eloquente und sportliche Filmschauspieler langsam körperlich und geistig verfällt. Muss dem Vater immer wieder von Neuem erklären, dass seine Frau schon längst gestorben ist. Zärtlich und aufmerksam hat der amerikanische Fotograf Phillip Toledano den Abschied von seinem Vater in Dutzenden von Bildern festgehalten. Die gemeinsame Zeit mit ihm empfand er als großes Geschenk – vor allem, weil sie sich beide ihrer gegenseitigen Wertschätzung und Liebe sicher waren. □

Bin ich ein **guter**

Die meisten Väter gehen liebevoll mit ihrem Nachwuchs um, manche aber sind eher kühl. Die einen sehen in ihren Kindern gleichberechtigte Partner, andere beharren auf der elterlichen Autorität. Solche Unterschiede haben Folgen für die kindliche Entwicklung: etwa darauf, wie die Heranwachsenden mit anderen Menschen umgehen und wie sich ihre Persönlichkeit entwickelt. Dieser Test wurde von Psychologen konzipiert. Gedacht ist er für Eltern von Grundschulkindern – also auch für Mütter

ANLEITUNG:

Im Folgenden geht es darum, wie Sie in Ihrer Familie miteinander umgehen. Geben Sie bitte bei ***jeder*** Aussage an, wie häufig der jeweils angesprochene Fall ***typischerweise*** in Ihrer Familie vorkommt. Bitte versuchen Sie nicht, die Antworten aufeinander abzustimmen. Es gibt keine richtigen und falschen Antworten. Für Partner kann es aufschlussreich sein, wenn sie den Test getrennt voneinander absolvieren und die Ergebnisse anschließend vergleichen.

□ = fast nie
□ = selten
□ = manchmal
□ = oft
□ = fast immer

1. Sie führen ein freundliches Gespräch mit Ihrem Kind. 1 2 3 4 5
2. Sie sagen Ihrem Kind, dass es etwas gut gemacht hat. 1 2 3 4 5
3. Sie drohen dem Kind eine Strafe an, strafen es dann aber doch nicht. 1 2 3 4 5
4. Sie stellen sich in einer Freizeitgruppe Ihres Kindes als freiwilliger Helfer zur Verfügung (z. B. Sportgruppe, Pfadfinder, Musikgruppe, Kindergruppe). 1 2 3 4 5
5. Ihr Kind ist außer Haus und Sie wissen nicht genau, wo es ist. 5 4 3 2 1
6. Sie spielen zusammen oder unternehmen etwas mit Ihrem Kind, was Spaß macht. 1 2 3 4 5
7. Ihr Kind hat etwas falsch gemacht und verhandelt so lange mit Ihnen, bis Sie von einer Bestrafung absehen. 1 2 3 4 5
8. Sie fragen Ihr Kind, wie sein Tag in der Schule war. 1 2 3 4 5
9. Ihr Kind bleibt abends länger weg, als es soll. 5 4 3 2 1
10. Sie helfen Ihrem Kind mit den Hausaufgaben. 1 2 3 4 5
11. Sie loben Ihr Kind, wenn es etwas gut gemacht hat. 1 2 3 4 5
12. Sie bringen Ihr Kind zu einer Freizeitbeschäftigung. 1 2 3 4 5
13. Wenn Ihr Kind anfängt mit Ihnen zu verhandeln, sprechen Sie ein Machtwort. 1 2 3 4 5

Vater?

14. Sie loben Ihr Kind, wenn es sich gut benommen hat.	1	2	3	4	5
15. Ihr Kind ist mit Freunden unterwegs, die Sie nicht kennen.	5	4	3	2	1
16. Wenn Ihr Kind möchte, dass Sie eine Ausnahme machen, bestehen Sie auf Ihren Regeln, damit klar ist, wer in der Familie das Sagen hat.	1	2	3	4	5
17. Sie umarmen Ihr Kind oder geben ihm einen Kuss, wenn es etwas gut gemacht hat.	1	2	3	4	5
18. Ihr Kind geht aus, ohne dass eine Zeit vereinbart ist, zu der es zurück sein muss.	5	4	3	2	1
19. Sie vermindern eine Bestrafung (z. B. Sie heben ein Verbot früher auf, als Sie ursprünglich angekündigt haben).	1	2	3	4	5
20. Sie haben so viel zu tun, dass sie vergessen, wo Ihr Kind ist und was es tut.	5	4	3	2	1
21. Sie gehen zu Elternbeiratssitzungen, Elternsprechtagen oder anderen Treffen in den Kindergarten oder in die Schule Ihres Kindes.	1	2	3	4	5
22. Sie zeigen Ihrem Kind, dass Sie sich freuen, wenn es in Haus und Garten hilft.	1	2	3	4	5
23. Wenn Ihr Kind etwas erledigen soll, geben Sie ein deutliches Kommando und dulden keine großen Umschweife.	1	2	3	4	5
24. Je nachdem, wie gut Sie gelaunt sind, sind die Strafen für Ihr Kind mehr oder weniger streng.	1	2	3	4	5
25. Sie greifen durch, weil Kinder ihre Grenzen kennenlernen müssen, auch wenn es Ihr Verhältnis zu Ihrem Kind trübt.	1	2	3	4	5
26. Sie halten Ihr Kind fest oder schütteln es, wenn es etwas falsch gemacht hat.	1	2	3	4	5
27. Sie besprechen mit Ihrem Kind, was es in seiner Freizeit tun könnte.	1	2	3	4	5
28. Sie geben Ihrem Kind einen Klaps, wenn es etwas Falsches gemacht hat.	1	2	3	4	5
29. Sie erklären Ihrem Kind, wie man sich in einer bestimmten Situation gut benimmt.	1	2	3	4	5
30. Wenn Ihr Kind sich nicht genau an Ihre Anweisungen hält, weisen Sie es sofort zurecht.	1	2	3	4	5
31. Sie tun oder sagen etwas, damit Ihr Kind in gute Stimmung kommt.	1	2	3	4	5
32. Sie achten darauf, ob Ihr Kind mit anderen Kindern friedlich umgeht, und greifen ein, wenn Ihr Kind sich nicht friedlich verhält.	1	2	3	4	5
33. Sie überlegen sich, wie Ihr Kind sich im Umgang mit anderen Menschen benehmen soll.	1	2	3	4	5
34. Sie sprechen mit Ihrem Partner/Ihrer Partnerin darüber, ob Sie Ihrem Kind etwas erlauben oder verbieten sollen.	1	2	3	4	5
35. Bei Diskussionen mit Ihrem Kind kommt es vor, dass Ihre Worte nicht ausreichen und Sie auch schon mal anpacken müssen.	1	2	3	4	5
36. Sie setzen Ihrem Kind klare Grenzen, damit es Ihnen nicht auf der Nase herumtanzt.	1	2	3	4	5
37. Es fällt Ihnen schwer, in Ihrer Erziehung konsequent zu sein.	1	2	3	4	5
38. Es gibt Tage, an denen Sie strenger sind als an anderen.	1	2	3	4	5
39. Es ist Ihnen wichtig, die Freunde Ihres Kindes zu kennen.	1	2	3	4	5
40. Wenn Sie beobachten, dass Eltern ihr Kind ohrfeigen, würden Sie es am liebsten in Schutz nehmen.	5	4	3	2	1

Die Auswertung finden Sie auf der nächsten Seite.

Ihre Ergebnisse

Psychologen haben in umfangreichen Studien mit Tausenden von Probanden herausgefunden, was eine gelungene Erziehung ausmacht. Die Testresultate zeigen, wie Sie sich als Vater oder Mutter in den sieben wichtigsten Erziehungsdimensionen einzuschätzen haben

Bitte tragen Sie in die Kästchen ein, wie viele Punkte Sie bei der entsprechenden Frage haben. Wenn Sie die Punkte zusammenzählen, erhalten Sie den Gesamtwert für die jeweilige Erziehungsdimension

Freundlichkeit

Ein freundlicher und warmherziger Umgang mit dem Kind ist grundlegende Voraussetzung für ein positives Erziehungsverhalten. Bei einer hohen Ausprägung dieses Merkmals beachten Eltern die Bedürfnisse des Kindes nach Zuwendung und Anerkennung. Sie loben das Kind, wenn es etwas gut gemacht hat, und zeigen ihm, dass Sie sich freuen. Wenn dies auf authentische Weise geschieht, haben Kinder seltener Verhaltensprobleme und eine bessere Sprachkompetenz. Ein solches Elternverhalten ist besonders wichtig für die soziale Kompetenz der Kinder. Ist die stark ausgeprägt, halten sie sich an Regeln, spielen ohne viel Streit mit Gleichaltrigen und lösen Konflikte selbstständig. Sie erzählen auch gern, was sie gerade bewegt. Ist ein solches Elternverhalten schwach ausgeprägt, kommt es bei den Kindern beispielsweise häufiger zu Wutausbrüchen. Auch hyperaktives Verhalten tritt etwas häufiger auf als normal.

1		2		11		14		17		22		
☐	+	☐	+	☐	+	☐	+	☐	+	☐	=	____

FREUNDLICHKEIT ist bei Ihnen bei einem Punktwert von
6–21 **gering ausgeprägt**
22–29 **durchschnittlich ausgeprägt**
30 **stark ausgeprägt**

Verantwortungsbewusstsein

Ist dieses Merkmal hoch ausgeprägt, sorgen Eltern in besonderem Maße dafür, dass Ihr Kind sich sozialverträglich benimmt. Sie agieren nicht willkürlich, sondern diskutieren ihre Erziehung mit dem Partner, setzen sich Ziele und arbeiten daran, diese zu erreichen. Verantwortungsbewusstes Elternverhalten bedeutet, dem Kind zu erklären, wie es sich Mitmenschen gegenüber benehmen sollte – und einzugreifen, wenn es beispielsweise anderen gegenüber aggressiv wird. Es bedeutet auch, gemeinsam mit dem Kind zu überlegen, was es in seiner Freizeit unternehmen kann und es in gute Laune zu versetzen, bevor man es mit einer Anforderung konfrontiert. Kinder verantwortungsbewusster Eltern vermögen meist gut mit Gleichaltrigen umzugehen, sie sagen, wenn sie etwas auf dem Herzen haben. Doch kann es auch bei diesen Kindern, so zeigen Studienergebnisse, zu Aufsässigkeit kommen.

27		29		31		32		33		34		
☐	+	☐	+	☐	+	☐	+	☐	+	☐	=	____

VERANTWORTUNGSBEWUSSTSEIN ist bei Ihnen bei einem Punktwert von
6–17 **gering ausgeprägt**
18–24 **durchschnittlich ausgeprägt**
25–30 **stark ausgeprägt**

Machtvolle Durchsetzung

Die machtvolle Durchsetzung von Zielen ist Zeichen einer autoritären Erziehung. Bei hoher Ausprägung dieses Merkmals setzen Eltern vor allem auf Zwang und Kontrolle, bestehen auf Gehorsam. Strafen werden häufig angedroht und konsequent vollstreckt. Die Eltern kommandieren ihr Kind und zeigen ihren Ärger, wenn es nicht pariert. Diskutiert wird nicht, Ausnahmen gibt es keine, die Regeln sind starr. Diese Erziehungsdimension ist kontraproduktiv, denn die Kinder ahmen das durchsetzungsstarke Verhalten der Eltern nach und widersetzen sich häufig deren Anordnungen; so kann es schnell zur Eskalation kommen. In einer Studie fielen auf diese Weise erzogene Jungen dadurch auf, dass sie zur Umsetzung ihrer Wünsche Gleichaltrige zu manipulieren versuchten; so erzogene Mädchen gingen Konflikten dagegen lieber aus dem Weg.

13		16		23		25		30		36		
☐	+	☐	+	☐	+	☐	+	☐	+	☐	=	____

MACHTVOLLE DURCHSETZUNG ist bei Ihnen bei einem Punktwert von
6–14 **gering ausgeprägt**
15–21 **durchschnittlich ausgeprägt**
22–30 **stark ausgeprägt**

Inkonsistenz

Eine hohe Ausprägung dieses Merkmals bedeutet, dass die Eltern keine klare Linie in der Erziehung verfolgen, speziell bei Strafen: Wenn sie etwa Sanktionen androhen, diese dann aber nicht verhängen; wenn sie sich einen Teil der Strafe abhandeln lassen oder die Bestrafung davon abhängt, wie sie gerade gelaunt sind. Inkonsistentes Elternverhalten bringt eine Reihe von Problemen mit sich. Die soziale Kompetenz der Kinder leidet; häufig kommen Trotz und Aggressivität, Symptome von Hyperaktivität sowie emotionale Auffälligkeiten vor. Erziehungsexperten legen daher großen Wert auf Konsequenz: Die ist das wichtigste Erziehungsmittel überhaupt. Doch konsequent verhängte und vollzogene Strafen allein sind kein gutes Mittel der Erziehung – weil sich die damit verbundenen Ziele nur selten erreichen lassen, wie die Forschung zeigt. Eltern müssen dem Kind zudem verdeutlichen, was es anders machen soll. Wenn sich sein Verhalten bessert, sollten Eltern dies nicht für selbstverständlich halten, sondern das Kind loben.

3		7		19		24		37		38		
☐	+	☐	+	☐	+	☐	+	☐	+	☐	=	_____

INKONSISTENZ ist bei Ihnen bei einem Punktwert von

6–11 **gering ausgeprägt**
12–18 **durchschnittlich ausgeprägt**
19–30 **stark ausgeprägt**

Körperliches Strafen

Trotz Verbots sind körperliche Strafen in Deutschland noch sehr verbreitet. In diesem Test sind damit vergleichsweise milde Übergriffe wie ein Klaps oder leichtes Schütteln gemeint. Dennoch haben diese oft Folgen für die Kinder: vermehrte emotionale Probleme, verstärkte Anzeichen von aggressivem Verhalten und Hyperaktivität. Obendrein verfehlen körperliche Strafen ihren Zweck. Geschlagene Kinder sind keineswegs ausgesprochen brav. Die Forschung zeigt vor allem einen umgekehrten Effekt: Demnach machen Schläge Kinder erst aggressiv. Eine Erziehung mit schweren körperlichen Strafen (etwa Prügel mit einem Stock) erhöht zudem das Risiko für psychische Erkrankungen. Solche Kinder begehen auch eher Straftaten als andere. Wenn Eltern trotz aller guten Vorsätze öfter mal die Hand ausrutscht, kann ihnen ein spezielles Trainingsprogramm helfen. So lässt sich nicht nur die Häufigkeit der Strafen reduzieren, auch die Probleme der Kinder bessern sich dadurch meist.

26		28		35		40		
☐	+	☐	+	☐	+	☐	=	_____

KÖRPERLICHES STRAFEN ist bei Ihnen bei einem Punktwert von

4 **gering ausgeprägt**
5–9 **durchschnittlich ausgeprägt**
10–20 **stark ausgeprägt**

Involviertheit

Dieses Merkmal beschreibt, inwieweit Eltern an Aktivitäten ihres Kindes teilhaben und damit seine Entwicklung unterstützen. Bei hoher Ausprägung fragen sie ihr Kind häufig, was es erlebt hat, helfen ihm bei den Hausaufgaben und bringen es zu Freizeitaktivitäten. Sie gehen zu Elternabenden und stellen sich auch mal als Helfer bei Ausflügen zur Verfügung. All dies wirkt sich positiv auf die sozialen Fähigkeiten eines Kindes aus. Zeigen die Eltern nur geringe Involviertheit, so wirkt sich das – wie eine Analyse von 50 Studien zeigt – negativ auf die schulische Leistung des Kindes aus.

4		6		8		10		12		21		
☐	+	☐	+	☐	+	☐	+	☐	+	☐	=	_____

INVOLVIERTHEIT ist bei Ihnen bei einem Punktwert von

6–17 **gering ausgeprägt**
18–25 **durchschnittlich ausgeprägt**
26–30 **stark ausgeprägt**

Aufsicht

Eine schwache Ausprägung dieses Merkmals bedeutet, dass Eltern selten wissen, wo ihr Kind unterwegs ist und was es tut. Das kann an mangelndem Interesse liegen oder daran, dass die Kinder nichts erzählen. Zwar wird eine nachlässige Aufsicht meist erst bei Teenagern zum Problem, doch schon in der Grundschulzeit zeigen sich erste Folgen: Wenig beaufsichtigte Kinder sind im Durchschnitt sozial weniger kompetent als andere; sie tun öfter nicht, was sie sollen, und werden leichter aggressiv. Auch Zeichen von Hyperaktivität und emotionale Auffälligkeiten wie Labilität und Schüchternheit kommen bei ihnen häufiger vor. In einer Auswertung von mehr als 300 Studien erwies sich elterliche Aufsicht als einer der folgenreichsten Faktoren der Erziehung. Aufsicht sollte allerdings nicht mit psychologischer Kontrolle verwechselt werden, bei der die Eltern ihrem Kind vorschreiben, was es denken und fühlen soll: Denn die untergräbt das natürliche Bedürfnis des Kindes nach Autonomie. Eine vernünftige Aufsicht über seine Wege und seinen Umgang hilft ihm aber, Gefahren vorherzusehen und sich kompetent gegen sie zu wappnen oder sich auf unbekannte Situationen vorzubereiten.

5		9		15		18		20		39		
☐	+	☐	+	☐	+	☐	+	☐	+	☐	=	_____

AUFSICHT ist bei Ihnen bei einem Punktwert von

6–25 **gering ausgeprägt**
26–30 **durchschnittlich ausgeprägt**

Dieser Test wurde von dem US-Psychologen **Prof. Dr. Paul Frick** konzipiert; **Prof. Dr. Barbara Reichle** und **Dr. Sabine Franiek** von der Pädagogischen Hochschule Ludwigsburg haben ihn weiterentwickelt.

Auf diesem Foto von 1941 sitzen sie noch einträchtig beisammen: Ernest Hemingway (1899–1961) und sein dritter Sohn Gregory (1931–2001). Doch der Schriftsteller hätte viel lieber eine Tochter gehabt. Über das schwierige Verhältnis zu seinem Vater hat Gregory ein anrührendes Buch geschrieben, aus dem auf Seite 124 Auszüge abgedruckt sind

FORSCHUNG

Wie Väter ihre Kinder prägen

Sie sind weit mehr als nur Beschützer, Versorger und Spielgefährte. Längst haben Wissenschaftler erkannt, dass auch Männer über viele jener Fähigkeiten verfügen, die man lange Zeit nur den Müttern zusprach: sich dem Nachwuchs einfühlsam zuzuwenden, zuverlässiger Ansprechpartner zu sein, die Sprachentwicklung zu fördern. Allerdings müssen Männer erst einmal ihre eigenen Gefühle kennenlernen, ehe sie zu »engagierten Vätern« werden können

50 Prozent der Väter in Deutschland beklagen, dass sie **nicht genug Zeit** haben, um sich mit ihren **Kindern zu beschäftigen** – von den Müttern sagen das nur 24 Prozent

VON SUSANNE PAULSEN

Den jungen Vater, der sich „brandnewdad" nennt, quälen Selbstzweifel: „Seit vier Tagen sind wir aus der Geburtsklinik zurück", schreibt er in einem Online-Forum, „und am ersten Tag fing ich plötzlich an zu weinen."

Er liebe sein Baby, fährt er fort, „aber ich glaube nicht, dass ich es so sehr liebe, wie ich sollte". Antriebslos sei er und tieftraurig. Er möge weder essen noch trinken. Dabei sei er normalerweise gelassen und sehr fröhlich.

„Das erste Jahr ist eine Achterbahnfahrt", antwortet ihm ein Mann mit mehr Baby-Erfahrung. Ein anderer tröstet: „Vater werden ist hart. Halte durch!" Beide gestehen, dass auch sie nach der Geburt ihres Kindes depressiv gewesen seien.

Bemerkenswert an diesem Austausch ist nicht nur, dass sich Männer noch vor einigen Jahren kaum derart offen – und öffentlich – ihre Gefühle gestanden hätten. Sondern auch, dass Väter nach der Geburt eines Kindes durchaus nicht selten niedergeschlagen sind; bislang war so etwas hauptsächlich von Frauen bekannt.

Ein US-Medizinerteam hat kürzlich 43 internationale Studien mit insgesamt mehr als 28 000 Probanden analysiert, die sich mit der psychischen Verfassung von Vätern im Jahr vor und nach der Geburt ihres Kindes beschäftigt hatten. Das Ergebnis: 10,4 Prozent der Väter litten unter einer depressiven Verstimmung oder einer Depression – mehr als doppelt so viele wie im männlichen Bevölkerungsdurchschnitt.

Langzeitstudien zeigen, dass eine solche „postnatale Depression", die mitunter erst nach einem halben Jahr langsam abklingt, sehr negativ für die Entwicklung der jeweiligen Kinder ist – unter anderem, weil die Väter weniger engagiert bei der Betreuung und beim Spielen sind.

EINE VATERSCHAFT IST FÜR MÄNNER OFT DER ANSTOSS, ERWACHSEN ZU WERDEN

Und offenbar kann der gesunde Partner die Defizite des anderen nicht auffangen: Noch Jahre später ist bei den betroffenen Kindern die Wahrscheinlichkeit größer, dass sie eine geringere Sozialkompetenz und mehr Verhaltensauffälligkeiten zeigen. Söhne haben ein dreifach erhöhtes Risiko, hyperaktiv zu werden.

Das Beispiel zeigt: Kinder können enorm vom väterlichen Engagement profitieren. Davon, dass ihr Erzeuger ihnen von Beginn an „Gefährte, Pflegeperson, Partner, Beschützer, Vorbild, Anleiter in moralischen Fragen und Lehrer" ist. So zumindest drückt es Michael Lamb aus, einer der weltweit profiliertesten Väterforscher.

Zu Beginn seiner Karriere in den 1970er Jahren sei das noch anders gewesen, erklärt Lamb, der an der britischen University of Cambridge lehrt: Viele Männer wären niemals auf die Idee gekommen, eine Windel zu wechseln oder ihr Kind zu baden; heute sei es dagegen für Väter eher peinlich, wenn sie zugeben müssten, sich vor diesen Pflichten gedrückt zu haben.

Auch hierzulande hat sich das Rollenverständnis fundamental verändert, so Wassilios Fthenakis, Entwicklungspsychologe und einer der Begründer der deutschen Väterforschung: „Es ist eine neue Vätergeneration nachgewachsen; inzwischen sehen sich zwei Drittel der Väter in neuen sozialen Rollen, nur ein Drittel verharrt im klassischen Verständnis des nur Brotverdieners."

Für engagierte Väter, sagt Fthenakis, restrukturiere sich „mit der Geburt des Kindes die ganze Welt".

Das zeigt auch eine Studie von Entwicklungspsychologen der University of Delaware. Es mag trivial klingen, aber die Forscher stellten fest, dass erst die Vaterschaft der entscheidende Anstoß für das Erwachsenwerden der Männer war.

Viele von ihnen bewerteten die Geburt ihrer Kinder als den Anlass dafür, sich weiterzuentwickeln. Sie hatten sich zuvor „gut genug" gefühlt, um als Single oder mit der Partnerin zu leben – aber nicht „gut genug", um Kinder aufzuziehen. Die Vaterschaft ließ sie, so ihre Selbsteinschätzung, häuslicher und weniger egoistisch werden.

Doch wie gelingt es einem Mann, den Wandlungsimpuls aufzunehmen, der von einem Kind ausgeht? Wie schafft er es, sich auf das Leben als „engagierter Vater" einzustellen?

DASS MÄNNER ihre Vaterschaft heute viel ernster nehmen als frühere Generationen und mehr Zeit für den Nachwuchs aufwenden, ist zum einen auf die großen sozialen Veränderungen der vergangenen vier Jahrzehnte zurückzuführen; zum anderen gibt ihnen der heutige Wohlstand überhaupt die Chance, sich ihren Kindern zu widmen.

Aber nun haben Forscher noch eine weitere, überraschende Antwort gefunden: Auch biologische Veränderungen im eigenen Körper sorgen dafür, dass Männer ein fürsorgliches Verhalten entwickeln können.

Es ist keineswegs so, dass die Natur in ihnen nur die „harte" Rolle des Beschützers und Ernährers angelegt hat. Im Gegenteil: Auch die „weiche" Rolle als Spielpartner, emotionaler Begleiter und warmherziger Erzieher liegt Vätern durchaus nahe.

„Männer sind viel androgyner, als wir angenommen haben", sagt der US-Psychologe Ross Parke. So zeigen Väter Körperreaktionen, die man

Mit seiner kurz zuvor geborenen Tochter Moon Unit inszeniert sich der Rockmusiker Frank Zappa 1968 als Höhlenbewohner. Der Amerikaner (1940–1993) galt als Eigenbrötler und Workaholic, langjährige Wegbegleiter beschreiben ihn aber dennoch als Familienmenschen. Von seinen vier Kindern verlangte Zappa Individualität, sie durften fluchen und hatten uneingeschränkte Redefreiheit. »Wir waren ein Haus voller komplett verschiedener Persönlichkeiten«, sagte Ahmet Zappa. Drogen allerdings waren tabu; Musikerkollegen, die darauf nicht verzichten konnten, nannte Zappa »Arschlöcher in Aktion«. Seine Kinder sind heute ebenfalls allesamt Künstler

Zwei Stunden und 19 Minuten beschäftigen sich deutsche **Väter** an einem Werktag im Durchschnitt **mit ihren Kindern** (Mütter: fünf Stunden, zwölf Minuten). An den Wochenenden sind es sechs Stunden und sieben Minuten pro Tag

traditionell nur bei Frauen gesucht und gefunden hat – hormonelle Anpassungen an den engen Kontakt mit Babys.

Solche Hormonveränderungen beeinflussen das Verhalten – wie genau, ist aber noch nicht aufgeklärt: Möglicherweise regen die Botenstoffe neuronale Verknüpfungen in Gehirnbereichen an, die auch für Verhaltensweisen wie zum Beispiel Fürsorglichkeit wichtig sind.

Die kanadische Psychologin Anne Storey hat die väterlichen Hormonschwankungen entdeckt, als sie vor einigen Jahren männliche Probanden untersuchte, die einen Geburtsvorbereitungskurs absolvierten: Bereits 30 Tage vor der Geburt nahm die Ausschüttung des typisch weiblichen Geschlechtshormons Östrogen zu; es spielt normalerweise bei Männern kaum eine Rolle.

Einige Tage vor der Geburt stieg auch der Prolaktin-Wert an. Dieses Hormon, das bei Frauen unter anderem das Wachstum der Brustdrüsen während der Schwangerschaft sowie die Milchabgabe nach der Geburt auslöst, begünstigt ebenso wie Östrogen fürsorgliches Verhalten. Kurz nach der Geburt fiel zudem der Testosteron-Spiegel der Väter (der aggressives Verhalten fördert) um durchschnittlich ein Drittel ab.

Sind die hormonellen Umstellungen vor der Geburt sehr groß, kann es sogar zum Couvade-Syndrom kommen, einer „Schwangerschaft aus Sympathie" mit Gewichtszunahme, Verdauungsstörungen und Erbrechen.

Die Experten sind sich noch nicht darüber im Klaren, wie die väterliche Hormonlage zustande kommt. Anne Storey vermutet, dass schwangere Frauen den Hormonhaushalt von Männern beeinflussen, die eng mit ihnen zusammenleben – und zwar durch Pheromone, flüchtige, über die Haut abgegebene Botenstoffe.

Die Wirkung solcher biologischer Impulse kann durch individuelle Lebensumstände noch verstärkt werden. So steckt hinter dem Couvade-Syndrom nach Meinung mancher Psychiater oft ein Überengagement des werdenden Vaters, das aus der unbewussten Angst erwachse, die Partnerin an das werdende Kind zu verlieren.

Daher entwickeln besonders solche Männer das Couvade-Syndrom, die in ihrer Kindheit wenig mütterliche Zuwendung erfahren haben. Die Teilnahme an einem Geburtsvorbereitungskurs, in dem auf solche Ängste nicht eingegangen wird, kann die Verunsicherung besonders sensibler Männer sogar weiter verstärken.

Ist das Kind erst einmal auf der Welt, steuern Väter durch ihr Verhalten den eigenen Hormonspiegel entscheidend mit: Nach Untersuchungen von Anne Storey verstärken Männer, die ihr Baby eine Stunde lang im Arm halten, dadurch ihre „typisch elterliche" Hormonkonstellation – und werden wahrscheinlich in einer positiven Rückkopplungsschleife dazu angeregt, sich noch mehr um ihr Kind zu kümmern.

So vertraut wie hier 1974 waren der frühere Bundeskanzler Willy Brandt (1913–1992) und sein Sohn Lars nur selten. Sie reisten und angelten mitunter gemeinsam, doch sah Lars seinen Vater »jahrelang nur im Fernsehen«. Zu Hause verstummte der sonst so charismatische Politiker. Und Lars kann sich nicht erinnern, dass ihn der Vater in der Kindheit einmal geküsst oder ihm übers Haar gestrichen hätte. Erst als Brandt erkrankte, kamen sie sich näher, konnten sich umarmen

Hart wie Kruppstahl – das war er nicht: Arndt von Bohlen und Halbach (1938–1986), hier um 1965 neben seinem Vater Alfried. Auf dessen Order hin studierte Arndt Jura sowie Volks- und Betriebswirtschaft, als einziges Kind seiner Eltern dazu ausersehen, später das Industrie-Imperium zu führen. Doch als Krupp in wirtschaftliche Schwierigkeiten geriet, verzichtete er auf das Milliardenerbe – seine Apanage erlaubte ihm aber ein Jet-Set-Leben

Die Entscheidung, dem gesellschaftlichen Leitbild zu folgen und engen Kontakt zum eigenen Säugling aufzunehmen, löst bei Männern also eine Kaskade biologischer Vorgänge aus, die dazu beitragen, sie zu engagierten Vätern zu formen.

Solche Erkenntnisse hätten den britischen Kinderpsychiater John Bowlby noch sehr überrascht: Bowlby hatte in den 1950er Jahren die angeblich naturgegebene Bindung des Kindes an die Mutter popularisiert.

In den 1970er und 1980er Jahren änderte sich dann das Bild: Nun bestimmten Entwicklungspsychologen die öffentliche Wahrnehmung, die auf Studiendaten verwiesen, wonach Väter und Mütter höchst unterschiedlich mit Kindern umgehen: Väter spezialisieren sich demnach aufs wilde Spielen, Mütter auf die Fürsorge.

Die so einprägsame wie eindimensionale Botschaft lautete: Väter sind vom Mars, Mütter von der Venus.

Doch Väterforscher wie Michael Lamb haben die Studienergebnisse der vergangenen Jahre und Jahrzehnte inzwischen noch einmal genauer analysiert – und kommen zu einer Neubewertung. Lambs Resümee: Die zweifellos bestehenden Geschlechterdifferenzen wurden oft überinterpretiert und übermäßig wichtig genommen – und den Vätern damit eine zu eindimensionale Rolle als Spielgefährte zugewiesen. Dabei verfügten Väter über viele jener Fähigkeiten, die man lange Zeit vor allem Müttern zugebilligt hat.

Die wichtigsten Bestandteile guten Elternverhaltens, so Lamb, seien universell. Dabei gehe es vor allem um „Wärme, Einfühlungsvermögen, innere Beteiligung und, mit zunehmendem Alter der Kinder, Aufsicht".

Die positive Wirkung von Vätern entfaltet sich demnach nicht dank besonders männlichen Verhaltens – sondern weil sie die gleichen elterlichen Qualitäten einsetzen können wie Mütter.

Ihre Rolle, so Lamb, sollte die eines gleichberechtigten Erwachsenen im Familiensystem sein, der im Idealfall den Kindern Bindung und Anregung bietet und zugleich die Mutter stützt und entlastet. Nach dieser Auffassung sind Väter viel mehr als nur ein männliches Rollenmodell für ihr Kind. Damit steht Lamb freilich im Gegensatz zu eher psychoanalytisch geprägten Wissenschaftlern, die nach wie vor den besonderen Einfluss des Vaters auf die seelische Entwicklung einer Tochter, eines Sohnes postulieren (siehe Seiten 72 und 132).

MÄNNER SIND WOMÖGLICH VIEL MEHR ALS NUR EIN ROLLENMODELL FÜR IHR KIND

Klar ist in jedem Fall, dass Väter ebenso gut wie Mütter in der Lage sind, Signale wie Hunger und Schmerz ihrer Kinder richtig zu interpretieren. Dass Männer und Frauen die gleichen körperlichen Reaktionen zeigen, wenn sie Neugeborene sehen: Herzschlag, Atmung und Hauttemperatur verändern sich.

Und dass es auch Vätern gelingt, wie Experimente zeigen, mit verbundenen Augen ihr Baby allein durch das Berühren von dessen Händen von anderen Neugeborenen zu unterscheiden.

Spielt es demnach also keine große Rolle, ob ein Kind von Mutter und Vater oder von zwei gleichgeschlechtlichen Partnern aufgezogen wird?

Diese Schlussfolgerung ist zumindest umstritten. Psychoanalytiker, die stärker als Entwicklungspsychologen die Unterschiede der Geschlechterrollen betonen, halten diese Annahme für verwegen (siehe Seite 66).

Michael Lamb weist allerdings darauf hin, dass es bislang keinerlei Erkenntnisse gibt, wonach sich Kinder von lesbischen Paaren schlechter entwickeln als die von heterosexuellen Paaren; zu homosexuellen Männern mit Kind gebe es bislang noch keine hinreichenden Daten.

Was aber niemand bestreitet: Wenn Väter gute elterliche Qualitäten haben, so hat das messbare Folgen.

Etliche Studien, in denen beobachtet wurde, wie sich Söhne und Töchter engagierter Väter entwickeln, haben gezeigt: Im Durchschnitt sind diese Kinder einfühlsamer, selbstbewusster, verfügen über eine bessere Selbstkontrolle und sind intelligenter als der Nachwuchs von weniger präsenten Männern.

Und selbst für die Entwicklung eines Jungen zum Mann

47 Männer im Alter von **über 70 Jahren** wurden 2008 in Deutschland **Vater**. Am häufigsten wurden Männer mit **32 Jahren** Vater: 37 693-mal

sei es, so Lamb, nicht sonderlich wichtig, dass der Vater ausgesprochen maskulin ist und ein entsprechendes Verhalten vorlebt. Das Entscheidende sei vielmehr eine gute Beziehung zueinander. Also eine gute elterliche Qualität.

Was aber zeichnet eine „engagierte Vaterschaft" aus? Feste Definitionen gibt es nicht, doch einen Faktor erwähnen alle Entwicklungsforscher: ein möglichst großes zeitliches und emotionales Engagement bei der Fürsorge und beim Spiel.

Besonders wichtig sei die väterliche Wärme dem Kind gegenüber, es beispielsweise zu umarmen, ihm zu sagen, dass man es liebt. Aber auch das „Monitoring" sei von großem Einfluss. Damit ist unter anderem gemeint:

- Regeln aufzustellen, sie mit den Kindern zu diskutieren, aber auch auf deren Einhaltung zu achten;
- zu wissen, wo sich das Kind aufhält;
- Verantwortung zu übernehmen für das körperliche und seelische Wohlergehen des Sohnes, der Tochter;
- ansprechbar zu sein für den Nachwuchs;
- mit ihm Gedanken zu teilen und über wichtige Dinge miteinander zu reden.

Und die häufig zitierten Unterschiede zwischen Vätern und Müttern? Die gebe es tatsächlich, sagt Michael Lamb, aber sie seien längst nicht so naturgegeben, wie es manche annehmen.

Viele Frauen, so der Forscher, könnten Kinder durchaus „typisch väterlich" herausfordern, während viele Männer in der Lage wären, sie „typisch mütterlich" zu umhüten und ihre Emotionen genau wahrzunehmen.

Eltern neigten besonders dann zu so einem Verhalten, wenn eine Rolle in der Kernfamilie nicht besetzt ist. Etwa weil ein gleichgeschlechtliches Paar Kinder aufzieht. Oder weil ein Elternteil die alleinige Verantwortung für ein Kind trägt.

Ziehen jedoch Vater und Mutter gemeinsam Kinder auf, kann es in unserer westlichen Kultur dazu kommen, dass sie sich spezialisieren: Die Mutter fühlt sich vor allem für Ruhe, Kontinuität, Verlässlichkeit, Gefühlsfragen und soziale Belange zuständig; der Vater nimmt wahr, dass diese fürsorgliche Rolle besetzt ist – und setzt bewusst andere Akzente.

Eine Väter-Domäne etwa ist wildes, körperorientiertes Spiel: Toben, Jagen, Kitzeln, In-die-Luft-Werfen. Solche Aktivitäten lösen starke Emotionen aus.

Die Kinder sind begeistert und aufgedreht. Zuweilen kommen sie ans Ende ihrer Kräfte, erschrecken oder geraten in Wut.

„Wenn der Vater sensibel mit diesen Situationen umgeht", so Wassilios Fthenakis, „kann die Vater-Kind-Beziehung davon profitieren und die Nachteile kompensieren helfen, die dadurch entstehen, dass der Vater tagsüber nicht verfügbar ist."

Bei kleinen Kindern macht sich sogar körperlich bemerkbar, mit wem sie es zu tun haben. Nehmen Mütter sie hoch, verlangsamen sich in Erwartung ihrer vergleichsweise ruhigen Gangart Herzschlag und Atmung des Babys. Nimmt dagegen ein Vater das Kind hoch, erwartet es geradezu, das es nun Action gibt, Herzschlag und Atmung beschleunigen sich.

NIMMT EIN VATER SEIN KIND HOCH, SO ERWARTET ES ACTION

Väter fördern auch stärker als Mütter ein geschlechtsrollenspezifisches Verhalten ihrer Kinder, insbesondere bei Söhnen. Das zeigt sich in der Wahl der Freizeitaktivitäten, an den bevorzugten Spielsachen, den Aufgabenstellungen und in der Einschätzung der kindlichen Persönlichkeit.

Typisch für Väter ist zudem, dass sie ihre Babys und Kleinkinder häufiger als die Mütter mit unbekannten Wörtern konfrontieren. Sie nutzen auch vermehrt ungewöhnliche, auffordernde und komplexe Begriffe, verwenden kompliziertere Satzkon-

41 Jahre alt war Clint Eastwood, als er 1971 mit seinem dreijährigen Sohn Kyle fotografiert wurde. Seine jüngste Tochter bekam der Regisseur 26 Jahre später. Eastwood hat sieben Kinder von fünf Frauen und liebt, sagt er, seine »dysfunktionale Familie«

Ein Spielpartner war der legendäre Maler Pablo Picasso (1881–1973) seinen Kindern nicht, sagt sein Sohn Claude, hier 1948 an der Côte d'Azur. Aber der Vater habe ihm und den Geschwistern fesselnde Geschichten erzählt und für sie gekocht. Malen und zeichnen mussten die Kinder nicht, sie sollten frei sein von allen Vorgaben. Dennoch war Claude Picasso schon früh klar, dass er ständig an seinem Vater gemessen werden würde. Heute ist er der Nachlassverwalter der Familie

struktionen. Für die Kleinen ist das meist anregend; ihre Sprachentwicklung wird gefördert. Das väterliche Sprachverhalten beeinflusst die Kindesentwicklung damit stärker als das mütterliche, sagt Michael Lamb.

Agieren die Väter so, weil sie die Kinder seltener sehen – und deshalb nicht genau wissen, welchen Wortschatz sie schon haben? Oder gehen sie einfach davon aus, dass ihr Nachwuchs fähig ist, sich einer solchen Herausforderung zu stellen?

Das jedenfalls legt eine Untersuchung der New York University nahe. Psychologinnen hatten Eltern von elfmonatigen Babys gebeten, für ihr Kind eine bewegliche Rampe einzustellen – und zwar so, dass es ihrer Meinung nach gerade noch hinunterkrabbeln könnte. Danach sollten sie die Rampe so einstellen, dass sie ihrem Kind gerade noch erlauben würden, allein hinunterzukrabbeln.

Das Ergebnis: 14 Prozent der Mütter erlaubten ihrem Kind, sich an eine steile Rampe zu wagen, die ihrer eigenen Meinung nach dessen Fähigkeiten ein wenig überforderte. Von den Vätern gingen dagegen 41 Prozent dieses kleine Risiko ein.

Eine ähnliche Tendenz zeigte sich in einer Studie an deutschen und israelischen Jugendlichen und ihren Eltern: Väter trauten ihren Kindern im Durchschnitt vier Jahre früher Unabhängigkeit von den Eltern zu; Frauen sahen 16-Jährige als so abhängig an wie die Väter Zwölfjährige.

Väter können also eine „Quelle von Ermutigung zur Erkundung der Umwelt" sein, folgert die Entwicklungspsychologin Karin Grossmann. Jedenfalls unter guten Bedingungen.

DENN ÜBER den Zugang zu Baby und Kleinkind entscheidet auch heute noch, wie seit Hunderttausenden von Jahren, die Mutter.

Entweder ermutigt sie den Vater und leitet ihn an. Oder sie stoppt einen aktiven Vater – kritisiert etwa dessen Umgang mit dem Kind oder lässt ihn mit dem Nachwuchs nur selten allein.

„Maternal gatekeeping" nennen Familienforscher dieses abblockende Verhalten: die „Mütter als Türsteher". Den weiblichen Part hat eine Soziologin von der israelischen Bar-Ilan-Universität an 209 Paaren mit sechs- bis 36-monatigen Kindern erforscht.

Die typische „Gatekeeperin" ist demnach weitgehend auf weibliche Werte hin orientiert. Sie nimmt ihre Identität als Mutter sehr wichtig und besitzt eher wenig Selbstbewusstsein.

Je geringer dieses Selbstbewusstsein war, desto eher neigten Frauen dazu, die Verantwortung für das Kind vollständig an sich zu ziehen, den Vater wie eine Hilfskraft zu betrachten und rigorose

Fall vom Gipfel der Macht

Im Alten Rom herrschte der Vater noch uneingeschränkt über Frau und Kinder. Dann verlor er langsam an Bedeutung. Heute muss er seine Rolle neu finden

Wann genau die Figur des Vaters aus dem Dunkel der Geschichte heraustrat, ist unbekannt. Feministische Forscherinnen gehen davon aus, dass Väter in prähistorischen Zeiten keine Rolle spielten, da die Menschen den Zusammenhang zwischen Geschlechtsverkehr und Geburt eines Kindes lange nicht erkannten. Das Wunder der Fortpflanzung sei allein den Frauen zugeschrieben worden, was ihnen eine mächtige Stellung sicherte.

Beweisen lässt sich diese Theorie kaum. Doch vermutet auch der Hamburger Erziehungswissenschaftler Dieter Lenzen, der die Geschichte der Vaterrolle erforscht hat, dass unsere Vorfahren die Bedeutung des Erzeugers erst in der Jungsteinzeit entdeckt haben. Wohl aber hätten Männer auch ohne dieses Wissen als „soziale Väter" eine Beziehung zu eigenen oder fremden Kindern aufbauen können.

Die ersten schriftlichen Quellen, die den leiblichen Vater würdigen, stammen aus dem alten Ägypten. Viel ist in den Texten von väterlicher Liebe und Fürsorge die Rede, aber auch von der Verehrung des Sohnes für den Vater. Das Verhältnis dieser beiden stand im Mittelpunkt des Familienlebens, da der männliche Nachkomme für den Totenkult um den verstorbenen Vater verantwortlich war.

In der griechischen Antike allerdings delegierte der Vater, der als Soldat oder Bürger viel außer Haus war, seine Rolle als wichtigster Lehrmeister. Da der Mutter kein nennenswerter Einfluss auf das Wesen des Kindes zugebilligt wurde, übernahm beispielsweise in Sparta der Staat die Erziehung eines Jungen vom siebten Lebensjahr an. In Internaten lernte er Lesen, Schreiben, Staatskunde, Redekunst und erhielt vor allem eine militärische Ausbildung. Mit etwa zwölf Jahren kam der Jugendliche in die Obhut eines Betreuers, an dessen Seite er später in die Schlacht zog und der mit ihm in aller Regel – unvorstellbar aus heutiger Sicht – ein erotisches Verhältnis pflegte.

Bei diesem Mann, nicht beim leiblichen Vater, lag fortan die Verantwortung für die Erziehung des Knaben.

SEINE GRÖSSTE Machtfülle erlebte der Vater wohl im Zeitalter des römischen

Weltreichs. Er herrschte uneingeschränkt über Frau und Kinder, die als sein Eigentum galten, und durfte sogar innerhalb bestimmter Regeln über Leben und Tod verfügen.

Neben seinen Privilegien hatte der Patriarch auch Pflichten: Er war nicht nur Ernährer und Beschützer seiner Kinder, sondern gewann zudem die in der griechischen Antike verlorene Rolle des Erziehers zurück.

Danach setzte eine allmähliche Erosion ein: Stück für Stück verlor der Vater seinen Nimbus, seine Macht. Denn mit der Durchsetzung des Zölibats im 11. Jahrhundert durften Priester nicht mehr Väter sein. Sich als Geistlicher ganz Gott hinzugeben erschien nun als edelste Art der irdischen Existenz; als Vater einer Familie vorzustehen galt nur noch als die zweitbeste Variante einer frommen Lebensführung.

Zugleich gewann mit der aufkommenden Marienverehrung die Mutter an Prestige. Von ihr erwartete man nun eine innig-emotionale Beziehung zum Kind. Väter konnten ihre pädagogischen Pflichten häufig ohnehin nicht wahrnehmen, weil Männer meist viel jüngere Frauen heirateten und oft starben, ehe die Kinder herangewachsen waren.

Mit dem Beginn der Neuzeit schwand bald auch die Machtfülle des Familienoberhaupts. Der Reformator Martin Luther gestand Müttern weit mehr Mitsprache bei der Erziehung zu als bis dahin üblich.

Zudem griffen die Denker der Aufklärung das politische Patriarchat an: „Eine väterliche Regierung ist der größte denkbare Despotismus", schrieb der Philosoph Immanuel Kant 1793.

Eine solche Kritik unterminierte den Status des Patriarchen in der Familie; Zumindest die Söhne begannen sich nun von ihren übermächtigen Vätern zu emanzipieren und pochten auf Selbstbestimmung.

Bürger waren geprägt von den Ideen des Pädagogen Johann Heinrich Pestalozzi, der das Wirken der Mutter romantisch verklärte: Ihr kam es laut Pestalozzi zu, im trauten Heim den Charakter der Kinder zu formen. Statt Zucht und Strenge war nun Empathie gefragt.

Zugleich gewann die Mutter vor dem Gesetz an Boden: Wurden bis Mitte des 19. Jahrhunderts Kinder bei einer Scheidung üblicherweise dem Vater zugesprochen, so erhielt fortan meist die Frau das Sorgerecht.

Der Vater als absolutes Oberhaupt der Familie, die Frau für die strenge Erziehung zuständig – so illustriert der Holzschnitt eine englische Puritaner-Familie des 17. Jahrhunderts

Weiter an Einfluss verlor der Vater mit der Industrialisierung: Hatten zuvor Bauern, Handwerker und auch viele Bürger daheim gearbeitet, so zogen nun Scharen von Männern als Lohnarbeiter in die Fabriken.

Deshalb konnten sie sich weder um die Erziehung kümmern noch ihre traditionelle Rolle als Beschützer wahrnehmen. Damit blieb dem Vater im Wesentlichen die Funktion des Ernährers.

Daheim hatte jetzt die Mutter das Sagen. Viele

Der Vater genoss nun keine durch höhere Mächte legitimierte Vorrangstellung mehr. Er musste seine Autorität unter Beweis stellen, indem er Geld verdiente. „Mit diesem Wandel wurde der Status des Vaters weiter reduziert", sagt der Familienforscher Wassilios Fthenakis. Der Druck machte vielen Männern zu schaffen und führte laut Fthenakis nicht zuletzt dazu, dass mit fortschreitender Industrialisierung der Alkoholkonsum enorm stieg und Gewalttätigkeiten in der Familie zunahmen.

NACH DEN WIRREN der zwei Weltkriege knüpften die Deutschen an das Modell des abwesenden Ernährers und der Mutter als emotionaler Bezugsperson an. Allenfalls sollte der Vater mit seinen Sprösslingen Fußball spielen gehen; niemand hätte von ihm verlangt, Windeln zu wechseln. Überdies machten Kriegserfahrungen und Nazi-Verstrickungen es vielen Männern schwer, ihren Kindern ein Vorbild zu sein.

Und schon bald entbanden Feminismus und Emanzipation den Vater auch von seiner letzten verbliebenen Pflicht: Geld verdienen und eine Familie versorgen kann heute auch eine Mutter allein. Der Beitrag des Partners mag willkommen sein und wertvoll für die Kindesentwicklung, lebensnotwendig ist er nicht mehr.

Die langsame Demontage des einst allmächtigen Vaters bietet aber wohl auch eine Chance: Befreit von ihren traditionellen Aufgaben, können Väter ihre Rolle heute selbst gestalten. Die Veränderung der Einkommensverhältnisse und die Betonung der Mutter-Kind-Beziehung hätten, bestätigt Wassilios Fthenakis, dabei mitgewirkt, dass das väterliche Engagement in der Familie eher eine Frage der Freiwilligkeit als eine der Notwendigkeit geworden ist.

Vaterschaft wäre demnach heute eher Kür als Pflicht.

Alexandra Rigos

37 Prozent der deutschen Kinder im Alter zwischen sechs und zwölf Jahren **beklagen**, dass sie **zu wenig oder viel zu wenig Zeit mit ihrem Vater verbringen** – über Mütter sagen das nur elf Prozent

Standards zu setzen, wie das Kind zu behandeln sei.

Auf diese Weise wollten sie vermutlich das eigene Selbstgefühl stärken. Die Partner solcher Frauen widmeten sich ihren Kindern denn auch deutlich weniger als die Partner selbstbewusster Frauen.

Forscher haben nachgezeichnet, dass Väter unwissentlich dazu beitragen können, in ihrem Engagement für die Kinder ausgebremst zu werden. Eine Falle ist die „Retraditionalisierung“: In Deutschland entscheidet die Mehrzahl der jungen Familien, dass die Mutter den Hauptteil der Kinderpflege übernimmt. Sie reduziert ihre Berufstätigkeit stark.

Die Väter stecken beruflich dagegen gar nicht oder wenig zurück. Häufig arbeiten sie nach der Familiengründung sogar mehr als jemals zuvor.

Für dieses Arrangement gibt es oft gute Gründe, vor allem finanzielle. Doch viele Paare hatten eigentlich vor, die Belastungen in Familie und Beruf einigermaßen gleichmäßig zu verteilen. Wenn das nicht gelingt, müssen beide Partner mit einer gewissen Unzufriedenheit fertigwerden. Häufig haben berufstätige Väter weniger Zeit für den Nachwuchs, als ihnen lieb wäre. 37 Prozent der jungen Väter, so eine deutsche Studie, geraten dadurch in einen starken inneren Konflikt.

DAS KONZEPT DER »QUALITY TIME« HAT GRENZEN – NÄHE BENÖTIGT AUCH ZEIT

Diese Männer ahnen vielleicht auch, dass das Konzept der „quality time“ seine Grenzen hat. Diese Vorstellung kam in den 1980er Jahren auf und besagte, es sei nicht so wichtig, wie viel Zeit ein Elternteil mit dem Nachwuchs verbringe, sondern es zähle vor allem deren Qualität: Ein kurzes, aber intensives Gespräch, ein einzigartiger Wochenendausflug könnten für das Kind ebenso viel wert sein wie lange gemeinsam verbrachter Alltag.

Heute sehen Forscher das differenzierter – vor allem aufgrund der Ergebnisse einer über 22 Jahre andauernden Langzeituntersuchung der Universität Regensburg an 50 Familien. Dieser bislang wohl strengste Test für den väterlichen Einfluss auf die kindliche Entwicklung ergab: Grundsätzlich, so die Wissenschaftler, sei die „partnerschaftliche, sensible und anregende Qualität des väterlichen Verhaltens“ entscheidend für die Güte des Kontakts zum Kind.

Diese Qualität wiederum drücke sich vor allem in der Feinfühligkeit des männlichen Elternteils aus. Solche

»Jemand wie ich sollte keine Kinder haben«, schrieb Thomas Mann (1875–1945, o. l.) in sein Tagebuch: Denn nichts war dem Schriftsteller wichtiger als seine Arbeit. Solange er schrieb, jeden Tag etwa fünf Stunden, hatte im Haus totale Ruhe zu herrschen. Hinter der scheinbaren Idylle in seinem Arbeitszimmer im Exil in Princeton, wo sich die Familie um den Nobelpreisträger scharte (Foto um 1940), verbarg sich eine Familienhölle: voller tragischer Lebensläufe, mit Depressionen, Drogen und heimlich gelebter Homosexualität. Zwei Kinder brachten sich um. »Was macht das Monstrum gerade?«, fragte seine Frau Katia manchmal, wenn sie nach Hause kam. Und als der Jüngstgeborene, Michael, am Weihnachtsabend ein Spielzeug zerbrach, fuhr der Vater ihn an: »Was tut der überhaupt hier?« Der Historiker Golo Mann (o. M.) bezeichnete sich angesichts seines Vaters als »Unter-Ich«; am Ende seines Lebens sagte er über den Vater: »Ich habe seinen Tod gewünscht«

Väter schränken die Spielinteressen der Kinder nicht ein, führen sie angemessen an neue Anforderungen heran, loben die Werke der Kinder, fangen nicht sofort jede Schwierigkeit auf. Dadurch verbessern sich unter anderem ihre sozialen Fähigkeiten im Umgang mit Gleichaltrigen.

Doch diese Nähe, betonen die Experten, benötige Zeit. „Wenn dem Vater eines Kleinkindes für die Familie nur die Abende und Wochenenden zur Verfügung stehen, dann muss er die auch nutzen, statt zum Beispiel ein zeitintensives Hobby zu pflegen, und zwar schon mit dem Säugling im ersten Jahr", sagt die Entwicklungspsychologin Karin Grossmann, Mitautorin der Regensburger Studie: „Nur so lernt der Vater die Stärken und Schwächen seines kleinen Kindes gut kennen."

Inszenierung für den Fotografen: US-Präsident John F. Kennedy (1917–1963) und seine Kinder Caroline und John jr. 1962. Tatsächlich war die Familienwelt alles andere als heil: Kennedy betrog seine Frau Jacqueline, und als sie eine tote Tochter zur Welt brachte, wollte er einen Urlaub in Südfrankreich zunächst nicht unterbrechen. John F. selbst wurde als kleiner Junge häufig von seinem ältesten Bruder verprügelt – und von seiner Mutter erzählte er später, sie habe ihn nie in den Arm genommen. »Kennedys weinen nicht!«, hieß es in der Familie

Für Kinder ist „quality" ohnehin oft gleichbedeutend mit „quantity". So geht aus den Daten der „Bielefelder Ehe- und Erziehungsstudie" (bei der Wissenschaftler fünf Jahre lang 315 Familien begleiteten) hervor: Je mehr sich der Vater im Haushalt engagiert – was eindeutig nicht unter „quality time" fällt –, desto eher fühlen sich die Kinder von ihm „liebevoll umsorgt, wertgeschätzt, angenommen, beachtet, geliebt".

Gegen das Konfliktpotenzial, das in einer „ungeliebten" Rollenverteilung zwischen Eltern steckt, hilft vor allem eines: Vater wie Mutter müssen die Leistung des Partners anerkennen.

Versäumt das zum Beispiel der Mann, dann sinkt mitunter das Selbstbewusstsein seiner Frau. Sie versucht es dann unter Umständen durch „gatekeeping" wieder aufzubauen – und dem Vater ist kaum noch ein entspannter Kontakt zu seinem Kind möglich.

„Wer Familie wirklich begreifen will", sagt Wassilios Fthenakis, „muss auf solche Wechselwirkungen achten. Sie als System verstehen, in dem alle Beteiligten sich gegenseitig beeinflussen – übrigens unabhängig davon, ob die Eltern zusammenleben oder nicht."

Die Harmonie zwischen den Partnern, die Qualität der Beziehung, ist ein guter Indikator für das Verhältnis des Vaters zum Kind. Ist die Harmonie groß, sind die Väter wärmer und sensibler und kümmern sich mehr um die Kindespflege, als wenn die Beziehung zur Mutter gestört ist. Für die Mütter ist dieser Effekt allerdings nicht zu beobachten; ihr Verhalten zu den Kindern ist unabhängig vom Verhältnis der beiden Partner zueinander.

Die Familiendynamik und das Miteinander der „Triade" Vater, Mutter und Kind auszuleuchten ist für Wissenschaftler eine höchst komplexe Angelegenheit. Ein Team um den Psychotherapeuten Kai von Klitzing hat genau das versucht – und dafür die „triadische Fähigkeit" an 120 Eltern analysiert, die ihr erstes Kind bekamen.

Die Studie begann für jedes Elternpaar während der Schwangerschaft mit einer

Weder Rudi Dutschke (1940–1979) noch seine Frau Gretchen scheinen sich auf diesem Foto um ihren 1968 geborenen Sohn Hosea Ché zu kümmern. Dabei hatten beide ein modernes Familienverständnis, der Studentenführer war bei der Geburt dabei, spielte Schach mit seinen drei Kindern. Als Dutschke Nasentropfen für seinen Sohn aus der Apotheke holen wollte, wurde jenes Attentat auf ihn verübt, von dem er sich nie mehr erholte

jeweils zweistündigen Befragung und endete im neunten Lebensjahr des Kindes.

Es ging zunächst darum, wie die werdenden Eltern sich ihre zukünftige Familie vorstellten. Bezogen sie sich selbst und den Partner ein? Oder dachten sie vorwiegend in Zweierbeziehungen („meine Frau und ihr Sohn“)?

Und wie reichhaltig und flexibel waren die Bilder, die die Probanden sich von ihrem Kind machten?

Mit ihren Fragen loteten die Wissenschaftler die Bereitschaft der Eltern aus, sich die Familie als sich entwickelndes Netz wechselseitiger Beziehungen vorzustellen.

„In dieser Hinsicht ähnelten sich die jeweiligen Partner sehr“, erklärt von Klitzing. „Wahrscheinlich tun sich normalerweise Menschen zusammen, deren Familienauffassung ungefähr gleich ist.“ Der Wert blieb über die Jahre relativ konstant, selbst wenn die Eltern sich scheiden ließen.

Erstaunlich war, wie gut sich mit diesem Messwert bestimmte Aspekte der Kindesentwicklung vorhersagen

FAMILIENFÄHIGKEIT IST VOR ALLEM EINE FRAGE VON TEAMGEIST UND OFFENHEIT

ließen: Hatten die Eltern während der Schwangerschaft ein vernetztes Familienbild entwickelt, dann hatten ihre Kinder im Babyalter weniger Koliken, Trink- und Schlafprobleme. Mit neun Jahren wiesen sie ausgeprägte soziale Fähigkeiten auf, die sich unter anderem im Spiel mit anderen Kindern zeigten.

Die „triadische Fähigkeit“ des werdenden Elternpaares sagte diese positive Entwicklung besser voraus als andere bekannte Vorhersagefaktoren – etwa die Partnerschaftszufriedenheit oder die psychischen Eigenschaften, die die Eltern als Einzelpersonen aufwiesen. Familienfähigkeit hat also ganz entscheidend mit Teamgeist zu tun und mit innerer Offenheit.

Den Forschern fiel zudem auf, dass sich Störungen in dieser Dimension des Elternverhaltens meist geschlechtsspezifisch äußerten: Die betroffenen Frauen schlossen in ihren Familien-Fantasien den Partner aus.

Dagegen neigten die werdenden Väter dazu, sich selbst auszuschließen. Sie fühlten sich nutzlos angesichts der engen Beziehung zwischen Mutter und Kind.

Für Männer ist nach den Erkenntnissen Kai von Klitzings eine positive Beziehung zum eigenen Vater oder auch zu einem Stiefvater der beste Schutz gegen die Unsicherheit, ob man der bereichernde Dritte in einer Mutter-Kind-Beziehung werden kann und darf. Auf diese Weise wird der Mut, sich väterlich zu verhalten, durch die Generationen weitergereicht.

Positiv wirkt er vor allem dann, wenn er mit einer zweiten Eigenschaft kombiniert ist, die Familienforscher als Schlüsselkompetenz moderner Väter ausgemacht haben: Beziehungsfähigkeit.

VERHALTE SICH ein Mann auf der emotionalen Ebene passiv und ungeschickt, werde er, so der Bielefelder Soziologe und Familienforscher Alois Herlth, „im Familienleben als nicht nützlich identifiziert“. Das Verhältnis zur Frau und damit das zu den Kindern leide, das Familienklima verschlechtere sich.

Besser ist es, wenn ein Vater sich ebenso zuständig für den Austausch von Gefühlen fühlt wie die Mutter – und die dafür nötige Feinfühligkeit mitbringt.

Viele Väter mögen das schwierig finden. Doch die Forschung der vergangenen Jahrzehnte hat gezeigt: Die Fähigkeit, sensibel mit Kindern umzugehen, ist weder eine unveränderbare Gabe noch genuin weibliches Terrain. Sie ist allerdings davon abhängig, wie viel Zeit man gemeinsam mit dem Kind

68 Prozent der Väter in Deutschland geben an, dass sie **nichts, sehr wenig** oder allenfalls einen kleineren Teil **zur Familienarbeit beitragen**. 25 Prozent sagen, sie übernähmen etwa die Hälfte der anfallenden Aufgaben daheim

verbringt, wie viele Aufgaben man gemeinsam bewältigt.

Wem die Verständigung mit dem Kind schwerfällt, obwohl genügend Zeit zur Verfügung steht, der kann seine Fähigkeiten durch gezieltes Lernen verbessern.

Wie wirksam Gespräche oder Kurse sein können, zeigt ein Extremfall aus den Niederlanden, eine Studie, die auch auf Väter übertragbar ist: Sozial schwache Mütter mit Schreikindern wurden dort im Umgang mit ihren Kindern gefilmt. Danach besprachen Fachleute die Videofilme ausführlich mit den Müttern: Welche Signale gibt mein Kind? Wie reagiere ich am besten?

Ein Jahr später hatten 68 Prozent der Kinder eine sichere Bindung zu ihrer Mutter entwickelt – etwa zweieinhalbmal so viele wie in einer Vergleichsgruppe ohne Gespräche.

Hilfreich für Männer, die Einfühlsamkeit entwickeln wollen, ist zudem das Wissen um ihre verschiedenen Formen. Ein sensibler Vater ist im Spiel geduldig, offen für die kindlichen Ideen und Vorstellungen. Er greift erst in dem Moment ein, in dem das Kind wirklich Unterstützung braucht.

Er praktiziert „emotionales Coaching“: hilft dem Kind, seine Gefühle zu benennen. Akzeptiert und würdigt sie. Nutzt sie als Anlass, Grenzen zu setzen und Werte zu vermitteln. Dieses Verhalten fördert nachweislich die Sozialkompetenz des Kindes, die eigenständige Problembewältigung, es dient der Geühlsregulation und dem Verstand.

Umgekehrt kann ein Vater viel Schaden anrichten, wenn er einen Erziehungsstil praktiziert, der kindliche Emotionen verleugnet oder sie gar abwertet. Wenn er ungeduldig ist und angespannt, wenn er geradezu ein Scheitern des Kindes erwartet und mit Kritik und Spott reagiert. Damit vermittelt er dem Kind ein Gefühl von Inkompetenz.

Das alles muss nicht heißen, dass Väter ihre Töchter und Söhne nun „bemuttern“ sollen. Feinfühligkeit war lange Zeit nur ein Synonym für Verständnis und Trost. „Doch ab dem zweiten Lebensjahr ist auch die sogenannte feinfühlige Herausforderung wichtig für die Entwicklung der Kinder“, sagt Karin Grossmann. Dieses Verhalten liege Vätern sogar eher als Müttern.

Feinfühlige Herausforderung bedeutet: Der Erwachsene nimmt in der Interaktion mit dem Kind dessen Kummer etwa über eine Zurücksetzung oder einen Misserfolg durchaus wahr. Aber er verharrt nicht lange beim Trösten.

Stattdessen blickt er mit dem Kind in die Zukunft, gibt Anstöße, Ziele auf unterschiedlichen Wegen zu erreichen. Auf diese Weise fördert er die „Explorationskompetenz“ des Kindes: die Fähigkeit, sich Herausforderungen zu stellen.

SOLCHE ELTERLICHE Ermunterung kommt jedoch nur dann beim Nachwuchs an, wenn der spürt, dass sein Gegenüber den Kummer auch wirklich nachempfindet – und das funktioniert nur, wenn der Erwachsene sich deutlich an eigene Gefühle in ähnlichen Situationen erinnert.

ZUGANG ZU DEN GEFÜHLEN GEWINNEN – FÜR EINEN VATER IST DAS HEUTE PFLICHT

Viele Männer aber können das nicht richtig, so der Bielefelder Psychotherapeut Björn Süfke. Das liege an ihrer Sozialisation: Jungen bekämen von Eltern und Erziehern nachweislich weniger Gefühle gespiegelt als Mädchen. Damit ist gemeint, dass ihre Emotionen seltener richtig erkannt und benannt werden – und vor allem, dass seltener angemessen auf sie regiert wird.

Selbst Mütter neigen dazu, beispielsweise negative Emotionen ihres Sohnes nicht zurückzuspiegeln – womöglich die Folge einer bestimmten Vorstellung von Geschlechterrollen: Jungen haben nicht ängstlich oder traurig zu sein.

Der männliche Nachwuchs wächst zudem oft in einem frauendominierten Umfeld auf, in dem die wenigen präsenten Männer ihnen vor allem traditionelle Männlichkeit vorlebten, etwa reine Handlungsorientierung statt Sensibilität.

Daher, so Björn Süfke, nähmen junge Männer vor allem ihre schmerzlichen Emotionen wie Trauer, Angst und Hilflosigkeit nicht so gut wahr. Umso schwerer falle ihnen als Erwachsener die Wahrnehmung negativer Gefühle und der Umgang mit ihnen. Womöglich ist das auch ein Grund dafür, dass Männer die Strategie des emotionalen Coachings deutlich seltener bei ihren Kindern anwenden als Mütter.

Lässt sich diese frühe Prägung im Erwachsenenalter abschütteln? Schwierig sei es, meint Süfke, aber grundsätzlich möglich. So können selbst größere Jungen noch davon profitieren, wenn ihnen von anderen Männern eine gefühlsoffenere Männlichkeit vorgelebt wird. Und auch für den jungen Vater aus dem Online-Forum, der an einer postnatalen Depression leidet, dürfte es hilfreich sein, sich mit den anderen Männern auszutauschen.

Süfke sieht es als wichtigste männliche Entwicklungsaufgabe überhaupt, Zugang zu den eigenen Gefühlen zu gewinnen. „So etwas mag für einen Mann ohne Nachwuchs Luxus sein“, so Süfke, „für einen Vater aber ist es Pflicht.“ □

Susanne Paulsen, 48, kann die Neubewertung der Vaterrolle auch persönlich gut nachvollziehen: Sie zieht gemeinsam mit einem engagierten Vater drei Kinder auf.

Schweigend nebeneinander hergehen, sich ohne Worte verständigen – auch das kann zwischen Vater und Sohn eine tiefe Verbundenheit ausdrücken

ERWACHSEN WERDEN

Was geschieht, wenn der 18 Jahre alte Sohn, der an der Schwelle zum Erwachsensein steht, mit seinem 57-jährigen Vater eine Woche lang auf Wanderschaft geht? David und Harald Martenstein haben es ausprobiert, in der südfranzösischen Ardèche-Region. Tagebuch einer Rollenfindung

AM ANFANG EIN

ES NEUEN WEGES

VON HARALD MARTENSTEIN (TEXT) UND ANDREAS REEG (FOTOS)

Mein Sohn und ich fahren jedes Jahr für ein oder zwei Wochen gemeinsam in Urlaub. Wir waren in Disneyland und in New York, wir sind mit dem Wohnmobil durch Deutschland gefahren und mit dem Fahrrad von Berlin an die Ostsee. Wir haben die Weltausstellung in Lissabon besucht, den Vesuv und die Ruinen von Pompeji.

Unsere erste Reise ging nach Kreta, mein Sohn war zweieinhalb, wir trugen beide Rucksäcke. Als er ein Baby war, hatte ich übrigens Erziehungsurlaub gemacht, sechs Monate, mehr konnten wir uns finanziell nicht leisten. Die Zeit war schön, Hausmann ist in meinen Augen ein attraktiver Job, solange es zeitlich begrenzt bleibt.

Ein Kind, das ist für die meisten Männer meiner Generation, und für die Jüngeren wohl erst recht, ein Projekt, eines der Großprojekte unseres Lebens. Man will es richtig machen. Man hat, auch, Ehrgeiz.

Beruflich ist man natürlich stark eingespannt. Das schlechte Gewissen, von dem viele berufstätige Mütter berichten, dieses Gefühl, es allen Seiten recht machen zu wollen, Kind, Beruf, Haushalt, Partner, dieses Gefühl kennen wir Männer inzwischen ebenfalls. Vielleicht verdrängen wir besser.

Sechzehn Reisen.

Jetzt ist mein Sohn 18, er hat zum letzten Mal im Leben Sommerferien. Er hat sich ein Interrail-Ticket gekauft, ist mit Freunden kreuz und quer durch Europa getingelt, Übernachtungen auf Bahnsteigen und Campingplätzen, ich habe mit 18 das Gleiche gemacht.

Als ich ihn fragte, ob wir trotzdem wieder zusammen auf Tour gehen, hat er sofort Ja gesagt. Wir wandern eine Woche lang in Südfrankreich, Ardèche, Streckenwanderung, Mittelgebirge, wegen der Höhenunterschiede körperlich nicht ganz einfach. Das Gepäck wird von Hotel zu Hotel transportiert.

Wenn wir zusammen unterwegs sind, führen wir keine tiefschürfenden Gespräche über die Dinge des Lebens. Es ist nicht wie im Fernsehen, wenn eine Vater-Sohn-Schnulze läuft. Wir reden nicht über Männlichkeit, oder über Mädchen, oder über Berufswahl.

Politik? Manchmal. Wir reden über Fußball, zum Beispiel. Wenn überhaupt. Es kann auch sein, dass wir einfach nur schweigend Zeitung lesen. Ich frage nicht viel. Das nervt ihn doch nur.

Ich wollte ein guter Vater sein. Wie das genau geht, wusste ich nicht. Bin ich inzwischen klüger geworden? Ein Vater ist kein Therapeut, sage ich mir, auch kein Kumpel, ein Vater ist ... irgendwas anderes.

Ein Vater weiß heute ziemlich genau, was er alles nicht sein soll: nicht autoritär, kein Tyrann, natürlich nicht gleichgültig, nein, durchaus interessiert. Erziehend, wenn es sein muss, bequemes Laisser-faire ist jedenfalls keine Lösung, aber auch nicht distanzlos und übergriffig. Nicht abwesend, nicht übermächtig oder erdrückend, keiner, der versucht, lediglich locker vom Hocker ein Freund zu sein und sein Vatertum zu vertuschen.

Das alles soll ich nicht sein, aber was, zum Teufel, statt dessen?

Ich habe mich durchgewurstelt, je nach Situation. Ich habe versucht, die berühmte Regieanweisung von Rainer Werner Fassbinder umzusetzen. In seinem letzten Film hat er mit dem Weltstar Jeanne Moreau gedreht, und als sie wissen wollte, wie sie ihre Rolle anlegen soll, sagte er: „Just be great." Seien Sie einfach toll, der Rest wird sich finden.

Etwas Besseres ist für uns Väter im Moment nicht im Angebot.

Erster Tag. Nach einer langen Reise kommen wir im Hotel an, schönes Haus, gutes Essen, aber eine unverschämte Kellnerin. Wir setzen uns an einen Vierertisch – das Lokal ist fast leer –, sie scheucht uns an einen Zweiertisch. Das mag ich nicht, zumindest hätte sie höflicher sein können. Mein Sohn sagt: „Jetzt hast du wieder den ganzen Abend schlechte Laune." Gut beobachtet. Könnte man aber auch netter sagen. Auffällig ist, dass ich zu meinem Sohn meistens netter bin als er zu mir.

»Auffällig ist, dass ich zu meinem Sohn meist netter bin als er zu mir«

Wie ist das, wenn ein Kind erwachsen wird? Auf der einen Seite gibt es diese Ablösungsrituale, Distanzierung, Kritik, das weiß man ja heutzutage alles. Der Vater wird entidealisiert. Das soll mein Sohn ruhig machen. Kein Problem.

Auf der anderen Seite ist aus dem Kind ein fast fertiger Mensch mit Gewohnheiten und Eigenschaften geworden, die man halt akzeptieren muss. Während des Aufwachsens ist einem das Kind immer wieder fremd, es verwandelt sich ständig in einen neuen Menschen, streift die alte Haut ab, eine Phase nach der anderen.

So, wie es jetzt ist, wird es wohl bleiben. Man muss sich mit diesem Menschen und seinen Eigenarten arrangieren wie mit einem Lebenspartner. Das ist die neue Aufgabe.

Wie weiter nun? Zumindest beim Wandern entscheidet der Sohn, wo es langgeht

Irgendwann ist es so weit, und der Vater wird entidealisiert – auch, weil nach und nach seine körperlichen Grenzen sichtbar werden

»Kinder sind ein Großprojekt des Lebens«, schreibt Harald Martenstein, »daher will man in der Erziehung alles richtig machen. Und sitzt plötzlich zwischen vielen Stühlen«

Zweiter Tag. Sieben Stunden Marsch. Wir sehen eine Menge Landschaft. Wenn an Weggabelungen folgenschwere Entscheidungen zu fällen sind, denn die Zeichen sind oft verwaschen oder uneindeutig, dann sagt mein Sohn, wo es langgeht. Sein Orientierungssinn ist besser als meiner, er kann auch besser die Karte lesen und irrt sich nie.

Von seiner Mutter kann er das auch nicht haben.

Bei einem kleinen Kind sucht man, im Verhalten und in den Äußerlichkeiten, oft nach den genetischen Spuren der Eltern. Aber wenn man zwei Farben mischt, kommt eben eine neue Farbe heraus. Mein Sohn kann sehr genau hinschauen; wenn irgendwo am Boden eine Münze liegt, die jemand verloren hat, findet er sie. Wenn man mit ihm am Strand spazieren geht, dann fischt er oft ein paar Cent oder einen Euro aus dem Sand. Das ist mir ein Rätsel. Ich bin eher der Typ, der Geld verliert.

Am Abend landen wir in der Herberge eines alten, zotteligen, sehr linken Dorfbürgermeisters, Ex-Maoist, würde ich tippen, aber jetzt total öko.

Wir sitzen auf seiner Terrasse an einer langen Tafel mit der Familie und den anderen Gästen. Die beiden Hunde tragen Rastalocken. Ein kleiner Junge, der französisch spricht, will unbedingt mit meinem Sohn Fußball spielen; er denkt, vermutlich wegen der WM in Südafrika, alle Deutschen spielen Fußball wie Götter.

Mein Sohn, der so müde ist wie ich und sogar – was er, glaube ich, selten tut – ein bisschen Rotwein getrunken hat, erhebt sich mühsam und spielt.

Mir fällt ein Satz aus einer Selbstcharakterisierung ein, die er einmal für eine Bewerbung verfassen musste: „Ich bin ruhig, friedlich und freundlich." Das hatte mich sehr gerührt, weil es gleichzeitig bescheiden und selbstbewusst ist. Es trifft auch zu. In seinem Alter war ich unsicherer, unausgeglichener, gepeinigt von tausend Ängsten, die er nicht zu kennen scheint.

Dritter Tag. Wir rasten, völlig erschöpft, auf einem Dorfplatz vor einer dieser Bruchsteinkirchen. Die Routen sind wunderbar, wir vermissen nur die deutsche Sitte, für müde Wanderer hin und wieder Bänke aufzustellen, manchmal sogar Gasthäuser.

> »Manchmal fühle ich mich schon wie der alte Mann, der ich eines Tages sein werde«

Jetzt ein Bier, das wär's! Plötzlich tauchen drei Touristen auf, zwei Frauen, ein Mann, betreten die alte Kirche, und eine der Frauen singt spontan das „Ave Maria", so hinreißend, dass sie wohl eine professionelle Sängerin sein muss.

Weitere Höhepunkte: Die Lippencreme, die ich mitgenommen habe, hat ihr Verfallsdatum bereits vor zwei Jahren überschritten. Mein Sohn sieht so etwas sofort.

Ein Hund, ein Boxer, rennt auf mich zu und knurrt mich an, als wir an einem Gehöft vorbeilaufen. Ich habe

Die tagelange Nähe ist ungewohnt – und erfordert auch mal etwas Distanz

Angst, mein Sohn verscheucht den Hund.

Manchmal trage ich mich mit dem Gedanken, mir einen Hund anzuschaffen, und jetzt verspottet mein Sohn mich natürlich. Der Hund müsste, seiner Ansicht nach, etwa so groß sein wie ein Marienkäfer, damit ich nicht vor ihm fortlaufe, wenn er mal knurrt.

Die Vaterschaft endet nicht, wenn das Kind groß ist. Die Geschichte geht weiter. Du bleibst Vater dein Leben lang, du stirbst auch als Vater, du kannst noch

»Nicht rumjammern, die Schuld bei anderen suchen: Diese Haltung habe ich ihm hoffentlich vermittelt«

alles Mögliche vermasseln, auch verbessern, hoffe ich. Manchmal fühle ich mich schon wie der alte Mann, der ich eines Tages sein werde, der alte Vater, über den man heimlich lächelt, der Hilfe braucht, der nicht einsieht, was gut für ihn ist.

Noch kann ich mich wehren. Und mit dem Hund werde ich auch fertig.

Mein eigener Vater lebt im Ausland, ich sehe ihn selten. Unser Verhältnis ist einst eng gewesen, glaube ich, aber das ist lange her, ich erinnere mich kaum noch. Als mein Sohn geboren wurde, hielt sich sein Interesse in Grenzen. Er kennt seinen Enkel kaum, das nehme ich ihm ein bisschen übel.

Wenn man selber Kinder hat, also in der Mitte steht, zwischen den Generationen, dann sortieren sich die Gefühle neu. Die Bedeutung der Eltern relativiert sich, aber die Eltern bekommen auch eine neue Chance. Manches von dem, was man in der Elternschaft falsch gemacht hat, kann man reparieren, wenn man ein guter Großvater oder eine gute Großmutter ist. Umgekehrt kann man auch etwas verspielen.

Als ich ihn das vorerst letzte Mal gesehen habe, wollte ich mit meinem alten Vater ein Fußballspiel anschauen, in einem Pub. Er sagte: „Ich schaffe das nicht mehr, die vielen Leute, weißt du."

Es war mutig, das zu sagen. Er tat mir nicht leid, ich habe ihn sogar beinahe bewundert. Für vieles, was wir hätten tun können, ist es jetzt zu spät.

Begegnung am Wegesrand – über Frauen reden die beiden Wanderer aber nicht

Vierter Tag. Habe ich erwähnt, dass mein Sohn englische Bücher liest, im Original? Nick Hornby? Kein schlechter Autor! Als er zehn war, dachte ich: Er wird niemals in seinem Leben ein Buch lesen.

Die Nacht haben wir in einem ziemlich spukigen Mittelklassehotel verbracht. Vor allem die Kellner waren seltsam. Der eine hatte einen stechenden Blick, der andere hatte ein Gesicht wie ein Zehnjähriger, obwohl er bestimmt schon 30 war, der dritte ging immer gebückt wie Quasimodo, und dabei handelte es sich nicht um eine Behinderung, sondern um einen Spleen.

Für einen Elternratgeber wurde ich einmal gefragt: Wie würden Sie reagieren, wenn Ihr Sohn einen Behindertenwitz erzählt? Ich habe, statt zu antworten, eine Gegenfrage gestellt: Ist der Witz gut?

Die Rolle des Vaters, früher, damals, ist nicht nur die Rolle des Ernährers gewesen. Der Vater vertrat, in einem abstrakten, umfassenden Sinn, „das Gesetz", also die außerfamiliäre Welt mit ihren Regeln und Forderungen. Er war streng, weil die Welt streng war.

Heute, wo sich die Geschlechterrollen einander angenähert haben, könnten wir Väter eine Art Ersatzmutter spielen, die Nummer zwei, ein bisschen weiter weg, weil wir nun mal nicht schwanger werden und nicht stillen können. Babys erkennen ihren Vater erstaunlich schnell, wie man vor Kurzem herausgefunden hat, aber sie bevorzugen, wenn es ums Trösten geht, eindeutig die Mutter. Als Mutter kann ein Vater immer nur zweite Wahl sein.

Ich bin keine Mutti, ich wollte nie eine sein. Unser Job sieht anders aus. Mit uns lernen die Kinder das Abenteuer kennen, das Risiko. Wir sind nicht vorsichtig, zumindest nicht so sehr.

Wir spielen andere Spiele. Wir mögen den Wettbewerb. Gefahren? Her damit.

Wir erzählen auch politisch unkorrekte Witze. Wir schauen mit unseren Söhnen im Fernsehen den Männersender DMAX, wo Muskeltypen Autos in die Luft heben und Krabbenfischer sich im Eismeer den Hintern abfrieren. Wir sind Männer. Vielleicht haben wir Angst vor Hunden, aber scheiß drauf.

Wir steigen an diesem Tag durch einen Wald, der so verhext aussieht wie der Wald im Horrorfilm „The Blair Witch Project", wir sind ganz oben, wo es keine Bäume mehr gibt, und steigen auf der anderen Seite wieder hinunter.

Fünfter Tag. Die Mühle, in der wir jetzt zwei Nächte bleiben, sieht wie eine Burg aus, mit Fledermäusen und weitem Blick. Zum ersten Mal haben wir den Weg verloren und mussten querfeldein laufen, über Zäune und Mauern, die Richtung kannten wir ja ungefähr. Bei der abendlichen Tischgesellschaft redet mein Sohn besser Englisch als die meisten anderen.

Wenn das Kind groß ist, na, da ist man eben stolz, und das lasse ich mir

Heute, wo die Geschlechterrollen sich angenähert haben, beobachtet Harald Martenstein kritisch, versuchten manche Väter eine Art Ersatzmutter zu spielen, »die Nummer zwei, ein bisschen weiter weg, weil wir nun mal nicht schwanger werden und nicht stillen können«

auch nicht ausreden. Die Gesellschaft hat nichts damit zu tun, verstanden? Die Eltern haben das gemacht.

Klar, wenn er missraten wäre, würde ich ihn auch lieben – mehr noch: Ich würde einfach nicht zulassen, dass irgendjemand behauptet, mein Sohn sei missraten.

»Mit uns lernen die Kinder das Abenteuer kennen, das Risiko. Wir sind nicht so vorsichtig“

Beim Abendessen sagt David: „Also, ich gehe morgen auf jeden Fall die lange Tour und nicht die kürzere.“ Anschließend öffnet er für mich eine Flasche Bier mithilfe einer zweiten Flasche, die er schräg am Kronkorken ansetzt. Damit wäre das entschieden.

Die lange Tour ist tatsächlich schöner. Gute Badeplätze.

SECHSTER TAG. Wenn man nach einer langen Wanderung die Schuhe auszieht, dann stellt sich das gleiche wohlige Gefühl ein wie nach dem Skifahren, wenn man endlich die Skischuhe in die Ecke stellt. Heute laufen wir die Tour in einer kleinen Gruppe mit Leuten, die beim gleichen Veranstalter eine ähnliche Reise gebucht haben. Am Abend landen wir an einem Fluss mit Forellen, groß und fett wie Seehunde, sag ich jetzt einfach mal, wieder gibt es Badestellen und ein malerisches Dörfchen auf der anderen Flussseite, gegenüber vom Hotel.

Einmal im Jahr gehen Vater und Sohn gemeinsam auf eine längere Tour

Dort findet ein Fest statt, eine Jazzband spielt auf der Straße, vor einer Bar. Wir spielen Tischfußball im Hinterzimmer, Tischfußball, das können wir, das ist eine unserer Spezialitäten. Aber der freundliche, scheinbar harmlose Kölner, der mit uns gelaufen ist, stellt sich als eiskalter Crack heraus. Wir verlieren jedes Spiel, in jeder Kombination, egal, wer im Tor steht und wer im Sturm, einmal verlieren wir sogar zu null.

Wenn mein Sohn noch klein wäre, hätte ich das, als entzaubertes Vorbild, sehr unangenehm gefunden. Ihn ärgert die Niederlage, das spüre ich, das finde ich auch okay. Ich bin genauso, ich verliere nicht gern, auch bei den unwichtigsten Sachen. Man muss mit Stil verlieren können, aber man muss es nicht auch noch schön finden. Das wäre zu viel verlangt. Wenn man etwas anfängt, egal was, dann sollte man auch einen gewissen Ehrgeiz hineinstecken, sonst lässt man es.

Ich hoffe, das habe ich meinem Sohn vermittelt, diese Haltung. Nicht rumjammern, nicht als Erstes die Schuld bei den anderen suchen, sondern: fallen, aufstehen, weitermachen.

Das sind die Themen, für die du als Vater zuständig bist – Ehrgeiz, Mut, Kampfgeist, nicht aufgeben, nicht verzweifeln, stolz sein, wenn Stolz angebracht ist, die eigene Schwäche ertragen, Demut, wenn nötig, auch Wut, am richtigen Platz und in der richtigen Dosis.

Ritterlichkeit! Großmut! Das alles klingt in vielen Ohren bestimmt altmodisch und gestrig. Die Welt ist eben sehr weiblich geworden, man soll über alles reden, und wenn ein Problem auftaucht, soll man nicht kämpfen, sondern lieber den Therapeuten fragen. Wir re-

Geht die Vaterschaft
bei einem 18-jährigen Sohn
langsam zu Ende? Bleibt
man nur noch als Finanzier
interessant, als Erzeuger,
zu dem der Nachwuchs
höflich Kontakt hält?

Unter einer Decke, aber
jeder für sich, in der Herberge.
Als David zehn war, erinnert
sich Harald Martenstein, habe
er gedacht, sein Sohn würde
niemals ein Buch lesen

den aber nicht. Wir hören uns das Jazzkonzert an und gehen dann, nachdem wir uns stumm verständigt haben, nach Hause. Das nächste Spiel gewinnen wir. Spätestens das übernächste.

SIEBTER TAG. Bei der Beschreibung der letzten Tour hat der Chef unseres Wanderreise-Unternehmens kein glückliches Händchen gehabt. Es geht durch Pinien- und Kastanienwälder, aber es gibt nur noch wenige Markierungen. An den wichtigen Abzweigungen, schreibt der Chef, stünden Steinmännchen, die er errichtet habe. Wir sollen uns an den Steinmännchen orientieren.

Aber da sind keine Steinmännchen. Vielleicht waren da vor zwei Jahren mal Steinmännchen.

Wir stehen also an den Abzweigungen und versuchen, die Geröllhaufen zu analysieren, die dort herumliegen. War das früher mal ein Steinmännchen? Und wenn ja, in welche Richtung hätte dieses Männchen uns wohl geschickt?

Mein Sohn sagt, er sei Nihilist. Politisch, weltanschaulich. Ich hätte mit 18 gesagt, ich sei Marxist. Die Tatsache,

»Auch als Rollenvorbild dürfte ich meinen Zenit überschritten haben«

dass solche Auffassungen sich im Laufe des Lebens ändern – meistens, nicht immer –, sollte nicht dazu verführen, sie nicht ernst zu nehmen.

Was weiß ich eigentlich über den Nihilismus? Ich beginne – ohne Bekehrungsabsicht! – eine Diskussion über den Nihilismus, bis ich bemerke, dass er das Bekenntnis ironisch gemeint hat. Er macht sich über mich lustig.

Wir laufen immer tiefer in den Wald hinein, ohne zu wissen, wohin. Es ist sehr heiß. Der Weg ist schwierig. Es ist einsam.

Jetzt sagt mein Sohn, dass ich mich hinsetzen soll. Ich hätte einen roten Kopf und würde völlig fertig aussehen.

Er will alleine ein paar Hundert Meter vorauslaufen, im Eilschritt, um zu schauen, ob der Weg richtig ist.

Als er weg ist, das geht alles blitzschnell, fällt mir ein Drama ein, über das ich vor ein paar Wochen in der Zeitung gelesen habe. Eine Mutter und ihr Kind, eine Wanderung, Spanien, sehr heiß, verirrt, sie haben sich getrennt, das Kind ist verdurstet. Mein Sohn hat kein Wasser dabei. Wir hätten uns nicht trennen dürfen, auf gar keinen Fall.

Nach etwa einer Viertelstunde kann ich mich nicht mehr beherrschen, ich versuche, ihn auf seinem Mobiltelefon anzurufen.

Er meldet sich nicht. Er antwortet ja nie, wenn man ihn anruft! Er ist immer schwierig zu erreichen, genau wie ich. Oder hat sein Telefon keinen Saft mehr? Kein Telefon. Kein Wasser. Verirrt.

Als er nach fast einer Stunde wieder auftaucht, mache ich ihm Vorwürfe. Ich hatte wirklich Angst, verstehst du. Wir haben, sage ich, auch gar nicht darüber diskutiert, ob es schlau ist, sich zu trennen, er sei einfach verschwunden.

Mein Sohn sagt, dass er genau zehn Minuten weg war. Außerdem lägen hier überall Dörfer, in jeder Richtung, nach spätestens einer Stunde sei da ein Dorf, und Bäche mit trinkbarem Wasser gebe es auch reichlich, also, keine Gefahr.

Der eingeschlagene Weg war übrigens falsch.

In gewisser Hinsicht ist meine Vaterschaft wirklich beendet, ich bin kein Erzieher mehr und kein Beschützer, um meinen Rat werde ich sowieso niemals gebeten, und auch als Rollenvorbild dürfte ich meinen Zenit überschritten haben, nur als Finanzier habe ich noch eine gewisse Restlaufzeit.

Ich bewahre einen Teil seines Lebens in mir auf, die Zeit, als er klein war und an die er sich nicht erinnern kann, nur seine Mutter und ich wissen davon, wer weiß, vielleicht interessiert er sich eines Tages dafür.

Falls nicht, dann werden diese Geschichten eben mit mir verschwinden,

Ein Vater ist immer stolz auf seinen Sohn – auch wenn der ganz eigene Wege geht

so, wie ein Teil von mir eines Tages mit ihm verschwinden wird.

Wir gehören zusammen, wir werden nächstes Jahr wieder losfahren, und die Frage, ob man es richtig oder falsch gemacht hat, die Bilanzfrage, ist eigentlich unwichtig, als Mann und Vater stelle ich mir solche Fragen nicht.

Ich nehme meinen Rucksack, schaue kurz auf die Karte und laufe los. □

Am Ende nahm auch der Fotograf **Andreas Reeg**, 39, ein Bad – gemeinsam mit Vater und Sohn. **Harald Martenstein**, 57, ist Journalist und Schriftsteller in Berlin. Sein jüngstes Buch „Gefühlte Nähe" handelt von 23 Männern, die eines gemein haben: Sie waren nach und nach alle in dieselbe Frau verliebt. David Martenstein steht kurz vor dem Abitur – und möchte danach zum Zivildienst ins Ausland gehen.

VATERSCHAFT

Ist dieses Kind wirklich von mir?

»Kuckucksväter« werden sie despektierlich genannt – Männer, die Kinder großziehen, ohne zu wissen, dass andere Männer sie gezeugt haben. Entdecken sie das Geheimnis, führt dies zur wohl tiefsten Kränkung, die einem in einer Beziehung widerfahren kann

VON WOLFGANG MICHAL (TEXT) UND JENS BONNKE (ILLUSTRATIONEN)

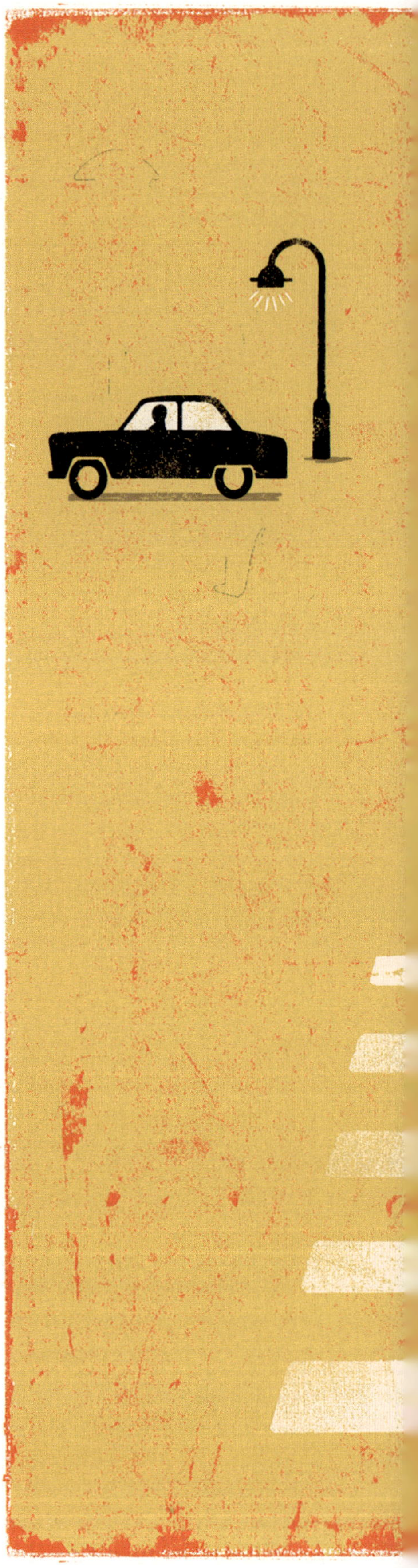

Andreas Berger* ist froh, dass wieder Ruhe eingekehrt ist. Denn was er hinter sich hat, sei „die Hölle" gewesen.

Wir sitzen auf der Terrasse seines Rotklinkerhauses und blicken auf das leise plätschernde Wasserspiel in dem japanischen Garten. Jenseits der Hecke beginnen die Niederrheinwiesen, und ein paar Kilometer weiter liegt schon die niederländische Grenze.

Hier, im verkehrsberuhigten 2000-Seelen-Dorf Briethausen* lebt der 48-Jährige mit seiner zweiten Ehefrau Susanne, deren 16-jährigem Sohn aus erster Ehe und einem Amerikanischen Collie.

Andreas Berger ist Haustechniker. In seiner Freizeit spielt er gern Doppelkopf, geht mit dem Hund spazieren oder fährt schon mal „schön in Urlaub" – meist an die Nordsee. Am liebsten würde er „glücklich so weiterleben", wenn da nicht diese eine Sache wäre, die ihm manchmal den Schlaf raubt. Seine Kinder aus erster Ehe, Max und Lisa, die ihn alle 14 Tage übers Wochenende besuchen, stammen nicht von ihm. Aber sie wissen es nicht, ahnen es nicht einmal. Andreas Berger ist klar, dass er es ihnen irgendwann sagen muss.

Der Gedanke an die bevorstehende Beichte reißt die Wunden wieder auf, die bereits vernarbt schienen: Seine Ex-Frau hat ihm nicht nur zwei Kuckuckskinder ins Nest gelegt, sie hat ihn auch zehn Jahre lang in dem Glauben gelassen, die Kinder seien von ihm. Wo soll man da hin mit seiner Wut?

* Namen und Orte geändert; Red.

Sie opfern Zeit und Geld für die Kinder eines anderen – und versäumen die eigene Fortpflanzung. Insofern, sagen Wissenschaftler, werden Kuckucksväter gleich doppelt bestraft

Jedes zehnte Kind sei ein Kuckuckskind, heißt es oft. Doch tatsächlich weiß niemand genau, wie hoch deren Anteil ist, denn die Angaben beruhen

meist auf sehr groben Schätzungen

Der Kasseler Evolutionspsychologe Harald Euler, der die Ursprünge menschlichen Verhaltens erforscht, hält das Unterschieben eines Kindes für die wohl tiefste Kränkung, die einem Mann widerfahren kann; nicht nur, weil die Partnerin die Zweifel des Ehemanns jahrelang als Hirngespinste abtut und seine Arglosigkeit ausnutzt, nein, ein derart Betrogener realisiert plötzlich, dass er all seine väterlichen Mühen an die Nachkommen eines Rivalen verschwendet hat.

Das ganz normale Leben

Andreas Berger ist in Briethausen geboren und aufgewachsen. Sein Vater verschafft ihm nach der Hauptschule eine Klempnerlehre im Ort. Berger wäre gern Polizist geworden, aber der Polizeipsychologe rät ihm davon ab: Er sei nicht der Typ, der vor anderen Leuten den Zeigefinger hebe. 1982, nach seinem Grundwehrdienst, beginnt Berger bei einer Klever Firma, die Sanitär-Keramik herstellt, und samstags geht er in die Disco. An einem dieser Samstage lernt er Petra kennen. Ihre offensive Art gefällt ihm, und auch in seiner Clique kommt ihre Direktheit gut an.

> Nach der Geburt des Sohnes kommt der Chef seiner Frau häufig zu Besuch – mit Geschenken für das Kind

Mit den Freunden fahren sie oft gemeinsam in Urlaub, feiern und hocken zusammen. Aber schon damals fällt einiges vor, bei dem er nicht hätte wegsehen dürfen: „Petra blickte nach anderen Männern, und vermutlich ist da auch was gelaufen, aber sie sagte immer: Was du nicht weißt, macht dich nicht heiß.“ Die anderen hatten alle schon Kinder, und da wollte Berger „nicht riskieren, noch mal bei null anfangen zu müssen. Liebe macht eben blind“.

Im Juni 1988 heiraten sie. Petras Chef leiht ihnen für die Hochzeit sein Cabrio mit den weißen Ledersitzen und schenkt ihnen ein wertvolles Bild. Wegen seiner Frau zieht Andreas ins sieben Kilometer entfernte Kleve – obwohl er sich dort wie ein Fremder fühlt. Petra behauptet, das Dorfleben sei nichts für sie, und Kinder wolle sie erst, wenn sie über 30 sei.

Dann schleudert der Bauboom der Wendejahre Andreas Berger in die Welt hinaus. Zwischen 1989 und 1992 ist er ständig auf Montage, in der Schweiz, in Belgien, in Frankreich. In Dresden und Leipzig richtet er neue Läden ein, im Akkord. In dieser Zeit ist Andreas Berger selten zu Hause. Und wenn er zu Hause ist, will er meist seine Ruhe.

Eines Tages, „beim Frühstück“, serviert ihm Petra einen positiven Schwangerschaftstest. Berger ist irritiert. Wie soll das gehen? Auf seine Verwunderung reagiert sie zutiefst verletzt: Du tust ja gerade so, als wäre das Kind nicht von dir! Sie weint. Und als Erklärung bietet sie eine Party an, auf der sie beide betrunken gewesen seien. Hinterher sei es passiert.

Am 1. Februar 1993 wird Max geboren. Berger ist von der Geburt überwältigt. Petras Chef schenkt dem Kind ein Paar winzige Fußballschuhe, er kommt jetzt öfter zu Besuch. Die beiden Ehepaare gehen gemeinsam zu Pop-Konzerten, und Petras Chef überlässt der jungen Familie einen Jahreswagen zum Spottpreis. „Er war kein Unmensch“, sagt Berger, „er verdiente sich damals mit seiner Baufirma dumm und dämlich. Alles lief bestens. Und ich hatte ja, was ich wollte.“ Das Glück mit dem kleinen Max lenkt ihn ab von seinem Verdacht. Nachts steht er auf, wenn das Baby schreit, tröstet und wickelt es. Alle bitteren Gedanken sind vom Tisch.

Unter evolutionspsychologischen Gesichtspunkten, sagt Harald Euler, tätigt ein Kuckucksvater eine doppelte Fehlinvestition: Er opfert Zeit, Geld, Nerven und Energie für die Nachkommen eines anderen Mannes – und versäumt darüber auch noch die eigene Reproduktion. Die

Gesellschaft hält solche Menschen für Trottel, ihr Ansehen sinkt. Das erklärt vielleicht die bizarren Verhaltensweisen eifersüchtiger Männer, die ihre Ehefrauen kontrollieren und sogar ausspionieren. Der „Untreue-Detektor" des Mannes, so Euler, sei von der Evolution deshalb so empfindlich eingestellt, weil ein Kuckuckskind den genetischen Super-GAU darstelle: „Ein übersehenes Alarmzeichen verursacht hohe Kosten. Also ist ein Detektor zweckmäßig, der – ähnlich einem Rauchmelder – schon einen zu hoch eingestellten Toaster registriert, um auch wirklich keinen Brand entstehen zu lassen."

Die Krise

Kurz nach der Geburt von Max erleidet Berger zwei Bandscheibenvorfälle. Sie bringen ihn der Familie wieder näher. Er nimmt eine Haustechnikerstelle in Kleve an. Kein Aufstieg, auch keine finanzielle Verbesserung, aber er ist wieder daheim. Sein Leben könnte auch jetzt noch ein langer ruhiger Fluss werden.

Da präsentiert ihm Petra im Sommer 1994 einen zweiten positiven Schwangerschaftstest. „Diesmal hab ich ganz anders reagiert", sagt Berger, „*ich* habe geweint. Reden konnte ich nicht mit ihr,

Männer können – anders als Frauen – nicht sicher sein, ob ein Kind von ihnen ist. »Mother's baby, father's maybe« heißt es im Englischen

sie drehte sich sofort weg und entzog sich." Berger fährt zur Firma, wo er als Haustechniker arbeitet, setzt sich in einen leeren Raum und denkt nach.

Am 3. März 1995 wird Lisa geboren: dunkle Augen, schwarze Haare, schmales Gesicht – das absolute Gegenteil von Andreas. Mit Lisas Geburt werden Bergers Zweifel zur Obsession. Heimlich versucht er, das Puzzle zusammenzusetzen, prüft Kalender, vergleicht Fotos, findet heraus, dass die Termine von Petras Betriebsausflügen und ihre Empfängniszeiten übereinstimmen. Doch die Angst, Petra werde ausrasten, wenn er sie zur Rede stellt, ist stärker.

In jenen Wochen attackiert ihn erstmals ein Cluster-Kopfschmerz, ein extremes Reißen, das vom rechten Hinterkopf bis hinter das rechte Auge zieht und ihn nun in unregelmäßigen Abständen überfällt: Bergers Nerven liegen blank. Er isst kaum noch, nimmt 16 Kilogramm ab, hat Suizidgedanken. Der Hausarzt verschreibt ihm Psychopharmaka, damit er weiter funktioniert.

1996 fährt Berger mit Petra und den Kindern gemeinsam in den Urlaub. Es wird das letzte Mal sein. Die beiden führen keine Ehe mehr, jeder geht seiner Wege. Zwar vermeiden sie lauten Streit, aber die Spannungen übertragen sich auf die Kinder. Max und Lisa beschimpfen sich wegen jeder Kleinigkeit, sie können sich einfach nicht ausstehen. Nach außen wahren die Bergers das Bild einer heilen Familie.

Andreas hat das Gefühl, festzusitzen. Da ist die Angst, das Leben der Kinder könne aus dem Ruder laufen. Da ist die Angst, am Ende allein zu bleiben. Und da ist die höllische Angst vor dem Eingeständnis, gescheitert zu sein. „Ich war blind vor Angst."

Eines Abends kehrt Petra von einem Betriebsfest vorzeitig zurück und ist völlig aufgelöst. Berger vermutet ein Zerwürfnis mit ihrem Liebhaber. „Möglicherweise hat sie ihm damals von meinen Verdächtigungen erzählt." Jedenfalls gerät Petras Chef in Panik. Hals über Kopf verkauft er seine gut gehende Firma und zieht mit Frau und Kindern nach Bremen.

Was hinter ihrem Rücken geschieht – dafür haben manche Männer keinen Sensor

Jetzt sind die Zusammenhänge für Andreas Berger endgültig klar. Das Puzzle ist fertig, der Betrug steht fest. Und in diesem Moment fällt er einen Entschluss, der einem Außenstehenden verrückt erscheinen mag, der aber doch zum ersten Mal eine eigenständige Position formuliert.

Berger nimmt sich vor: „Die Nummer ziehst du jetzt durch, bis die Kinder groß sind."

Selbst als er sicher ist, dass Sohn und Tochter nicht von ihm sind, meidet er den Konflikt

Niemand kann sagen, wie viele Kuckuckskinder es in Deutschland gibt. Zwar berichten die Medien immer wieder, jedes zehnte, ja jedes vierte Baby sei ein untergeschobenes Kind. Doch solche Prozentangaben beruhen entweder auf groben Schätzungen, oder es handelt sich um Ableitungen aus medizinischen Untersuchungen, die einem ganz anderen Thema galten, etwa der Rhesusfaktor-Unverträglichkeit bei Schwangeren, der Verbreitungshäufigkeit bestimmter Erbkrankheiten oder der Gewebe-Kompatibilität bei Organ-Transplantationen. Dabei stellen Ärzte häufig fest, dass die von ihnen entnommenen Blut- und Gewebeproben mit den angegebenen Verwandtschaftsverhältnissen nicht übereinstimmen oder dass ein dominantes Merkmal nicht – wie erwartet – vererbt wurde.

Da die Ergebnisse dieser Studien aber um bis zu 3000 Prozent voneinander abweichen – je nachdem, in welcher Gegend, in welchem Milieu, mit welchen Stichproben und mit welchen statistischen Methoden sie erhoben wurden –, sind sie einzeln kaum aussagekräftig: Man kann sie zur Beruhigung oder zur Alarmierung einsetzen. So ermittelte der britische Genetiker Bryan Sykes bei 48 Männern seines Nachnamens „Vaterschaftsdiskrepanz" von 1,3 Prozent, eine ebenfalls britische Studie in einer Bergarbeitersiedlung förderte dagegen einen Kuckuckskinderanteil von 30 Prozent zutage.

Zuletzt überprüften die Psychologen Martin Voracek, Tanja Haubner und Maryanne Fisher 32 Studien aus den

Jahren 1932 bis 1999. Dabei kamen sie zu dem Ergebnis, dass „die mittlere Vaterschaftsdiskrepanz" in den westlichen Industrienationen 2,1 Prozent beträgt. Das heißt, in der Hälfte der Untersuchungen lag die Vaterschaftsdiskrepanz unter 2,1 Prozent, in der anderen Hälfte lag sie darüber. Auch hier reichte das Spektrum der Einzeluntersuchungen von 0,5 bis 28,6 Prozent.

Dass der Anteil der Kuckuckskinder oft übertrieben wird, hat laut Harald Euler zwei einleuchtende Gründe: Zum einen neigten Männer dazu, die Wahrscheinlichkeit zu überschätzen, weil sie, im Unterschied zu Frauen, nie sicher sein können, dass ein Kind von ihnen ist. Der englische Volksmund hat dafür den schönen Reim erfunden: „Mother's baby, father's maybe". Zum anderen würden mit dieser Männer-Angst viele Millionen Euro umgesetzt. Mehr als 100 Labors bieten heute in Deutschland genetische Vaterschaftstests an.

Die Wende

Am 30. November 1999 lernt Andreas Berger Susanne kennen, seine heutige Frau. Er trifft sie bei einem Fest in einer Gaststätte, kurz nach dem Tod seines Vaters, als er noch völlig aufgewühlt ist. „Es war Liebe auf den ersten Blick. Ich hatte den Punkt erreicht, wo ich rausmusste."

Mit ihrer Hilfe kann er endlich einen Schlussstrich ziehen. Am 3. Mai 2000 abends um 21 Uhr stopft er seine Sachen in blaue Müllsäcke und zieht daheim aus. In der Nachbarschaft und im Kollegenkreis wird er geschnitten, am Telefon wüst beschimpft. Alle glauben, er habe seine Frau und die Kinder wegen einer anderen sitzen lassen. Erst seine Mutter kann die Sache diskret beim Pastor richtigstellen.

Und seine Freundin Susanne drängt: Er solle wegen seiner ständigen Vaterschaftszweifel endlich etwas tun! Mit dem Gehalt von 1400 Euro netto könne er nicht ewig zwei Familien ernähren und die Monatsraten für das Haus abbezahlen, in dem Petra mit den Kindern wohnt. „Ich gehe doch nicht für Petra mit arbeiten", sagt Susanne.

Berger ist in einer verzweifelten Lage. Neben seiner Haustechnikerstelle nimmt er noch einen Zweitjob an, doch bald wird ihm klar, dass er sich übernommen hat. Er schufte für alle, „und der, der mein Leben zerstört hat, hält sich fein raus".

Im Frühjahr 2002 entschließt er sich, einen Vaterschaftstest zu machen. Das Set, das ihm das Gießener Labor bj-diagnostik zuschickt, besteht aus vier Abstrichtupfern, einer Anleitung zur Probenentnahme, einem Info-Blatt, einem Rücksendeumschlag und dem Vertrag in doppelter Ausfertigung.

> **Bei der Scheidung ist er nachgiebig: Er will den Kindern nicht das Dach über dem Kopf streitig machen**

Nun benötigt er nur noch einen Vorwand, um seine Kinder unauffällig testen zu können. Tagelang überlegt er, wie er es anstellen könnte. Schließlich erfindet er ein Zahnputzmärchen: Mit den Wattestäbchen könnten die Kinder testen, ob sie ihre Zähne richtig putzen. Noch heute wird ihm schlecht, wenn er an diese Notlüge denkt. Zweimal macht er die Prozedur, um ganz sicher zu gehen. Er bezahlt 425 Euro und bekommt drei Wochen später, am 6. August 2002, das Ergebnis:

„Sehr geehrter Herr Berger, die DNS-Vaterschaftsuntersuchung hat ergeben, dass zwischen denen von Ihnen eingesandten Proben, im Sinne der Verwandtschaftsbeziehung Vater/Kind/Kind die Vaterschaftswahrscheinlichkeit für Kind Max und Lisa 0,0 Prozent beträgt."

Berger ist „wie vor den Kopf getreten". Er setzt sich ins Auto und fährt ziellos durch die Gegend. Wieder hat er Angst vor den Reaktionen seiner Frau. Wie soll er sie zur Rede stellen? Sie könnte mit Gegenständen werfen oder sich etwas antun. Er sucht Hilfe bei Petras Schwester. Die warnt ihn jedoch vor unüberlegten Schritten. Wenn er jetzt alles aufs Spiel setze, werde er die Kinder womöglich verlieren. In Panik ruft er in Gießen an, ob das Testergebnis auch 100-prozentig stimme. Noch einmal wird ihm bestätigt, was er längst weiß.

Schließlich hat er Petra am Telefon. Sie reagiert demonstrativ unterkühlt: Ach, einen Test hast du gemacht!? Sie raubt ihm den letzten Mut für eine Aussprache.

Wie viele Tests in Deutschland in Auftrag gegeben werden, weiß niemand genau, da sie nirgendwo zentral erfasst werden. Frank Pfannenschmid, Geschäftsführer des Regensburger DelphiTest-Labors, geht von mehr als 30 000 privaten Tests in den letzten Jahren aus, zu denen man die gerichtlich angeordneten Gutachten noch hinzuzählen müsse. Bis 2009 sei ein kontinuierlicher Nachfrage-Anstieg zu verzeichnen gewesen, seit Inkrafttreten des Gendiagnostikgesetzes am 1. Februar 2010, mit dem heimliche Tests unter Strafe gestellt wurden, kämpfe die Branche jedoch ums Überleben.

Einen Ausweg bieten Zweigniederlassungen im Ausland, die nicht nach der Rechtmäßigkeit der Proben fragen müssen. Zweifelnde Väter schicken ihre Röhrchen seither nach Österreich, Holland, Belgien oder England. In den meisten Fällen geben die Labors aber Entwarnung. 75 bis 90 Prozent der eingesandten Proben weisen nach, dass die Zweifel an der Vaterschaft unbegründet waren.

„Der typische Kunde", so Pfannenschmid, „ist männlich, arbeitslos, oft aus Berlin, Sachsen oder Thüringen und leider zu oft nicht zahlungsfähig." Dem widerspricht Hildegard Haas, die Leiterin des Münchner Genedia-Labors. Inzwischen gebe es ebenso viele Kunden aus der Mittelschicht und aus dem Westen.

Doch aus verschiedenen Einzeluntersuchungen geht hervor, dass Kuckuckskinder in sozial schwächeren Schichten häufiger sind als in der übrigen Gesellschaft. Dies hängt zum einen mit mangelnder Verhütung und dem armuts-

Vaterschaftstests sind ohne Einwilligung der Mutter nicht mehr erlaubt; ein Familiengericht kann aber eine Probennahme erzwingen

bedingt höheren Beziehungsstress in den Unterschichten zusammen, zum anderen damit, dass Frauen der Mittel- und Oberschicht das Risiko scheuen, durch einen aufgedeckten Fehltritt sozial abzustürzen, weshalb sie in einer solchen Situation den Schwangerschaftsabbruch vorziehen.

Ermittelt werden Vaterschaften seit 1998 mithilfe der „Short Tandem Repeat"-Technik. Der 1,8 Meter lange Molekülfaden, der das menschliche Genom enthält, besteht an Zehntausenden Stellen aus kleinen DNS-Blöcken, die sich in charakteristischer Weise wiederholen. Je mehr Regionen auf solche Übereinstimmungen untersucht werden, desto sicherer ist das Testergebnis.

Seit 2003 werden mindestens 15 Regionen untersucht. Das entspricht einer Sicherheit von 99,9 Prozent. Stimmen drei oder mehr dieser Erbmerkmale nicht überein, ist eine Vaterschaft ausgeschlossen. Bei Lisa waren es fünf, bei Max sogar sieben.

Vor Gericht

Als das Testergebnis vorliegt, werden auf beiden Seiten Anwälte eingeschaltet. Dieser Krieg dauert zwei Jahre, füllt mehrere Aktenordner – und immer geht es ums Geld. Doch Berger sagt sich: Das halte ich jetzt durch, mit allen Konsequenzen, „irgendwo muss man auch mal Egoismus entwickeln." Er sagt das mit einer Miene, als habe er etwas Unverzeihliches getan.

Im März 2003, während der Güteverhandlung vor dem Amtsgericht, gibt Petra Berger völlig überraschend zu, in der fraglichen Zeit mit ihrem ehemaligen Chef geschlafen zu haben. Beide erklären zudem ihre Bereitschaft zur Mitwirkung an einem weiteren Vaterschaftstest. Diesmal prüft das Gesundheitsamt die Identität der Beteiligten, nimmt die Proben und schickt sie an den vom Gericht bestellten Sachverständigen, einen Rechtsmediziner aus Münster. Der kommt in seinem 14 Seiten umfassenden Abstammungsgutachten zu dem Ergebnis, dass Petras Liebhaber mit an Sicherheit grenzender Wahrscheinlichkeit der Vater von Max und Lisa ist. Eine Vaterschaft Andreas Bergers sei dagegen auszuschließen.

Nach diesem Urteil beantragt Berger nun die Scheidung von seiner Frau und formuliert gleichzeitig Regressansprüche an den mutmaßlichen Erzeuger von Max und Lisa.

Für zehn Jahre Unterhalt fordert er 55 000 Euro. Das ist – für zehn Jahre

Hoffen und Bangen – eine vergleichsweise geringe Summe. Wenn man sich außergerichtlich darauf einigen könnte, müsste es nicht zu einem Verfahren kommen.

Doch weder Petra noch ihr ehemaliger Chef zeigen sich besonders zerknirscht. Und so beginnt für Andreas Berger ein aufreibender Rosenkrieg um die Aufteilung des gemeinsamen Besitzes und ein ebenso würdeloses Feilschen um die Höhe des „irrtümlich" gezahlten Unterhalts.

Bergers Welt ist aus den Fugen, aber er muss gerichtsfeste Belege über seine Einkommensverhältnisse beibringen. Man nimmt ihm seine Kinder, aber er muss sich das zynische Argument der Anwälte seines Nebenbuhlers anhören, die Kinder hätten ihm doch auch ganz annehmliche Steuererleichterungen gebracht.

Wieder weiß er nicht, wohin mit seiner Wut. Und dennoch lässt er sich herunterhandeln, Zug um Zug, erst bei der Haushälfte, weil er den Kindern nicht das Dach über dem Kopf streitig machen möchte, dann bei der Rückforderung des Unterhalts. Abzüglich der Anwalts- und Gerichtskosten erhält er am Ende 28 500 Euro. Er ist so angewidert von allem, dass er die Sache einfach hinter sich bringen will.

Fälle wie dieser haben im vergangenen Jahrzehnt die rechtliche Situation der „Scheinväter" ins Rampenlicht gerückt. Ihr Leidensdruck war so groß geworden, dass sie sich in Selbsthilfegruppen organisierten und sogar in Talkshows auftraten. Empörung rief vor einigen Jahren die Absicht der damaligen Bundesregierung hervor, heimliche Vaterschaftstests unter Strafe zu stellen, weil die Gefahr einer unkontrollierten Kommerzialisierung der Tests bestehe und das Selbstbestimmungsrecht des Kindes verletzt werde.

Bis 2008 waren Vaterschaftstests ohne die Einwilligung der Mutter erlaubt. Die Labors wollten diesen Zustand mit allen Mitteln erhalten. Sie argumentierten, Vaterschaftstests seien keine Gendiagnostik, sondern lediglich Identitätsabgleiche der Wiederholungseinheiten zwischen den Genen. Jeder Mann habe – unabhängig

Öffentlich bekennt sich kaum jemand zu einem Kuckuckskind – zu groß ist die Scham

von der Mutter – ein Recht zu wissen, ob er der Vater eines Kindes ist.

Bis dahin riskierten die Scheinväter allerdings auch den sofortigen Verlust ihrer Elternrechte: Stellte das Gericht im Rahmen der Anfechtungsklage nämlich fest, dass der Kläger nicht der biologische Vater des Kindes ist, verlor er automatisch sämtliche Rechte bezüglich der Kinder.

Zudem konnten betrogene Ehemänner bis 2008 auch keinerlei Regressansprüche gegen die biologischen Väter durchsetzen. Weigerte sich der mutmaßliche Erzeuger eines Kindes, an einem Vaterschafts-Feststellungsverfahren teilzunehmen, hatte der Scheinvater keine Möglichkeit, ein solches Verfahren gegen den mutmaßlichen Erzeuger zu erzwingen.

Diese verzwickte Problematik sowie die Entscheidung des Bundesverfassungsgerichts, heimliche Vaterschaftstests bis 2008 für unzulässig zu erklären, führten schließlich dazu, das Klärungsinteresse des Mannes vom Anfechtungsverfahren zu trennen und den Scheinvätern mehr Rechte zuzubilligen.

Mit dem „Gesetz zur Klärung der Vaterschaft unabhängig vom Anfechtungsverfahren" vom 1. April 2008 erhielt jedes Familienmitglied einen eigenen Anspruch auf Klärung der Abstammung. Ein fehlendes Einverständnis kann seither über das Familiengericht erzwungen werden, es sei denn, das Kindeswohl ist gefährdet. Im Anschluss an den Vaterschaftstest hat der Mann dann zwei Möglichkeiten: Er kann – innerhalb von zwei Jahren – ein Anfechtungsverfahren in Gang setzen, oder er lässt die Sache auf sich beruhen, weil er der rechtliche und soziale Vater des Kindes bleiben will.

Durch das Gendiagnostikgesetz vom 1. Februar 2010 ist diese pragmatische Lösung weiter präzisiert worden. Seither muss der Testablauf auch den Richtlinien der Bundesärztekammer und des Robert-Koch-Instituts entsprechen. Private Probenentnahmen am heimischen Waschbecken sind nicht mehr erlaubt.

Auf all diese Gesetze konnte sich Andreas Berger noch nicht berufen. Aber er hat sie mit vorbereitet. Durch seinen Mut, schonungslos über sich selbst zu reden.

Die Vorgeschichte

Wir sitzen noch immer auf der Terrasse. Bergers zweite Frau Susanne ist ihm die ganze Zeit nicht von der Seite gewichen. Denkt er inzwischen anders über seinen Fall? „Solche Sachen", sagt er, „haben immer eine Vorgeschichte. Hätte ich eher reagiert, hätte ich manches verhindern können. Ich bin ein ziemlicher Idiot gewesen."

Er kann sich heute offen eingestehen, dass seine Wesenszüge das Unglück mitverursacht haben. Und er weiß auch, dass er sich über diese Wesenszüge nicht so einfach hinwegsetzen kann.

So hat sein Ruhebedürfnis viel mit seiner Herkunft zu tun. Er ist „in ganz armen Verhältnissen" aufgewachsen, mit vier Schwestern und einem Bruder, und „wenn mal eine Kiste Limo dastand, war das schon ein Highlight". Die Mutter war Hausmeisterin in der Grundschule, sie wohnten in der kleinen Dienstwohnung, die sechs Kinder schliefen in Stockbetten im gleichen Zimmer. Im Winter musste er vor Schulbeginn die Holzöfen in den Klassenzimmern mit anschüren und nach Schulschluss die Räume säubern helfen. Die Eltern führten keine gute Ehe, die Mutter, streng katholisch, hatte das Sagen, war launisch, und „ihre Nerven lagen oft blank". Schon bei Kleinigkeiten setzte es Ohrfeigen. „Einmal wurde ich in den Keller der Schule gesperrt, nur weil ich meine Jacke schmutzig gemacht hatte". Andreas ging der Mutter, so gut er konnte, aus dem Weg.

Vor Wut markiert er im Stadtplan die Adresse seines Nebenbuhlers. Aber er fährt dann doch nicht hin

Sein Vater, spät aus Krieg und Gefangenschaft heimgekehrt, hatte wenig zu sagen. Er hielt sich meistens raus, reagierte immer zu spät. Zur Schwiegertochter blieb er auf Distanz. Diese Erfahrung aus „Enge und Stress" hat wohl Andreas Bergers extreme Neigung zu Harmonie und zum Nachgeben geformt.

Aber auch die „innerlich vereiste" Petra hat ihre Vorgeschichte. Sie war elf oder zwölf, als sich ihr Vater erhängte. Weshalb – das ist ein Familiengeheimnis geblieben. Die Mutter war Petras Maß aller Dinge. Nach oben orientiert, immer „etepetete". Sie habe sich als etwas Besseres gefühlt. „Unsere Familien passten nicht zusammen", sagt Berger. „Ihre Mutter wollte zum Beispiel nie, dass meine Mutter bei uns einhütet. Und wenn ich bei Petras Familie zu Besuch war, brachen die Gespräche ab, sobald ich den Raum betrat. Ich hatte nie das Gefühl, dazuzugehören. Ich war nur für die heile Welt zuständig, für den Schein nach außen. Aber Petra glaubte ja an die Welt, die sie sich einbildete."

Das Verhältnis zwischen ihr und ihrem Chef muss begonnen haben, als Andreas Berger auf Montage war. Vielleicht fühlte sie sich hingezogen zu dem 14 Jahre älteren Mann, weil sie eine Vaterfigur suchte, eine Autorität. Ihr Chef war ein erfolgreicher Unternehmer, zielstrebig und – kaltblütig. Seine Frau weiß vermutlich bis heute nichts von Max' und Lisas Existenz.

Vor ein paar Jahren, erzählt Andreas Berger, habe er sich in seiner Wut einen Stadtplan von Bremen besorgt und die Adresse seines Nebenbuhlers mit rotem Filzstift eingekreist. Er reicht den Stadtplan über den Tisch.

Es sieht aus, als hätte Berger ein Ziel markiert. Aber hingefahren ist er dann doch nicht. □

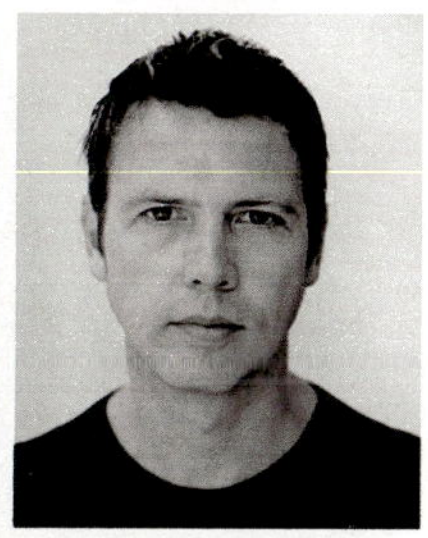

Wolfgang Michal, 56, hat bei seinen beiden Söhnen keinerlei Zweifel an der eigenen Vaterschaft. **Jens Bonnke**, 42, lebt in Berlin; er arbeitet für internationale Magazine, Buchverlage und das Kinderfernsehen.

Horst Petri, 74,

hat in seiner Berliner Praxis für Psychotherapie schon viele vaterlos aufgewachsene Männer behandelt

WENN DER VATER FEHLT

Wer seinen leiblichen Vater niemals kennengelernt hat, leidet darunter ein Leben lang, sagt der Psychoanalytiker Horst Petri. Denn das Bedürfnis, gemeinsam mit Mutter und Vater aufzuwachsen, sei dem Menschen quasi angeboren

GEO WISSEN: Herr Professor Petri, in der Psychoanalyse spielte der Verlust des Vaters lange Zeit keine Rolle, selbst Sigmund Freud hat kaum ein Wort dazu verloren. Weshalb?

HORST PETRI: Freud hat in seinem Werk „Die Traumdeutung" geschrieben, dass der Tod des Vaters „das bedeutsamste Ereignis, der entscheidende Verlust im Leben eines Mannes" sei. Er bezog das ausdrücklich auch auf sich. Aber weiter beschäftigt hat er sich mit dem Thema nicht. Womöglich hat es ihn zu schmerzlich an die durch den Tod des eigenen Vaters entstandene tiefe Kränkung erinnert. Außerdem beschäftigte sich die Psychologie damals vor allem mit der frühen Kindheit und der Mutter-Kind-Beziehung. Der Vater war eine zu vernachlässigende Größe für das Wohlergehen der Kinder.

Was war für Sie der Anlass, das Thema schließlich doch ans Tageslicht zu heben?

Ich sollte Mitte der 1990er Jahre einen Vortrag mit dem Titel „Der abwesende Vater" halten, stellte aber fest, dass es dazu kaum substanzielle Fachliteratur gab. Ich habe gesagt, dass ich darüber erst einmal länger nachdenken müsse. Und dann hat mich das Thema plötzlich gefangen genommen.

»Jedes Kind will wissen, von wem es abstammt«

Weil Ihnen klar wurde, dass es Sie auch persönlich betrifft.

Ich habe mir zunächst die Akten meiner früheren Patienten vorgenommen – und mit Erschrecken festgestellt, dass sehr viele von ihnen vaterlos aufgewachsen sind. Das hatte ich in den Sitzungen mit ihnen nicht thematisiert. Ein zweites Erschrecken setzte ein, als ich begriff, dass auch ich selbst von einer langjährigen Vaterabwesenheit betroffen war. Zwischen meinem dritten und neunten Lebensjahr war mein Vater praktisch nie zu Hause, sondern damit beschäftigt, Brücken für die Reichsautobahnen zu bauen. Es gab in der Zeit keine richtige Bindung zwischen uns. Darauf hätte ich spätestens stoßen müssen, als ich mich während meiner psychoanalytischen Ausbildung einer Lehranalyse unterzog. Aber auch da spielte die Vaterabwesenheit keine Rolle.

Sie haben dann den Begriff „Vaterentbehrung" geprägt. Ein sehr sperriges Wort.

Es ist dem Begriff der „Mutterentbehrung" entlehnt, der sich auf Kinder bezieht, die in Heimen und Krankenhäusern groß wurden. Vaterentbehrung beschreibt unterschiedliche Konstellationen: etwa die Vaterlosigkeit, wenn es für das Kind nie einen Vater gegeben hat. Dann den Verlust, den man erleidet, wenn der Vater stirbt oder dauerhaft verschwindet. Und schließlich die Vaterabwesenheit – von der jahrelangen Kriegsabwesenheit bis hin zum geschiedenen Wochenendvater.

Was davon ist am schlimmsten für Kinder?

Sicherlich die Tatsache, nie einen Vater gehabt zu haben. Anthropologisch gilt es heute als gesichert, dass es ein großes Bedürfnis von Kindern gibt, sich in der Dreier-Konstellation mit Mutter und Vater zu entwickeln. Wenn allerdings die Mutter in relativ kurzer Zeit eine neue, stabile Partnerschaft eingeht, also ein Ersatzvater da ist, ist der Verlust nicht ganz so dramatisch. Aber auch dieses Kind wird sich irgendwann über die biologische Herkunft Gedanken machen, will wissen, woher es eigentlich stammt – das belegen Tausende Krankengeschichten.

Finden sich Kinder, die nie einen Vater gehabt haben, möglicherweise eher mit dem Verlust ab als Kinder, die ihn bewusst erleiden? Die eine Trennung der Eltern miterleben müssen?

Es spielt natürlich eine wichtige Rolle, wie der Vater verloren wurde und wie die Familie damit umgeht. Wenn dem Sohn vermittelt wird, was für ein wunderbarer Mensch der Vater gewesen ist, dann kann es sein, dass der Sohn sich mit dem positiven Vaterbild identifiziert und es auf sich bezieht. Aber es besteht auch die Gefahr, dass der tote Vater derart idealisiert wird, dass er für den Sohn ein unerreichbarer Held wird, an dem er immer wieder scheitert.

Können Sie dafür ein Beispiel nennen?

Ich hatte einen 53-jährigen Patienten, der in den vergangenen Jahren einige berufliche Misserfolge überwinden musste. Er hatte seinen im Krieg gefallenen Vater nie kennengelernt. Da er aber

MÄNNER VERLEUGNEN

das einzige Kind war, projizierte die Mutter alle positiven Eigenschaften ihres Mannes auf den Sohn, erzählte ihm ständig, wie erfolgreich der Vater als junger Architekt war. Ich fragte ihn, ob seine heutige Krise wohl etwas damit zu tun habe, dass er die seinem Vater zugesprochene Größe niemals erreichen könne. Das beschäftigte ihn intensiv. In den Folgestunden konnten wir das übermächtige Vorbild langsam sterben lassen. Und der Patient konnte sich auf die Frage konzentrieren, wer er denn eigentlich selbst ist. Bald lösten sich auch seine berufliche Blockade und sein Stimmungstief.

Bei der Generation der heutigen jungen Väter ist die Vaterentbehrung meist eine Folge der Trennung der Eltern. Ändert sich damit auch die Symptomatik?

Diese Männer verleugnen den frühen Schmerz meist völlig, sagen, dass der Vater schon lange kein Thema mehr für sie ist, weil sie ihn seit Jahrzehnten nicht mehr gesehen haben und sie bei der Mutter aufgewachsen sind. Aber dann sitzen die plötzlich bei mir und brauchen Hilfe. Ich habe vier Patienten im Alter zwischen 30 und 40 Jahren, die alle kleine Kinder haben. Die Frauen halten es mit den Männern nicht mehr aus, weil sie unfähig sind, empathisch auf die Familie einzugehen. Sie sind sehr leistungsorientiert, sehr tüchtig und erfolgreich – aber emotional wie zugeschnürt.

»Vaterlos aufgewachsene Männer sind emotional oft wie zugeschnürt«

Immerhin kommen diese Männer überhaupt zu Ihnen.

Oft aber erst nach einer Trennung, oder wenn die Frau ihnen gesagt hat, dass sie sich trennen will. Für die Männer bricht eine Welt zusammen, sie sind oft völlig hilflos, entwickeln schwere Verlassensängste und Depressionen. In den Gesprächen stellt sich dann heraus, dass sich diese Männer bislang kaum um die Kinder gekümmert haben, sie aber nun wie wild um die Familie kämpfen. Sie versuchen ihre Schuldgefühle loszuwerden und sich als guter Vater zu profilieren, alles Versäumte nachzuholen. Dabei sind sie häufig so überfürsorglich und vereinnahmend, dass die Kinder in ihrer freien Entwicklung erheblich eingeschränkt werden.

Und das ist eine Folge der eigenen Vaterentbehrung?

Sie haben aufgrund dieser Entbehrung nie gelernt, eine gute Bindungsqualität zum anderen Geschlecht und zu den eigenen Kindern zu entwickeln. Ihre Gefühlsbindungen zu nahen Personen haben an Tiefe verloren. Und dann kommt es zur sogenannten transgenerationalen Weitergabe des Traumas: Sie vernachlässigen die eigenen Kinder, weil sie das selber nicht anders erlebt haben und ohnehin davon ausgehen, dass sie entbehrlich sind.

Ist dies womöglich auch ein Grund dafür, dass viele Väter nach einer Scheidung in relativ kurzer Zeit ganz aus dem Leben ihrer Kinder verschwinden?

Ich habe in meiner Praxis viele alleinerziehende Mütter kennengelernt, die absolut keinen Grund für den Kontaktabbruch durch den geschiedenen Mann angeben konnten. Zumal die Väter regelmäßig Unterhalt zahlten. Wenn ich sie dann fragte: „Hat Ihr Mann möglicherweise selbst keinen Vater gehabt?", erschraken sie oft und mussten die Vermutung bestätigen: „Daran habe ich noch nie gedacht." Den Männern ist der Zusammenhang wahrscheinlich nie bewusst geworden. Aber ihre unbewusste Losung lautet: „Wenn ich selber vaterlos groß geworden bin und meinen damaligen Schmerz verdrängt habe, um zu überleben, kann ich mir auch nicht mehr vorstellen, was es bedeutet, das eigene Kind zu verlassen."

Können Sie den Männern helfen?

Das gelingt tiefenpsychologisch, unter anderem mit der Wiederbelebung des Vatertraumas.

Was geschieht dabei konkret?

Ich frage sie: „Was ist eigentlich mit ihrem Vater? Sie haben doch sicher die Sehnsucht, ihn mal wiederzusehen, zu wissen, was aus ihm geworden ist?" Nein, höre ich dann, ich habe überhaupt kein Interesse an meinem Vater. Ein Wendepunkt ist es, wenn der Mann nach einigen gezielten Therapiesitzungen doch den Kontakt zum Vater sucht. Ich hatte gerade einen solchen Fall. Der Vater war sehr glücklich über diesen Kontaktversuch, weil er sich seinerseits vom Sohn abgelehnt fühlte und über viele Jahre nicht mehr gewagt hatte, Kontakt aufzunehmen. In der nächsten Stunde erzählte mir der Sohn strahlend, dass er sich lange mit dem Vater unterhalten habe, sie hätten die Vergangenheit aufgearbeitet und nun wieder regelmäßig Kontakt. Das hat ihm auch im Verhältnis zu seiner Frau geholfen. Sie haben immer noch Differenzen, können sich aber zumindest über die Kinder hervorragend verständigen.

Trifft die Vaterentbehrung Söhne eigentlich heftiger als Töchter?

Das glaube ich nicht. Aber die Störungen sind andere. Frauen richten ihre Aggressionen eher nach innen, sie erkranken häufig psychosomatisch. Bei Mädchen kommt es zu einer ausgeprägten Mutterfixierung, was den Umgang mit dem anderen Geschlecht erschwert. Manche Studien besagen, dass vaterlose Frauen auch früher heiraten und eine erhöhte Scheidungsrate haben. Jungen fehlen vor allem die männlichen Vorbilder. Die finden sie heutzutage auch ersatzweise meist nicht, da sie im Kindergarten und in der Schule fast ausschließlich von Frauen sozialisiert werden. Ihre typisch jungenhaften Anteile werden oft jahrelang unterdrückt. Das führt zu verdrängten Aggressionen, die dann oft unkontrolliert als Gewalt hervorbrechen. Jungen fehlt gerade im vierten bis sechsten Lebensjahr, in der

DEN SCHMERZ ...

ersten ödipalen Phase, ein Vater, der sie den Umgang mit ihrem wachsenden Aggressionspotenzial lehrt: indem er die Aggressionen in spielerische Aktionen umleitet, Konflikte in Rollenspielen austrägt, ihnen Fairness beibringt. Daher gibt es so viele vaterlos aufgewachsene Straftäter. Studien zeigen auch, dass vaterlose Jungen oft auf einem unterdurchschnittlichen moralischen Reifungsniveau verharren. Bei Mädchen ist dieser Zusammenhang weniger eindeutig.

Das kommt uns sehr schwarz-weiß gemalt vor. Nur Väter können demnach dafür sorgen, dass Söhne sich normal entwickeln?

Mir liegt es fern, die Mütter zu entwerten. Sie sind existenziell wichtig für die Kinder, besonders in der ersten Lebensphase bis zur Pubertät. Die Vaterentbehrung ist letztlich auch mehr als nur die Abwesenheit eines Mannes, sie ist oft ein Symptom für das Scheitern eines ganzen Systems: der Familie. Wie massiv das damit verbundene Trauma ausfällt, wie intensiv und lang anhaltend die Folgeschäden sind – darüber entscheiden die individuellen Umweltbedingungen.

Der Kinderarzt Remo Largo zitiert gern das afrikanische Sprichwort „Es braucht ein ganzes Dorf, um ein Kind großzuziehen". Der biologische Vater sei demnach gar nicht so entscheidend.

Soziale Netzwerke sind wichtig, damit können Defizite in der Kindesentwicklung immerhin eingegrenzt werden. Aber oft gibt es sie nicht mehr. Ganz problematisch ist es, wenn Kinder bei alleinerziehenden Müttern groß werden, die keine Hilfe haben. An Jungen wird oft die Rolle des Partnerersatzes delegiert, sie sind dann sehr auf die Mutter fixiert und können sich später nur schwer von ihr lösen. Die Kinder haben nicht nur mit ihren eigenen Gefühlen zu kämpfen, sondern werden auch von denen der Mutter überflutet, weil sie der einzige Bezugspunkt sind. Für mich ist eine Familie ohne Vater daher durchaus als defizitär anzusehen. Weil der eine Pfeiler der Dreierbeziehung Mutter-Vater-Kind durch den Vaterverlust wegbricht und nur schwer zu ersetzen ist.

Was würde Kindern in einem Trennungsfall am meisten helfen?

Jedenfalls nicht, wenn die Mutter den Vater ausgrenzt, ihn schlecht macht vor den Kindern und die dadurch in einen Loyalitätskonflikt bringt. Das gilt natürlich auch umgekehrt für die Väter. Solche vergifteten Beziehungen können für das Kind unter Umständen traumatischer sein als die Abwesenheit des Vaters. Beide Eltern sollten eine reife Form der Konfliktlösung finden, indem sie sich mit dem Partner darüber verständigen, dass die gemeinsame Verantwortung für die Kinder bestehen bleibt. Gott sei Dank gibt es das heute immer häufiger. Dann bleibt der Vater größtenteils erhalten, weil die Kontinuität der Beziehung erhalten bleibt.

Sie sagen, dass praktisch jede Vaterentbehrung zu einem Trauma führt. Nun weiß aber die Resilienzforschung, dass es einige Kinder gibt, die die Fähigkeit haben, auch sehr starke seelische Verletzungen unbeschadet zu überstehen.

Ich will keine Katastrophenstimmung erzeugen. Ja, diese sehr robusten Kinder gibt es tatsächlich. Sie haben derart viele innere Ressourcen oder suchen sich unbewusst selbst einen Ersatzvater, sodass sie nicht jahrelang leiden. Und dann gibt es jene, die ihre Vaterentbehrung durch eine besondere Kreativität kompensieren. Aus der Kreativitätsforschung ist bekannt, dass eine frühkindliche Traumatisierung oftmals zur Ausbildung eines besonderen schöpferischen Potenzials führt. Fantasie, Erfindungsgabe und Gestaltungswille dienen dabei einem „Reparationsversuch", um die früheren Verletzungen des Ich zu heilen und das Selbst zu einer neuen Ganzheit zusammenzuführen.

Kann man sagen, dass dies auch Ihre ganz persönliche Lebensstrategie war – indem Sie einen kreativen Beruf gewählt haben?

In gewisser Weise ja. Auch die Schriftstellerinnen Tania Blixen und Marguerite Duras und viele andere Autoren sind Beispiele für diese These. Nicht zu vergessen Agatha Christie. Sie hat den Vaterverlust in jungen Jahren durch die Morde in ihren Krimis vielfach rekonstruiert.

In welchem Alter ist der Vaterverlust durch Scheidung am ehesten zu verschmerzen? Manche Eltern warten ja absichtlich mit einer Trennung, bis die Kinder größer sind.

In der Scheidungsliteratur heißt es, je früher die Trennung, desto folgenreicher. Weil

...UND BRAUCHEN DANN

der Vater gar nicht die Möglichkeit hatte, eine Beziehung zum Kind aufzubauen. Deshalb denken viele Paare, dass sie besser warten sollten. Doch gerade die Pubertät ist noch einmal ein ganz gefährlicher Zeitpunkt für eine Trennung. In dieser Phase der Identitäts- und Orientierungskrisen brauchen Kinder – und vor allem Jungen – ganz besonders einen Vater. Die Kinder lehnen sich zwar an die Mutter an und erzählen ihr vielleicht von ihren emotionalen Problemen. Aber um in die Welt hineinzuwachsen, sich auch beruflich zu orientieren, das eigene Selbst zu stärken, dazu brauchen sie den Vater.

Funktioniert das auch mit dem Wochenendvater? Bei Kindern, die mit der Bahn durch halb Deutschland reisen?

Wir reden bisher vom definitiven Vaterverlust. Beim Wochenendvater ist es nicht entscheidend, wie der Umgang von der Form her geregelt ist. Entscheidend ist, wie die Eltern mit dem Konflikt umgehen. Wenn die Mutter es akzeptiert und unterstützt, dass die Kinder am Wochenende zum Vater fahren, dann kann es ein Abenteuer für sie sein. Sie fühlen den Vater nicht abgewertet, und sie fühlen sich von der Mutter nicht emotional bestraft, weil sie so böse sind, den Vater besuchen zu wollen. Und die Kontinuität der Beziehung zum Vater bleibt erhalten.

Gibt es nicht auch Fälle, in denen die Abwesenheit des Vaters für die Kinder besser wäre? Wenn Missbrauch oder Gewalt im Spiel sind.

Solche Konstellationen sind immer besonders tragisch und stellen Jugendbehörden und Psychologen vor eine schwierige Alternative: Schicke ich das Kind in ein Heim, welchen Einflüssen ist es dort ausgesetzt? Oder lasse ich es in der Familie und versuche, therapeutisch zu helfen, damit dem Kind der Vater erhalten bleibt? Ihre Frage, die häufig gestellt wird, suggeriert immer ein wenig, man könne viel häufiger auf Väter verzichten. Weil sich – so heißt es – viele von ihnen ohnehin nicht gut für diese Rolle eigneten.

Kürzlich kam ein Fall vor Gericht, bei dem umgekehrt die Mutter den Vater dazu bringen wollte, mehr Umgang mit dem Kind zu haben. Der Mann hatte aber gar nicht das Bedürfnis. Darf man, sollte man den Umgang erzwingen?

Sobald Zwang mit im Spiel ist, verbessern sich Beziehungen nicht, sie verschlechtern sich. Man kann den Vater kaum mit der Polizei dem Kind zuführen. Aber dahinter steht das neue Kindschaftsrecht. Darin gibt es jetzt nicht nur das Recht des Kindes auf beide Eltern – sondern das fast Revolutionäre ist, dass der abwesende Elternteil jetzt eine Besuchs*pflicht* beim Kind hat. Nur lässt sich die mit Zwang natürlich nicht durchsetzen. Auch das gemeinsame Sorgerecht ist ein großer Fortschritt. Es hat einen Bewusstseinswandel mit sich gebracht und die Bereitschaft erhöht, Konflikte gemeinsam im Interesse der Kinder zu lösen.

Könnten heutzutage nicht auch gleichgeschlechtliche Paare eine traditionelle Familie ersetzen?

Dazu gibt es noch wenig gesicherte Erkenntnisse, aber ich bin skeptisch. Denn das Besondere an den Rollen von Vater und Mutter ist ja, dass sie so wunderbar komplementär sind. Dass sie sich in ihren unterschiedlichen Verhaltensstrukturen in idealer Weise ergänzen. Die Mutter ist in der Anfangszeit extrem wichtig für die emotionale Kindesentwicklung. Sie spricht mit dem Neugeborenen, hält engen Körperkontakt, ist liebevoll. Die Väter halten sich raus, heißt es oft. Aber das stimmt so nicht, sie sind zu einem späteren Zeitpunkt gefragt, wenn sie mit dem Kind die Welt erobern. Beobachten Sie das mal in einem Freibad. Die Mütter sitzen zusammen, kümmern sich um die Schrammen ihrer Kinder und ums Essen und Trinken, die Väter hocken mit ihren Kindern auf der Schaukel, spielen mit ihnen Fußball oder rutschen mit ihnen ins tiefe Wasser.

Sind das nicht Rollenklischees, die an Bedeutung verloren haben? Heute, wo viele Frauen erfolgreich im Berufsleben stehen?

Ich behandele gerade eine Abteilungsleiterin, die bei einem Lebensmittelkonzern arbeitet. Sie hat eine steile Karriere gemacht, aber extrem viel Stress. Der Mann hat die Kinderversorgung übernommen. Sie hat inzwischen die klassische Burnout-Symptomatik – und der Mann ist unzufrieden, weil er nicht mehr zu sich selbst kommt. Wenn die Mutter abends nach Hause kommt, fragt der Sohn nicht „Sag mal, wo soll ich mein Schulpraktikum machen“, sondern „Mama, ich will schmusen“. Dann muss sie ihm noch lange vorlesen. Die alten Muster sind oft äußerst zäh, und sie werden immer wieder bestätigt.

PLÖTZLICH HILFE

Dies klingt so, als sprächen Sie auch aus persönlicher Erfahrung.

Ich merke in den letzten Jahren erst, wie viel ich von meinem Vater profitiert habe, trotz mancher Kritik, die ich an ihm hatte. Er hat mir Auto fahren beigebracht, mein Studium finanziert. Er war fürsorglich und förderte meine Schwestern und mich. Mit meiner Mutter hatte ich – auch deshalb, weil mein Vater im Krieg lange abwesend war – eine viel zu enge Bindung. Ich musste mich dann von ihr distanzieren, was sie sehr gekränkt hat. Die Beziehung zu meinem Vater ist dagegen im Laufe der Zeit gewachsen. Von ihm habe ich die Bewältigungsstrategien mitbekommen, die ich brauchte, um im Leben zurechtzukommen. Daher konnte ich mich in seinen letzten Lebensjahren auch mit ihm versöhnen.

> »Ein Vater muss der Tochter, dem Sohn die Sicherheit geben, dass er immer für sie da ist«

Was würden Sie aus Ihrer Erfahrung jungen Vätern empfehlen? Was ist das Wichtigste im Umgang mit den eigenen Kindern, was sollten die Väter ihnen mitgeben?

Ein Vater sollte vor allem die Begabungen und Fähigkeiten fördern, die er bei seinem Kind entdeckt. Ihm das Gefühl geben, dass es daraus etwas entwickeln kann, ihm Perspektiven eröffnen. Das gelingt am besten, wenn ein Vater selbst voller Hoffnungen in die Welt schaut und sie auch aktiv mitgestaltet. Er darf aber die Schwierigkeiten des Lebens, die auf jedes Kind zukommen werden, nicht verharmlosen. Und vor allem: Ein Vater muss seiner Tochter, seinem Sohn die Sicherheit geben, dass er immer für sie da ist. □

Professor Dr. Horst Petri ist Arzt für Neurologie sowie für Kinder- und Jugendpsychiatrie. An der Freien Universität Berlin war er Hochschullehrer für Psychotherapie und Psychosomatik. Heute arbeitet er in eigener Praxis als Psychoanalytiker. Petri ist Autor von „Das Drama der Vaterentbehrung", Reinhardt-Verlag 2009. Die Fragen stellten **Hanne Tügel** und **Claus Peter Simon**; **Peter Rigaud** hat fotografiert.

»Da ich die einzige Tochter meines Vaters bin, hat er mich oft in Schutz genommen, und ich konnte mich perfekt vor der Arbeitsaufteilung zu Hause drücken. Nach der Scheidung meiner Eltern bin ich bei ihm geblieben, habe mich neben der Schule um den Haushalt gekümmert, gekocht und geputzt, was sehr anstrengend war. Mit 16 bin ich mit meinem Freund zusammengezogen. Das hat die Beziehung zu meinem Vater wieder entspannt.«
Josephin Büttner, 18, Abiturientin

»Josephin habe ich zum Großteil allein erzogen, weil meine damalige Frau in der Ausbildung war. Daher haben wir seit jeher ein enges Verhältnis. Meine Tochter gibt mir bis heute Kraft, Freude und Inspiration für mein Leben und meinen Beruf. Sie hat mir die Augen geöffnet für die wirklich wichtigen Dinge, das Leben auch zu genießen, mit den Fähigkeiten, die man hat.«
Tom Büttner, 48, Bildhauer

DER

VÄTER UND TÖCHTER

MANN FÜRS LEBEN

VON UTE EBERLE (TEXT) UND DAVID MAUPILÉ (FOTOS)

Ihre Gefühlskultur trennt sie, und sie sprechen längst nicht immer die gleiche Sprache. Doch die Art und Weise, wie ein Vater mit seiner Tochter umgeht, beeinflusst sie auf dem gesamten Lebensweg

»Wir kennen und lieben uns seit 22 Jahren. Sie war immer ein bisschen crazy und hat mich regelmäßig zum totalen Idioten gemacht, etwa wenn ich mir von ihr vorschreiben ließ, welches Hemd ich zu tragen hatte oder welche Autofarbe zulässig war. Ich hoffe, sie macht so weiter.«
Raimund Kusserow, 64, TV-Produzent

»Er würde am liebsten alles verbieten, was man als Annäherungsversuch anderer Männer an mich interpretieren könnte und was seine Rolle schwächen würde. Für mich ist das schon oft nervig. Aber ich weiß, dass er so ist, weil er mich liebt.«
Lea Kusserow, 22, Studentin

»Ich liebe seinen Humor, die Intelligenz und die absolute Unbeeindruckbarkeit durch Äußerlichkeiten. Meine Entscheidung, Medizinerin zu werden, hat sicherlich viel mit ihm zu tun. Aber in seine Fußstapfen möchte ich nicht treten, die wären mir zu groß.«
Johanna Dehnerdt, 31, Ärztin

»Ich habe mich gefreut, dass sie sich als junges Mädchen für ›Greenpeace‹ engagierte, ich war in ihrem Alter viel zu angepasst. Gehofft hatte ich, dass sie mir nacheifert und Ärztin wird. Aber sie studierte zunächst Kunstgeschichte und Archäologie. Erst als sie einen Medizinstudienplatz bekam, wurde mir klar, dass die anderen Fächer gar nicht erste Wahl waren. Heute ist es manchmal schwer für mich, spontan Nähe zu ihr aufzubauen, ich habe dann Angst, sie zu verletzen, und flüchte mich ins Unverbindliche.«
Michael Dehnerdt, 67, Arzt

Damals, in jenen Tagen, als sie sich so entsetzlich traurig fühlte, als sie das Baby abgetrieben hatte und ihr Mann ohne sie auszugehen begann, suchte Louise nicht etwa Zuflucht bei ihrer Mutter. Oder bei der Großmutter, ihrer geliebten Nanée.

Vielmehr schlich sie sich ins „Ali-Papa", das Büro ihres Vaters. Dort schluckte sie die Amphetamine, die er als Wachmacher für lange Arbeitstage bereithielt. Denn das, so Louise, habe sich angefühlt, als schleuse sie sich den Vater direkt in den Kopf. „Nichts konnte mir mehr passieren. Seine Amphetamine nehmen war wie eine Transfusion, mein Leben mit seinem verwoben, etwas von seiner Intelligenz und seinem Mut ging auf mich über; er schützte mich, ohne es zu wissen."

Louise heißt im wirklichen Leben Justine Lévy. Sie ist die Tochter von Bernard-Henri Lévy, dem Mitbegründer der französischen „Nouvelle Philosophie". Mit ihrem Roman „Nicht so tragisch" landete Justine Lévy einen Bucherfolg. Kaum verschleiert beschreibt sie in der Figur von Louise, was sich in den Jahren zuvor in ihrem Leben abgespielt hatte. Wie ihre Ehe zu dem aufsteigenden Philosophen Raphaël Enthoven, einem jüngeren Ebenbild ihres Vaters, scheiterte, weil der sich in die Sängerin Carla Bruni verliebte, die spätere Frau des französischen Staatspräsidenten. Wie sie Aufputschmitteln verfiel, fast daran starb, den Entzug schaffte und einen neuen Mann kennenlernte.

Die eindrucksvollsten Passagen im Buch aber sind jene, in denen ihr Vater auftritt. Sie beschreibt, wie er Louise mit harmlosen Bemerkungen „bis ins Mark" trifft, wie sie vor ihm bestehen will und wie sie ihn innerlich anfleht, ihre wachsende Amphetaminsucht zu bemerken. „Ich schreie aus der Tiefe meiner Augen: Hilf mir, du allein kannst mich retten, mich da herausreißen."

Was Justine Lévy da erzählt, widerspricht allen früheren Erziehungsmodellen. Denn lange Zeit galt, dass der Vater kaum mehr ist als eine marginale Figur im Leben eines Mädchens. Schließ-

SCHILLER WERKE
GOETHE WERKE
DRAMEN

»Aufgrund meines Berufs hatte ich oft wenig Zeit für unsere drei Kinder. Umso wichtiger waren mir die Urlaube, die wir sehr intensiv miteinander verbracht haben. Dabei waren wir oft in Museen. Angelika hatte schon sehr früh Interesse an künstlerischem Gestalten. Wenn wir heute verreisen, profitiere ich von ihrem Wissen als Kunsthistorikerin.«

Wolfgang Schuster, 61, Oberbürgermeister

»Ich habe ein sehr freundschaftlich-liebevolles Verhältnis zu meinem Vater. Im Alltag habe ich ihn als Kind relativ wenig gesehen. Deshalb waren die Familienreisen sehr wichtig für uns. Dabei haben mein Vater und ich unsere Begeisterung für Kunst und Kultur entdeckt. Trotz seiner wenigen Zeit war er stets für mich da, wenn ich ihn gebraucht habe – ob beim stundenlangen Üben für meinen Studienabschluss oder derzeit bei meiner Doktorarbeit.«

Angelika Schuster, 28, Kunsthistorikerin

lich ist er weder Rollenmodell noch Konkurrent – wie etwa für den Sohn. Wenn sich Forscher in der Vergangenheit überhaupt um Vater-Tochter-Beziehungen gekümmert hatten, richteten sie ihr Augenmerk auf extreme Fälle, in denen ein Vater sein Kind misshandelt oder sexuell missbraucht hatte.

Seit einiger Zeit aber zeigt sich immer deutlicher, dass die Beziehung zwischen einem Vater und seiner Tochter auch unter normalen Umständen eine besondere ist – und eine besonders wichtige.

Ein Vater ist der erste Mann im Leben eines Mädchens. In dieser Funktion stellt er viele Weichen. In zahllosen Studien hat sich herausgestellt, dass die Art und Weise, wie er mit seiner Tochter umgeht, fundamental beeinflusst, wie sie ihr Leben gestaltet, wie glücklich sie sich dabei fühlt – ja sogar, wie gesund sie ist (und das noch Jahrzehnte, nachdem sie das Elternhaus verlassen hat).

Die meisten Väter sind sich dessen freilich nicht bewusst. Einer Umfrage in den USA zufolge hält sich dort nur rund jeder dritte Vater für grundlegend wichtig für seine Tochter. Auch hierzulande verbringen Väter noch immer mehr Zeit mit Söhnen. Und während Paare länger in einer schwierigen Ehe verharren, wenn diese Jungen hervorgebracht hat, trennen sie sich schneller, wenn ausschließlich Mädchen in der Familie leben. Offenbar glauben Eltern, dass Töchter auch bei der Mutter allein gut aufgehoben sind.

Doch sie irren.

Ein Vater ist einer, der für seine Kinder sorgt, der für seine Kinder da ist, auch wenn sie mal ganz unten sind. Einer, der sagt, komm her, ich bin auch noch da, das ist ein Vater. Aber einer, der einem jungen Mädchen ein Kind macht und es dann hängen lässt? 1935? Hier, in dem kleinen Dorf?

Meine Mutter war doch erst 16. Das war eine Schande. Wenn man mich in der Schule gefragt hat, habe ich immer gesagt: Ich habe keinen Vater. Es war auch nicht so ungewöhnlich. Im Krieg waren so viele Männer weg. Natürlich bin ich meinem Vater auch auf der Straße begegnet, das bleibt in so einem kleinen Dorf nicht aus. Aber das war, als ob ich an einem fremden Menschen vorbeigehe.

Deshalb sage ich ja: Er ist kein Vater. Wenn er ein Vater gewesen wäre, dann hätte er mal mit mir gesprochen. Ein Vater ist ein Mensch, an den man sich klammern kann. Mein Vater war für mich Luft.

Marianne, 75, geboren in einem Dorf im Spessart

Wissenschaftler, die Familien studieren, beobachten, dass Töchter, die sich gut mit ihrem Vater verstehen und von ihm Unterstützung bekommen, mehr Selbstvertrauen haben, seltener Drogen nehmen und sozial oft besonders kompetent agieren. Sie sind zufriedener, leiden als Teenager weniger an Essstörungen und geraten seltener in Schwierigkeiten mit der Polizei.

Wächst eine Tochter dagegen ohne Vater auf, kann sie das ein Leben lang verfolgen. Die Schriftstellerin Sylvia Plath war acht Jahre alt, als ihr Vater starb. „Vater, Vater, tröste mich!", schrie sie noch Jahre später bei den Psychiatern, die sie wegen ihrer Depressionen aufsuchte. Als ihr Mann Ted Hughes sie 1963 verließ, drehte die 31-Jährige den Gashahn auf.

Auch Marilyn Monroe suchte bis zu ihrem Tod nach ihrem Vater und heiratete Männer, die eher Surrogaten für ihn glichen als gleichberechtigten Lebenspartnern, etwa den Baseballstar Joe DiMaggio oder den Dramatiker Arthur Miller. Dass die Ehen nicht hielten, überrascht Experten nicht. Oft, so die Psychologin Rose Merlino Perkins, litten die Beziehungen von vaterlos aufgewachsenen Frauen darunter, dass sie sich instinktiv unwohl in der Gegenwart von Männern fühlten.

Natürlich kann ein Mädchen Ersatz in einem Stiefvater finden – vorausgesetzt, beide bauen eine innige Beziehung auf. Doch selbst dann bleibt da eine Lücke, die niemand füllen kann. So haben Forscher herausgefunden, dass Mädchen, die ohne biologischen Vater aufwachsen, eher ihre Regel bekommen – und je früher ein Vater die Familie verlässt, desto früher setzt sie ein.

Auch werden sie eher sexuell aktiv. Eine Studie ergab, dass Mädchen, deren Väter bereits in den Babyjahren aus ihrem Leben verschwanden, siebenmal häufiger bereits als Teenager schwanger wurden als solche, die mit ihrem biologischen Vater lebten.

Ist das Verhältnis zwischen den beiden dagegen eng, kommt die Tochter vergleichsweise spät in die Pubertät. Möglicherweise steckt dahinter ein uralter biochemischer Mechanismus, bei dem die Duftstoffe (Pheromone) des Vaters die Geschlechtsreife der Tochter verzögern, um Inzucht zu vermeiden. Die Anwesenheit eines Stiefvaters dagegen beschleunigt die sexuelle Reifung.

Auf den ersten Blick mag es irrelevant scheinen, wann ein Mädchen seine Periode bekommt. Doch für die Tochter sind damit lebenslange gesundheitliche Folgen verbunden. Denn wer als Frau früh in die Pubertät kommt, hat später ein höheres Risiko, an Brustkrebs oder Depressionen zu erkranken.

Memo
An: Papa
Von: Louise
Betreff: das Auto
Nachricht: Du hast Hausarrest!

Der 1985er Ford Crown Victoria, viertürig, Ledersitze, extra Chrom … ist verkauft an einen Oldtimerfan. Und woher nimmt dieses Mädel die Nerven, dich mit Erpressung und Schwindel um dein Auto zu betuppen? Nicht jedenfalls von deiner gnädigen Gattin. Sie gehört zur alten Schule des Umgarnens und Schmeichelns.

Ich lernte Stärke an jenem Nachmittag, als ich dich im Büro besuchte, gerade 16 Jahre alt, hochhackige Schuhe. Etwas verrutschte im Vater-Tochter-Getriebe, und du konntest nicht still am Schreibtisch sitzen. Du stelltest mich allem vor, was sich bewegte, holtest mir aus dem Kühlschrank hinten eine Cola, erzähltest jedem, wie ich Cello spiele und im Chor singe und in ein Musikcamp fahren würde. Du führtest mir die neuen Lampen vor, als sei ich Prinzessin Elisabeth auf Stippvisite. Damals im Büro wurde ich ein mächtiger Jemand.

Daher stammt der Mut, mir einen Generationencoup anzumaßen und dir die Schlüssel wegzunehmen. Aber in diesem Fall für immer, Papa. Das Leben gleitet dir aus den Händen und in die meinen. Ich sitze auf der Elternseite fest und bitte um Verzeihung, dass ich dich herumschubse.

Louise Farmer Smith, 70, Schriftstellerin

Im Jahr 1977 interviewten zwei US-Professorinnen 25 Top-Managerinnen. Sie wollten herausfinden, wie diese Frauen an die Spitze ihrer Firmen vorgestoßen waren. Ein Faktor, der in den Gesprächen immer wieder auftauchte, war ein engagierter Vater. Einer, der nicht nur viel Zeit mit seinem Kind verbracht, sondern es ermutigt hatte, unabhängig und wagemutig zu sein.

An dieser grundsätzlichen Dynamik hat sich bis heute wenig geändert. Das beginnt schon damit, dass sich Töchter, die ein gutes Verhältnis zum Vater haben, mehr zutrauen, sich erfolgreicher in der Schule schlagen und gerade in Fächern wie Mathematik und Naturwissenschaften besser abschneiden.

Auch für Söhne ist ein Vater oft derjenige, der sie anspornt, auf Entdeckung zu gehen und Risiken zu wagen. Doch sein Einfluss auf Töchter reicht noch weiter. Ein Vater ist der erste Mann, an den ein Mädchen nahe genug herankommt, um zu lernen, was es mit dem anderen Geschlecht auf sich hat. Wie ein Mann riecht, wie er redet, was er tut – dafür steht der Vater Modell.

Sein Blick ist es auch, aus dem eine Tochter, oft unbewusst, abzulesen versucht, wie sie als weibliches Wesen wirkt.

Trage ein Mädchen eine neue Bluse, erwarte sie, dass die Mutter kommentiere, „die ist aber hübsch“ – so jedenfalls die Erkenntnis der Psychologin Linda Nielsen, die in North Carolina einen Hochschulkurs über Vater-Tochter-Beziehungen unterrich-

»Cosimas Mutter und ich sind seit mehr als zehn Jahren geschieden; seither verbringt meine Tochter die Hälfte der Zeit bei mir. Das gab mir die Chance, eine sehr enge Beziehung zu ihr zu entwickeln – auch wenn andere Wochenendaktivitäten, etwa mit Freunden, darunter gelitten haben. Aber ihr Sinn für Humor, ihre Herzlichkeit und ihre Offenheit haben mich dafür mehr als entschädigt. Und ich nehme auch gern ihren Hang zur Unordnung und ihr Laisser-faire in Kauf, bestätigt es mir doch immer wieder aufs Neue, dass sie meine Tochter ist.«

Kai Tietz, 53, Kaufmann

»Ich finde, dass wir eine besondere Beziehung haben. Wir streiten uns selten und wenn doch, vertragen wir uns schnell wieder. Manchmal stehen wir einfach in der Küche, machen den größten Mist, tanzen, singen und albern rum. Das mag ich sehr an meinem Vater. Auch, dass ich mit ihm offen über alles reden kann und dass er mich eigentlich immer versteht.«

Cosima Tietz, 13, Schülerin

tet: „Aber sagt der Vater, ‚Rot steht dir', horcht sie auf."

Ein Vater könne einem Mädchen das Selbstvertrauen geben, positiv auf Männer zu wirken, sagt die Hamburger Psychologin Claudia Clasen-Holzberg. „Dieses Gefühl brauchen wir, um Männern selbstsicher gegenüberzutreten."

Gleichzeitig ist er das Versuchsobjekt, an dem Mädchen üben, mit Männern umzugehen. „Zum Beispiel simple Dinge wie Ärger", sagt Linda Nielsen. „Eine Tochter muss lernen, dass sie gegenüber einem Mann wütend werden darf und sich mit ihm streiten kann und er sie trotzdem achtet. Eine Mutter vermag ihr das nicht beizubringen."

Aber ein Vater tut noch mehr. Er skizziert seiner Tochter ein erstes Bild davon, was sie selbst dereinst von einer Partnerschaft mit einem Mann erwarten kann.

Meine Freunde klagten, dass sie aus ihrer Wohnung sehen konnten, wie mein Vater bei uns nackt herumlief. Mich hatte das nie gestört, aber ich sprach ihn darauf an. Er lachte laut und rannte zu meiner Beschämung splitterfasernackt durchs Apartment und ließ die Hüften kreisen, so dass sein Penis herumschwang.

Das war mein Vater.

Trotz seiner erfolglosen Versuche, meine Mutter zurückzugewinnen, unterhielt mein Vater einen kleinen Harem an Frauen. Er war sehr geschickt darin, ihnen das Gefühl zu geben, dass sie etwas Besonderes seien. Heute glaube ich, dass er die Jagd mehr genoss als die Beziehungen, denn er verkündete nie, dass eine geendet hätte – es tauchte einfach eine neue Frau in seinem Bett auf.

Ich wusste, dass ich mich nicht auf ihn verlassen konnte, aber ich gab die Hoffnung nie auf. Immer wieder erlaubte ich ihm, mich zu enttäuschen.

Trotzdem imponierte er mir so.

Ulrika Jonsson, 43, TV-Moderatorin

Ulrika Jonsson ist auf den ersten Blick zu beneiden. Sie ist attraktiv, reich und

»Ich war immer seine Prinzessin. Bedingungslose Liebe und Idealismus haben das Erwachsenwerden mit ihm geprägt. Vor allem aber durfte ich immer »Ich« sein. Seine Ratschläge fürs Leben sind zwar solche, die man eigentlich nicht hören will, aber sie helfen manchmal, wenn man gut zuhört.«

Maria-Helena Buckley, 37, Fotografin

»Ich war immer schon ein alter Vater – und sie ein schüchternes Kind, sehr sensibel gegenüber anderen. Umso mehr bin ich stolz darauf, dass sie so viel Erfolg als Balletttänzerin hatte. Meine Freunde haben sich immer beschwert, dass ich kaum über etwas anderes geredet habe als über meine Tochter. Jetzt hat sie den Beruf gewechselt, aber meine Freunde beschweren sich noch immer.«

Edwin Dickman, 81, Künstler

dank einer langen Karriere im britischen Fernsehen berühmt. Doch die gebürtige Schwedin ist zum dritten Mal verheiratet, hat mit Mitte 40 vier Kinder von vier Männern und ließ ein fünftes Baby – von einem fünften Mann – abtreiben. Keine ihrer Beziehungen hielt länger als ein paar Jahre. Und Jonsson glaubt zu wissen, wo die Wurzel des Problems liegt: bei ihrem Vater. „Ich habe nie Sex mit Liebe assoziiert, damit habe ich über die Jahre gekämpft. Wenn du nicht mitbekommst, wie etwas mit Respekt behandelt wird, dann machst du es genauso."

Psychologen geben ihr recht. So legten Forscher Frauen Fotos vor und ließen sie beurteilen, wie attraktiv sie die darauf dargestellten Männer fanden. Dann verglichen sie die Bilder mit den Vätern der Probandinnen. Sie stellten fest: Frauen, die sich als Kind gut mit dem Vater verstanden hatten, favorisierten Gesichter, die ihm glichen, also etwa schmale Wangen hatten wie er.

Unglücklicherweise beeinflusst ein Vater die Partnerwahl aber offenbar auch dann, wenn eine Frau schlechte Erfahrungen mit ihm gemacht hat. Töchter, die etwa misshandelt oder im Stich gelassen wurden, landen als erwachsene Frauen auffällig oft in Beziehungen, in denen auch der Lebensgefährte sie prügelt oder verlässt.

„In der Regel ist ein Vater der erste Mann, den eine Tochter liebt, und dies hilft ihr, ein Bild aufzubauen, wie Beziehungen zwischen einem Mann und einer Frau aussehen", schreibt der Familienforscher Scott Hall von der Ball State University in Indiana. Wie ein Vater die Tochter behandelt – aber auch ihre Mutter, die Kellnerin im Lokal oder Kolleginnen –, prägt, was ein Mädchen im Umgang der Geschlechter für angemessen hält. Hinzu kommt: Gewalttätige Männer suchen ihrerseits nach Frauen, die sie leicht dominieren können.

Therapeuten berichten, dass bei ihnen viele Frauen wie Ulrika Jonsson sitzen. Sie sehen gut aus, sind hochgebildet, im Beruf anerkannt – und chronisch unglücklich verliebt.

Oft hatten sie Väter, so die Psychologin Claudia Clasen-Holzberg, die wenig auf ihre Töchter und deren Bedürfnisse geachtet haben, weil sie in ihrer Freizeit permanent im Hobbykeller, im Stadion oder in der Kneipe verschwunden waren – oder weil sie die Mädchen zu Hause ausgeblendet hatten. „Er saß im Sessel und verströmte schweigend eine Aura von Unberührbarkeit", beschrieb es eine Klientin der Hamburger Therapeutin.

Solche Töchter resignieren entweder, mit der Botschaft, dass sie nie für einen Mann wichtig sein werden, sagt Claudia Clasen-Holzberg. Oder sie „bemühen sich mit detektivischer Beobachtungsgabe herauszufinden, wie sie den Vater doch beeindrucken und auf sich aufmerksam machen können".

Möglicherweise üben sie ein, ihm jeden Wunsch von den Augen abzulesen (wie jene Sekretärin, über die er sich einst wohlwollend geäußert hat). Oder sie versuchen, ihm mit Leistung zu imponieren. Nicht ohne Grund stünde hinter vielen Spitzensportlerinnen ein erfolgshungriger Vater, so Clasen-Holzberg: „Training vor der Schule, Training nach der Schule, kurze Pause für Hausaufgaben, keine Zeit zum Spielen, später für Partys oder Verabredungen – Töchter tun das, weil sie nur so für kurze Zeit das stolze Lächeln ihres Vaters genießen können. Sie halten diesen Moment der Anerkennung für Liebe."

Problematisch wird es, wenn eine Tochter solche Strategien derart verinnerlicht, dass sie sie später auf potenzielle Lebenspartner überträgt und den Kraftakt des Verstellens entweder auf Dauer nicht durchhält oder unglücklich damit ist.

„Für viele Mädchen ist die Beziehung zum Vater eine Geschichte unerfüllter Liebe. Das hat leider zur Folge, dass viele erwachsene Frauen verzweifeltes Sehnen mit Liebe verwechseln", erklärt Claudia Clasen-Holzberg.

Freilich ist keine Frau unwiderruflich auf solche Muster festgelegt. Doch bevor sie lernen kann, eine befriedigende Beziehung aufzubauen, muss sie sich oft erst innerlich vom Vater lösen.

Sie müsse ihn „realistisch sehen – mit seinen guten und schlechten Seiten", sagt Clasen-Holzberg. „Dann verliert er

»Toll finde ich es, wenn wir gemeinsam Motorrad fahren. Mein jetziger Freund ist ebenfalls Motorradfahrer – und manchmal auch, wie mein Vater, ein wenig besserwisserisch. Aber mein Vater ist schon ruhiger und gelassener geworden, er traut mir jetzt mehr zu als früher.«
Sofia Stromeyer, 17, Schülerin

»Ich bewundere meine Töchter. An Sofia, dass sie sich schon mit elf Jahren einfach vor 100 Menschen auf die Bühne stellen konnte und als Clown Witze erzählte, das hätte ich mich in diesem Alter nie getraut. An Emilia gefällt mir, wie ihr die Dinge zufliegen, wie einfach sie lernt; mich hat man von der Schule geworfen.«
Ludwig Stromeyer, 55, Wirtschaftsingenieur

»Bis 16 war ich die typisch pflichtbewusste Erstgeborene; danach gab es häufiger mal Auseinandersetzungen, denn mein Vater hat seine festen Überzeugungen. Klasse an ihm finde ich, dass er keine von uns bevorzugt.«
Emilia Stromeyer, 19, Abiturientin

seine Übermacht und wird zu einem ganz normalen Mann. Wer vom Vater unabhängig ist und ihn weder bekämpfen noch vergöttern muss, kann sich auch bei der Partnerwahl weitgehend frei und selbstbestimmt bewegen."

Lieber Dad!
Erinnerst du dich noch an meinen neunten Geburtstag? Du bist mit Mutter ungewohnt einmütig in mein Zimmer gekommen, um mir mein Geschenk zu geben. Nein, es war keine Barbie, kein Twister-Spiel und auch keine der anderen vorpubertären Spielsachen, die damals (und heute) in Mode waren. Mein Geschenk war eine Telegrafenmaschine, auf der man Nachrichten in Morseschrift abfassen konnte. Ob ich das Morsealphabet kannte? Nein, natürlich nicht. Aber du, der du den Großteil deiner knappen Freizeit in unserem unfertigen Keller verbracht und mit deinem selbst gebastelten Amateurfunkgerät wildfremden Menschen im Ausland Nachrichten übermittelt hast, du hast mir versprochen, es mir beizubringen.

Ich war über mein Geschenk verwundert und entzückt, aber trotz der vielen Übungsstunden, die du in mich investiert hast, blieb deine Mühe vergeblich. Allem Anschein nach konnte ich mir weder die elementarsten Fähigkeiten aneignen, noch konnte ich die kurzen Nachrichten entziffern, die du mir geschickt hast.

Ungefähr zu dieser Zeit entdeckten wir allerdings noch etwas, womit wir uns die Zeit vertrieben – wir lasen uns gegenseitig aus einem Buch mit dem Titel „Das ruhelose Universum" vor. Es handelte von Astrophysik und war geschrieben für Laien. Wir saßen auf meinem Bett, du hast eine Seite

gelesen, und ich dann die nächste. Du hast stolz behauptet, ich würde verstehen, was dieses Buch über himmlische Phänomene zu sagen hatte, doch wenngleich ich ahnte, was sich hinter den großen Begriffen verbarg, blieb mir ihre Bedeutung verschlossen.

Es war das erste Mal, dass ich mich zugleich geliebt und missverstanden fühlte, und mit dieser Lektion – dass Liebe sehr oft mit mangelndem Verständnis oder völligem Unverständnis einhergeht – schlage ich mich noch heute herum.

Dawn Raffel, 53, Autorin

»Die ersten anderthalb Jahre habe meist ich mich um Olga gekümmert, ihr erstes Wort war ›Mampapa‹. Unsere Beziehung ist auch deshalb sehr eng, weil meine Frau und ich von zu Hause aus arbeiten und ich immer erreichbar für Olga bin. Jetzt in der Pubertät führt diese Nähe dann auch mal zu heftigen Unverträglichkeitsreaktionen.«

Peter Wiese, 46, Webdesigner

»Wenn ich es mit meinen Mitschülern vergleiche, habe ich das wohl denkbar beste Verhältnis zu meinem Vater. Er vertraut mir und weiß, dass ich keinen Mist mache. Ich sage immer, wo ich unterwegs bin, aber er vergisst es ohnehin meist schnell wieder. Manchmal, wenn ich allein sein will, ist es allerdings nervig, dass immer jemand zu Hause ist.«

Olga Ohlsson, 14, Schülerin

Die Psychologin Linda Nielsen geht davon aus, dass gerade das Besondere im Verhältnis von Vater und Tochter – dass es die Distanz zwischen den Geschlechtern überbrückt – es auch anfälliger für Störungen macht als das Verhältnis Mutter-Tochter oder Vater-Sohn.

Grundschulmädchen gehen oft noch mit dem Vater in den Baumarkt, helfen ihm beim Grillen oder reichen Werkzeuge an – wie Söhne auch. Dabei teilen sie ihm mit, was sie beschäftigt.

Doch dann in der Pubertät – wenn Töchter ihre Väter am meisten brauchen, weil sie ihre weibliche Identität entwickeln – bricht häufig eine Kluft auf. Über Lippenstift und Liebeskummer mag man nicht reden. Über Menstruationskrämpfe schon gar nicht.

„Väter haben ein Problem in der Pubertät, weil sie nicht die Informationsquelle für Emotionales sind: Das ist die Mutter“, sagt der renommierte Familienforscher Wassilios Fthenakis.

Erschwerend kommt hinzu, dass sich die Tochter verändert und sich Väter oft unbehaglich bewusst sind, dass die neuen Rundungen ihr Kind in eines jener Wesen verwandeln, zu denen es sie eigentlich auch zieht. „Plötzlich kommt es Vätern komisch vor, wenn sie Zeit allein mit ihrer Tochter verbringen“, sagt Linda Nielsen. Und sei es nur, weil sie Missverständnisse vermeiden wollen.

Die Folge: Mit einem Teenagersohn geht ein Vater campen – mit einer Teenagertochter nicht. Stattdessen ziehen sich viele Väter zurück und warten ab.

In gewisser Hinsicht funktioniert diese Strategie. „Ist die Tochter erwachsen, erscheint es wieder angemessen, dass er Zeit mit ihr verbringt", sagt Linda Nielsen. Doch fordern die Jahre, die bis dahin verstreichen, oft einen hohen Preis: „Die Beziehung ist gekappt." Vater und Tochter sind sich fremd geworden.

Viele ihrer Studentinnen, so Linda Nielsen, fühlten sich eingeschüchtert bei dem Gedanken, etwa allein mit dem Vater essen zu gehen. „Sie fragen: Über was soll ich denn mit ihm reden?"

Ich gehörte von der ersten Stunde meiner Mutter. Sie war das Zentrum meines Lebens. Mein Vater gehörte nicht in diese Welt. Unsere Gespräche verstummten, sobald er auftauchte, und wurden fortgeführt, wenn er verschwand.

Meine Mutter war in ihrer Ehe sehr unglücklich. Ihr Unglück war auch meins. Ich fühlte mich zuständig dafür, sie aufzuheitern und sie stets mit etwas zu erfreuen, was mir meist auch gelang.

Als mein Vater mit 87 Jahren starb, konnte ich nicht traurig sein. Ich nahm es einfach zur Kenntnis.

Julia Onken, 68, Psychologin

Wie gut sich ein Vater und seine Tochter verstehen, liegt immer auch an der Mutter. Sie kann zwischen beiden vermitteln – oder eine beginnende Distanz noch vergrößern: vielleicht, weil sie sich ausgeschlossen fühlt, wenn die beiden Zeit ohne sie verbringen. Oder weil sie sich für die bessere Erzieherin hält – und damit für die bessere Ansprechpartnerin für alle Sorgen.

Möglicherweise genießt eine Mutter auch schlicht das Gefühl, eine weibliche Komplizin zu haben.

Gerade wenn es in einer Ehe kriselt oder sich Eltern scheiden lassen, klagen Mütter ihr Herzensleid eher einer Tochter als einem Sohn. So machen sie sich das Mädchen oft zur Verbündeten. Sie riskieren damit, einen Keil zwischen Vater und Kind zu treiben – und letztlich den Blick einer Tochter auf Männer generell zu trüben.

Bei aller Liebe empfänden Töchter oft Angst vor dem Vater, so der französische Psychoanalytiker Alain Braconnier. „Töchter und Väter sprechen nicht exakt die gleiche Sprache, denn neben dem Altersunterschied trennt sie auch ihre jeweils andere Gefühlskultur." So bleibt immer eine Distanz zwischen beiden. Vater und Tochter bleiben einander bis zu einem gewissen Grad rätselhaft.

Am Telefon stellte ich mir vor, wie der Krebs dunkel unter deiner Haut blühte. Als ich einige Wochen später zum ersten Mal heimkam, hatte sich das Melanom in deinen Knochen verwurzelt. Du hieltst mir den Kontaktabzug des Radiologen hin. Dein ganzer Körper war gepunktet mit dem schwarzen Konfetti des Krebses.

Ich staunte, wie dem Kontaktabzug das Unmögliche gelungen war: dich einzufangen. Den Vater, der immer reiste, immer weg war – selbst wenn er neben mir im Wohnzimmer saß, den geheimen Zauber der Außenwelt wie ein Geruch auf deiner Haut.

Krankheit und Zeit veränderten uns. Kleine Gesten im Krankenhaus: den Becher absetzen, weil dir der Pampelmusensaft auf den Lippen brannte; sie mit den dünnen Servietten aus der Kantine abtupfen; still dabei sitzen, während du zum ersten Mal ins Koma fielst. Da erzählte ich dir Vater-Tochter-Erinnerungen, die ich nie mit dir geteilt hatte, Szenen einer Kindheit, in der ich versucht hatte, meine eigene Gegenwart inmitten deiner mysteriösen Abwesenheiten zu finden.

Bei unserem letzten Abendessen draußen, zwischen Bestrahlungen, hattest du eine Serviette gefaltet, um mir zu zeigen, wie du mich früher in Windeln gewickelt hast. Du tatest dies schnell, gekonnt und mit einem Selbstvertrauen, das mich elektrisierte. Ich starrte auf deine Hände, überwältigt davon, dass ich erst jetzt erfuhr, wie sie mich einmal gewiegt hatten.

Kurz nach der Beerdigung warf mein Bruder die Kontaktabzüge des Radiologen weg. Ich wollte diese winzigen Bilder von dir haben. Dieser mächtige Körper, nun Asche. Magisch, so wie der Zauberer, den du für meinen sechsten Geburtstag gebucht hattest.

Im Tod wurdest du wieder zur Gestalt meiner frühen Erinnerung: ein Magier, der mir das Geheimnis des Vergebens beibrachte.

Alexandra Johnson, 60, Schriftstellerin

Nie zuvor hatten Mädchen eine so gute Chance, eine innige Beziehung zu ihrem Vater aufzubauen, wie die jetzt heranwachsenden Generationen. Die neue Erziehungskultur bewirkt, dass sich immer mehr Männer intensiv um ihren Nachwuchs kümmern – auch um Töchter.

Das trägt Früchte. „Junge Frauen treten heute viel selbstverständlicher als gleichwertige Beziehungspartnerinnen auf", beobachtet die Therapeutin Claudia Clasen-Holzberg. „Sie lernen auch ganz selbstverständlich mit einem Mann zu kommunizieren, ihm wichtig zu sein, etwas zu zählen in seinen Augen, sich bei ihm ankuscheln, aber auch mit ihm kämpfen zu können. Die veränderten, oft zugewandteren Vater-Tochter-Beziehungen wirken da sicher mit."

Dazu kommt, dass Frauen heute einen höheren Status genießen. „Mädchen können sich", so Alain Braconnier, „in allen Lebensbereichen sehr viel mehr als früher mit ihren Vätern identifizieren – sei es während ihrer Schullaufbahn und in ihrer beruflichen Karriere, sei es in ihrer Lebensweise ganz allgemein sowie in

LITERATUREMPFEHLUNGEN:

Alain Braconnier, **Väter & Töchter. Eine prägende Beziehung verstehen,** Kreuz: die psychoanalytische Sicht auf das Thema, mit zahlreichen Fallbeispielen und Ausdeutungen.

Sigrid Steinbrecher, **Die Vaterfalle,** rororo: für Frauen, die sich mit der Macht ihrer Väter über ihre Gefühle auseinandersetzen wollen.

I. Bellmann/B. Biermann, **Vatersuche. Töchter erzählen ihre Geschichte,** Ch. Links Verlag: die Lebensgeschichten von 20 Frauen, die ihren biologischen Vater nicht kennen – aber kennenlernen wollen.

Fragen wie Unabhängigkeit, Liebesleben und gesellschaftlicher Erfolg."

Doch auch eine Beziehung, die schwierig ist, könne später immer noch verbessert werden, betonen Wissenschaftler.

Linda Nielsen etwa rät Studentinnen, ihren Vater zehn Fotos aus seinem Leben aussuchen zu lassen und ihn zu den Bildern zu befragen, um neue Seiten an ihm kennenzulernen.

Umgekehrt empfiehlt sie Vätern, sich gerade in Gesprächen mit ihren Töchtern mit Ratschlägen zurückzuhalten. „Ein Vater sollte nicht vergessen, dass ihm auch eine erwachsene Tochter gern noch beweisen möchte, dass sie intelligent und gereift ist. Gibt er ihr Ratschläge, denkt sie schnell, dass er sie für eine Idiotin hält, und ist empört."

Lohnenswert sei der Versuch auf ein neues Miteinander allemal, findet die Psychologin. „Auch wenn Töchter erst wieder im mittleren Lebensalter mit ihrem Vater gut auskommen und ihm vertrauen, wirkt sich das positiv aus: auf ihr Selbstbewusstsein, ihre Beziehungen zu Männern, ihre Gesundheit und ihr Berufsleben."

Allzu lange sollte man allerdings nicht zögern. Väter haben eine geringere Lebenserwartung als Mütter: Jeder zweite stirbt, bevor eine Tochter 50 Jahre alt wird.

Es ist acht Monate her, seit wir gesprochen haben. Ich muss dir ein paar Dinge erzählen.

Ich habe es geliebt, wenn du mich „Süße" oder „kleines Mädchen" nanntest, selbst als ich schon erwachsen war und eigene Kinder hatte. Ich habe es geliebt, dass du am Fenster auf uns gewartet hast, wenn wir zu Besuch kamen. Während du nach uns Ausschau hieltest, versuchte ich deine Silhouette im Fenster zu erspähen. Und jedes Mal war sie da.

Weißt du noch, wie oft du Artikel für mich ausgeschnitten hast? Hier ist nun einer für ***dich****. Er handelt von einer Frau, der ein Neubau den Blick aus dem Fenster versperrt. Was sie dem Reporter erzählt, ist so unsinnig wie für mich der Gedanke, dass du tot bist. Sie sagt: „Können Sie sich vorstellen, dass jemand den Mond wegnimmt?" So kommt es ihr vor, weil sie ihn nicht mehr sehen kann.*

Genauso fühle ***ich*** *mich, Papa – als hätte jemand den Mond weggenommen. So eine wunderbare Welt. Aber der Mond fehlt.*

Miriam Mörsel Nathan, 63, Künstlerin □

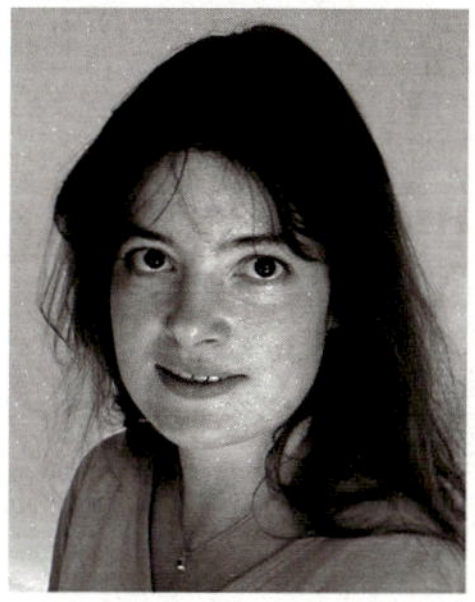

Ute Eberle, 39, Journalistin im niederländischen Leiden, ist während der Recherche zum ersten Mal klargeworden, welch gute Beziehungsmuster und Grundlagen für das Selbstvertrauen ihr der eigene Vater mitgegeben hat. Der Fotograf **David Maupilé,** 30, wird auf Seite 161 genauer vorgestellt.

CHINA

IM REICH DER

Mosuo-Frauen tragen oft noch traditionelle Kleidung. Ethnologen vermuten, dass sich ihre besondere Gesellschaft bereits vor 2000 Jahren entwickelt hat: vermutlich weil die Männer früher meist abwesend waren – etwa als Händler

MÜTTER

Vater, Mutter, Kind? Für die Volksgruppe der Mosuo im Südwesten Chinas sieht eine glückliche Familie anders aus. In ihren Haushalten haben die Frauen das Sagen – und Väter keinen Platz. Viele Mädchen und Jungen haben zu ihrem Erzeuger keinerlei Beziehung. Was bedeutet das für die Kindesentwicklung?

VON CONSTANZE KINDEL (TEXT) UND EDWIN KOO (FOTOS)

Zwei Dinge, sagt Suona Dazhu, der Hirte, muss man ein Kind lehren: ehrlich zu sein und Verantwortung für die Familie zu übernehmen.

Durch eine Dachöffnung filtert Sonnenlicht ins staubige Halbdunkel. Suona Dazhu lehnt im Schneidersitz an der Wand unter dem Mao-Poster, ein stiller Mann mit tief liegenden Augen und dünnem Bart, der die Wollmütze auch drinnen am Herdfeuer aufbehält.

Fliegen krabbeln über das Gesicht des Großen Vorsitzenden, Ascheflocken stieben in die Butterteeschale.

Suona Dazhus Töchter sind 25 und 20 Jahre alt, der Sohn ist 15, er sieht sie fast jeden Tag, im Dorf, auf den Feldern. Nahe fühlt er sich ihnen aber nicht. Er hat nie mit ihnen unter einem Dach gelebt, ihnen nichts über das Leben beigebracht. Meine Kinder, sagt er, das sind für mich die Kinder meiner Schwester.

WOZU BRAUCHT ein Kind einen Vater, wenn es einen Onkel hat? Niemand weiß, wann genau die Mosuo beschlossen haben, dass für Väter und Ehemänner kein Platz in ihren Familien ist. Seit Menschengedenken wachsen Kinder hier ohne ihre leiblichen Väter auf.

Die Mosuo sind eine kleine ethnische Minderheit im Südwesten Chinas, vielleicht 30 000 Menschen, die rund um ein Hochtal am Oberlauf des Jangtse leben. Und sie sind die wohl einzige Gesellschaft der Welt, die die Ehe als Gefahr für die Familie begreift: für deren Stabilität, deren Harmonie, deren materielles Wohl.

Ein Mann und eine Frau sollten nicht heiraten, finden die Mosuo, weil die Liebe wie die Jahreszeiten sei, sie komme und gehe. Die Familie soll groß sein und einig, da steht die romantische Liebe nur im Weg.

Familie, das ist für die Mosuo nicht Vater, Mutter, Kind, sondern: viele. Eine große Gruppe, verwandt über die Frauen des jeweiligen Hauses. Eine Gruppe, die sich nie trennt und allen Besitz teilt.

Der Kern der Familie, das sind die Blutlinien, die Bande zwischen Mutter und Kindern, Brüdern und Schwestern, sie vertragen keine Konkurrenz. Eine Ehe hält die Familie nicht zusammen, sie bringt sie aus dem Gleichgewicht.

Liebesbeziehungen sind bei den Mosuo deshalb auf Besuchsbasis angelegt; Männer und Frauen treffen nur nachts zusammen, im „Blumenzimmer“, dem eigenen Schlafraum, der im Alter von 13 Jahren jedem Mosuo-Mädchen zusteht.

Bei Tagesanbruch kehren die Männer zurück ins Haus ihrer Mutter; *sese* nennen die Mosuo das, wandern.

Die Kinder aus diesen Beziehungen gehören zur Familie der Mutter, sie werden von allen gemeinsam erzogen, Großmutter, Tanten, Onkeln.

Auch als Erwachsene leben sie weiter im Haus der Mutter, wo die Matriarchin – oft die älteste Frau der Familie und immer die fähigste – das Geld verwaltet und die Aufgaben verteilt.

Die Han-Chinesen haben der Lebensform der Mosuo den Namen *zouhun* gegeben, Wanderehe. Und das Land der Mosuo nennen sie *nü'er guo*, das Land der Töchter, das Königreich der Frauen.

Wanderehen können ein paar Nächte halten oder ein Leben lang. Seit mehr als 25 Jahren wandert Suona Dazhu spätabends zu demselben Haus, gleich in der Nachbarschaft, verbringt die Nacht mit derselben Frau. Doch nie hatte er das Verlangen, auch den Alltag mit ihr und seinen Kindern zu teilen.

Kurzlebige Wanderehen bleiben meist völlig privat, fast geheim, aber auch in dauerhaften Beziehungen sind die Liebenden einander zu nichts verpflichtet. Viele offenbaren sich erst dann als Paar, wenn sie ein Kind erwarten.

„An den Herd treten“ heißt die Zeremonie, in der die Familienältesten ihnen ihren Segen geben. Danach kann der Mann das Haus seiner Geliebten offen betreten.

Kinder aus flüchtigen Wanderehen erfahren meist von Dritten, wer ihr Vater ist, die Familie spricht darüber nicht: Denn was im Schlafzimmer einer Frau geschieht, geht außer ihr niemanden etwas an.

Songnang Dezhi kümmert sich jeden Tag um seine Nichte Yizong. Seinen eigenen Sohn sieht der 26-Jährige hingegen selten – was bei den Mosuo aber durchaus üblich ist

Am Waschtag geht Songnangs Schwester Lamu mit ihren Töchtern zur Quelle am Dorfrand. Ihr Bruder, sagt sie, sei ihnen ein guter Onkel, wasche sogar ihre Kleider, wenn sie selbst nicht da sei. Ihren Vater haben die beiden Mädchen nie kennengelernt, er lebt weit entfernt

Vier Generationen leben im Haus von Suona Dazhus Blutsfamilie im Dorf Wujiu in den Bergen der Provinz Sichuan: seine Mutter, die Matriarchin, sowie ihre beiden Schwestern mit Kindern, Enkeln und Urenkeln, insgesamt ein Clan von 30 Menschen.

Es ist gut, wenn die Familie groß ist, sagt Suona Dazhu, eine kleine Familie hat es schwer, sich um die Tiere zu kümmern, kann nicht die ganze Feldarbeit zu Ende bringen. In einem großen Clan ist man nie allein, auch die Kranken und Schwachen können ein glückliches Leben führen.

Am Dachbalken trocknen Maiskolben für die Aussaat des nächsten Frühjahrs, an der Tür steht ein Bottich mit Wein, daneben liegt auf einem Brett ein gesalzenes, entbeintes Schwein – bis zu einem Dutzend Jahre bewahren die Mosuo die luftgetrockneten Tiere als Vorrat auf. Die geschäftige Jahreszeit ist vorüber, das Pflanzen und Ernten getan, so sitzt Suona die meiste Zeit mit Freunden auf der Straße und unterhält sich.

Hoch in den Bergen, auf über 4000 Meter Höhe, wo er die Yaks der Familie hütet, sammelt Suona im Frühjahr Heilkräuter, die er auf einem Markt in der Nachbarprovinz verkauft. Die Einnahmen helfen, die Ausbildung der Nichten und Neffen zu bezahlen.

Seinen leiblichen Kindern darf Suona Dazhu Geschenke machen, doch erwartet wird das nicht: Vaterpflichten kennen die Mosuo nicht. Und auch keine Alleinernährer.

Es ist nicht leicht, hier Geld zu verdienen, sagt Suona, aber Sorgen macht er sich nicht, sie sind doch viele. Wenn alle fleißig sind, wird die Familie reicher und reicher, auch wenn ein einzelner keine gute Arbeit leistet.

60 Ziegen, 30 Yaks, ein gutes Dutzend Schweine: Seine Familie hat es zu Wohlstand gebracht.

Früher wurden die meisten Männer der Mosuo entweder buddhistische Mönche oder Reiter und Händler, die mit den Pferdekarawanen bis in die tibetische Hauptstadt Lhasa zogen. Monatelang waren sie dann unterwegs, sieben Tage brauchten die Karawanen aus den einsamen Bergdörfern allein, bis sie die Außenwelt erreichten.

Vermutlich, sagen Ethnologen, haben sich das System der Wanderehe und die Führungsrolle der Frauen auch deshalb entwickelt: weil die Männer ohnehin immer abwesend waren und die Frauen im Dorf zurückblieben, mit den Kindern und der Arbeit im Haus und auf dem Feld.

Über Jahrhunderte lebten die Mosuo fast gänzlich isoliert, erst nach der Gründung der Volksrepublik brachte Beijing die Region unter Kontrolle. Und während der Kulturrevolution ab 1966 versuchte die Regierung, die Mosuo mit Kampagnen zu „sozialer Ordnung und Sittsamkeit" zu erziehen. 1975 schließlich wurden alle Erwachsenen zur Heirat mit ihren Partnern gezwungen.

Wer sich weigerte, bekam keine Essensrationen zugeteilt. Viele dieser Ehepaare wider Willen aber ließen sich wenig später, mit Beginn der Reformpolitik, wieder scheiden.

Es WIRD viel gestritten unter Wissenschaftlern, ob man die Lebensform der Mosuo als Matriarchat bezeichnen kann.

Es gab und gibt noch heute andere Völker, in denen die Familienoberhäupter Frauen sind, die zwischen biologischer und sozialer Vaterschaft trennen oder Abstammung nur über die Mutterlinie definieren: die Khasi in Nordostindien etwa, die Wayúu in Kolumbien und Venezuela, die Chewa in Malawi, die Irokesen in Nordamerika, die Minangkabau auf Sumatra.

Aber fast alle haben sich von ihren Traditionen entfernt, freiwillig oder gezwungen: durch Christianisierung, Kolonialisierung, Annäherung an die moderne Welt. Die Mosuo gehören zu den wenigen Völkern, die auf ihrer Kultur beharren, bislang jedenfalls. Die Wanderehe gibt es nur hier.

Ein echtes Matriarchat existiere aber gar nicht bei den Mosuo, sagen viele Forscher, da die Frauen zwar Familienoberhäupter seien, die Dorfchefs aber doch Männer.

Definiert man Matriarchat als Frauenherrschaft, handele es sich deshalb eher um eine „matrilineare" Gesell-

Auch wenn viele Kinder ohne Vater aufwachsen, so werden sie doch nicht männerlos groß.

Neben den Onkeln übernehmen mitunter auch Großväter das Kinderhüten – so der 59-jährige Dashe, der seine zweijährige Enkelin trägt

schaft, in der verwandtschaftliche Verhältnisse über die Abstammung von der Mutter definiert werden, und um eine „matrilokale", in der Töchter und Söhne ihr Leben am Wohnort der Mutter verbringen.

Bei den Mosuo herrsche niemand allein, halten andere Wissenschaftler dagegen: Wie alle matriarchalisch organisierten Gesellschaften seien sie auf Ausgleich bedacht und auf Konsens, Entscheidungen würden von allen gemeinsam getroffen: Matriarchat bedeute keine Umkehrung der Herrschaftsverhältnisse, sondern ein anderes Zusammenleben.

Für derlei Spitzfindigkeiten interessieren sich die Mosuo kaum. Fragt man sie, dann sagen sie, dass die Wanderehe eine Kultur ist und Monogamie eine Politik. Und dass die Familien der anderen, der Han-Chinesen, die Harmonie nicht kennen, in der sie, die Mosuo, leben.

Tatsächlich gelten die Mosuo als ausgesprochen zufriedene Gesellschaft, Depressionen und Selbstmord sind selten, die Kriminalitätsrate verschwindend gering, Gewalt in der Erziehung gibt es nicht.

Glück, sagen die Forscher, definieren die Mosuo als Fähigkeit, in Harmonie mit der Verwandtschaft zu leben, und die Harmonie des Haushalts zu bewahren ist ihnen Sinn des Lebens in dieser Welt und sein höchstes Ziel.

Die Soziologin Judith Stacey von der New York University versteht das Familien- und Verwandtschaftssystem, das die tibeto-birmanischen Vorfahren der Mosuo vermutlich vor rund 2000 Jahren geschaffen haben, als eine höchst kreative Lösung für die natürlichen Gegensätze zwischen den Ansprüchen des Einzelnen und denen der Familie.

Auch wenn dies gegen die im Westen verbreitete Anschauung über Ehe, Elternschaft und Familienleben verstoße – gegen die Vorstellung etwa, dass die Ehe die ideale Struktur ist, um Kinder aufzuziehen. Und dass Kinder im Allgemeinen und Jungen im Besonderen ihre biologischen Väter brauchen, sie kennen wollen und mit ihnen leben möchten.

Die Feuerstelle ist der zentrale Ort jedes Hauses. Die Matriarchin, oft die älteste und immer die fähigste Frau der Familie, wacht darüber, dass die Flammen nie erlöschen

Zur Großfamilie des Hirten Suona Dazhu (oben links) gehören 30 Personen. Seine Mutter ist die Matriarchin des Clans. Es gibt allerdings keine Umkehrung der Herrschaftsverhältnisse: Die Mosuo sind auf Konsens bedacht, Entscheidungen werden gemeinsam getroffen

Wenn die Judith Stacey vor Publikum von ihren Erkenntnissen über die Mosuo berichtet, dann erntet sie regelmäßig besorgte Fragen: Wissen die Kinder, wer ihre Väter sind? Und was geschieht mit den Kindern, den Jungen, die ohne Vater aufwachsen?

Typisch westliche Bedenken, sagt die Soziologin, die sich mit Familienkonzepten in aller Welt beschäftigt hat. Das System der Mosuo, das im Westen als Vaterlosigkeit empfunden werde, so Judith Stacey, schädige weder die Entwicklung der Kinder noch die Gesellschaft.

Tatsächlich kehre die Kultur der Mosuo die sozialen Erwartungen westlicher Gesellschaften an Väter und Onkel einfach um. Für die Kinder habe das durchaus Vorteile: An männlichen Bezugspersonen herrsche in den Clans selten Mangel, in großen Familien teilten sich bisweilen fünf oder mehr Onkel und Großonkel die Vaterrolle.

Und auch genetisch sei das Arrangement sinnvoll: Könne sich ein Mann bei den Kindern seiner Frau nie absolut sicher sein, dass sie tatsächlich von ihm gezeugt wurden, teilt er mit den Kindern seiner Schwester immer einen gewissen Teil der Gene.

Ob die Mosuo als Einzelfall die gesamte Sozialtheorie der westlichen Welt erschüttern können, auch darüber sind die Wissenschaftler uneins. Sicher sei nur, so Judith Stacey: Sollte die Kultur der Mosuo unter dem Druck der Außenwelt zerbrechen, werde das wohl egalitärste und beständigste ehelose Familiensystem der Welt verloren gehen.

Die größte Gefahr ist die neue Beweglichkeit. Über Jahrhunderte beruhte das System der Wanderehe darauf, dass die Mosuo in ihren Dörfern blieben und dort weitgehend unter sich. Vor einigen Jahren begann die Abwanderung in die Städte. Aber noch kehren viele über kurz oder lang zurück.

Zwei Dinge muss man ein Kind lehren, sagt Songnang Dezhi, der Bauernsohn: höflich zu sein und ehrlich.

Das Haus seiner Familie steht am Dorfeingang von Aguwa in der Nachbarprovinz Yunnan, am anderen Ufer des Jangtse. 400 Einwohner, ein Dorfladen, drei buddhistische Mönche. Vor zehn Jahren kam die Stromleitung ins Dorf, seither gibt es in den Häusern Licht aus nackten Glühbirnen, eine pro Raum, und Fernsehgeräte. Fällt der Strom aus, leuchten die Alten mit Holzspänen und die Jungen mit dem Display ihrer Mobiltelefone.

Songnang Dezhi sitzt rauchend im fliegenumsurrten Innenhof, ein schmächtiger Mann von 26 Jahren mit Oberlippenbartschatten und hüpfendem Adamsapfel, der den schweren Silberring seines toten Großonkels trägt und ein Tattoo in Herzform, über das er nicht spricht.

Er war 18, als er Vater wurde. Es war, sagt er, nicht wirklich ein besonderes Gefühl, ich war glücklicher, als ich Onkel wurde. Die jüngere seiner beiden Nichten tobt über den Hof. „Kleiner Tyrann" nennen sie die Vierjährige im Dorf, weil sie jeden verprügelt, auch die älteren Kinder.

Songnang kümmert sich um die Pferde der Familie und um seine Nichten, wenn ihre Mutter nicht da ist. Im Winter sammelt er Feuerholz, doch die meiste Zeit sitzt er herum.

Auf den Feldern von Aguwa wachsen Reis, Mais und Sonnenblumen, hier arbeiten nur die Frauen des Dorfes. Die Männer hüten Schweine oder Wasserbüffel mit nachlässigem Stockwedeln. Oder sie schlendern ziellos die Hauptstraße entlang in den Staubfahnen der Lastwagen und Busse, die in die nahe Kleinstadt fahren. Hocken im Schatten der niedrigen Lehmmauern, die die Viereckhöfe umgeben, oder stundenlang auf den Stufen des Dorfladens.

Songnang traf Zhima, als sie beide 18 waren, in einer Tanzbar im Nachbardorf. Sie fühlten sich gut miteinander, sagt er, ein paar Abende lang schickte er sie allein nach Hause, dann begannen sie eine Wanderehe und wurden kaum ein Jahr später Eltern eines Jungen, heute acht Jahre alt.

Dann kamen Funktionäre ins Dorf und warben Arbeiter an, 389 Leute aus dem gesamten Kreis stiegen in den Zug, darunter Songnang, Zhima und die meisten seiner Freunde. In Guangzhou,

Auch die Matriarchinnen der Clans leisten oft bis ins hohe Alter schwere Arbeit. Cier Zhima,

die Großtante von Lamu und Songnang, ist 73 Jahre alt, halbblind – und arbeitet am liebsten draußen: auf dem Feld oder beim Holzhacken am Haus

Regenwolken über Ganmu, dem heiligen Berg der Mosuo. Am Rand eines Dorfes, nah bei den Feldern, steht ein fahnengeschmückter Schrein.

Neben dem tibetischen Buddhismus praktizieren die Mosuo auch eine alte Schamanenreligion

der Millionenstadt im Perlflussdelta, fertigten sie Kinderspielzeug, für 1200 Yuan Monatslohn. Zu zehnt schliefen sie in einem Schlafsaal, zwei Monate lang, dann bezog er mit Zhima ein eigenes Zimmer und lebte wie alle anderen, wie die Han.

Es war ein bisschen wie verheiratet sein, sagt Songnang, ein wenig langweilig. Die Wanderehe ist mir doch lieber, erklärt er, man hat mehr Freiheit. In einer gewöhnlichen Ehe müsste ich alles selber machen, Geld verdienen, die Familie ernähren, die Last des Lebens wäre viel größer.

Nach drei Jahren kam er zurück nach Aguwa, die Familie wollte es so, aber er wäre ohnehin nicht in der Stadt geblieben: Man verdiene mehr dort, aber es bleibe nichts übrig; alles koste, nicht einmal das Wasser sei umsonst. So kehrten sie zurück aus der Stadt, Songnang und Zhima, jeder ins Haus der Mutter.

Er musste sich schließlich auch kümmern, sagt Songnang, hatte Verantwortung zu tragen daheim, für die Nichten vor allem. Er ist nachsichtig mit ihnen, leise belustigt von allem, was sie tun, jede Ermahnung ein Lächeln: nicht in der Nase bohren; stets am Straßenrand bleiben, wenn ein Auto kommt; nicht in die Pfützen springen. Nie erhebt er die Stimme. Das Strafen übernehmen Mutter und Großmutter.

Es ist nicht viel von einem Mann in ihm, sagt seine Schwester Lamu, er ist wie ein kleines Mädchen. Und dann fügt sie schnell und versöhnlich hinzu: Er ist ein guter Bruder, er trinkt nicht, macht keinen Ärger, nur raucht er zu viel, ein Päckchen am Tag.

Aber seine Aufgabe als Onkel erfüllt er gut, wenn Lamu fort ist, wäscht er sogar die Kleider der Mädchen an der Quelle hinter dem Haus, und jeden Tag, wenn die Siebenjährige aus der Schule kommt, setzt er sich hin und übt Lesen mit ihr und Schreiben.

Wenn er nur weniger schüchtern wäre, nicht so ruhig, ein wenig weltgewandter. Wenn ein Mutterschwein stirbt und es Verhandlungen zu führen gilt mit der Versicherung, macht sich Lamu anstelle ihres Bruders auf den Weg in die Stadt, weil sie durchsetzungsfähiger ist und besser reden kann. Ich verwandele mich in einen Mann und er sich in ein Mädchen, scherzt sie.

Wenn er nur weniger zögerlich wäre, weniger antriebslos. Hätte ich doch einen älteren Bruder, seufzt Lamu, der ein bisschen Initiative zeigt, ein wenig Geld verdient. Sie verkauft Webarbeiten, vor zwei Monaten hat sie in einer ehemaligen Karaoke-Bar im Nachbarort einen Barbecue-Grill eröffnet, 300 Yuan bringt das im Monat, wenn man die Ausgaben für Strom und Miete abzieht. Wenn ich doch in die Stadt gehen könnte, seufzt sie, ich könnte leicht ein paar Tausend Yuan im Monat verdienen.

Flammen züngeln unter dem rußverkrusteten Wok, Chilischoten zischen im Öl. Lamu kocht das Mittagessen für die Familie, schnelle Handgriffe, die Glitzerherzen ihrer Ohrringe klimpern im Takt. Lamu, kräftig und zupackend, mit von der trockenen Bergluft ewig geröteten Wangen und heiserer Stimme, war schon immer die Fleißigste unter allen Geschwistern und Cousins.

Als sie in die Schule gehen wollte, mit sieben, acht Jahren, sagten die Alten, wofür soll das gut sein? Sie soll doch die nächste Matriarchin werden, fähig, wie sie ist. Dafür braucht man die Schule nicht. Und so blieb sie daheim.

Das war, bevor der Clan auseinanderbrach. Die Cousine der Mutter hatte eine Wanderehe mit einem Han-Chinesen aus wohlhabender Familie, die Hotels besaß in der Großstadt Lijiang. Irgendwann wurde aus der Wanderehe eine gewöhnliche, und der Mann beschloss, seiner Familie ein besseres Leben zu bieten. Er baute ein Haus für seine Frau und die drei gemeinsamen Kinder, für ihre Mutter, die alte Matriarchin, und deren Bruder.

Im alten Haus blieben zurück: Lamu und Songnang mit ihrer Mutter, die so zur neuen Matriarchin wurde, sowie der schwer kranke Onkel. Damals gehörten sie noch zu den reichsten unter den knapp vier Dutzend Familien im Dorf. Der Onkel, schwärmen sie, war der wichtigste Mann im Dorf und der am meisten respektierte.

Er starb in dem Jahr, als die Elektrizität ins Dorf kam. Vier Tage, nachdem die erste Glühbirne brannte, war er tot, dabei hatte er die größte Summe beige-

Wenn die Bootsleute am Lugu-See nichts zu tun haben, sitzen sie beim Kartenspielen zusammen. Wie etliche Mosuo-Männer verbringen sie viel Zeit mit Nichtstun

Beladen mit Feuerholz, kehren Frauen ins Dorf zurück. Die Arbeit rund um Haus und Feld ist traditionell ihre Sache – neben der üblichen Hausarbeit. Die Männer sind vor allem zuständig für die ganz schweren körperlichen Arbeiten

steuert für Aguwas Fortschritt. Für die Operation, die ihn nicht retten konnte, hatten sie viel Geld geliehen und fast alles Vieh verkauft. Zwei Pferde, zehn Schweine, ein paar Hühner sind ihnen geblieben und gerade mal zwei Fußballfelder Land. Erst in diesem Jahr haben sie die letzten Raten zurückgezahlt.

Lamu ist heute 30 Jahre alt und kann weder lesen noch schreiben. Sie schwört, sie wird ihre Töchter zur Schule schicken, auch wenn es sie ihr letztes Geld kostet, wenigstens die Mittelschule sollen sie beenden.

Lamu war hübsch, damals, vor zehn Jahren, und zehn Kilo leichter, als sie den Vater ihrer Töchter traf, sie nennt ihn nur noch: dieser Mann. Sie wusch Ge-

Große Freiheit für die Kleinsten. Bei der Erziehung von Mädchen und Jungen machen die Mosuo keine Unterschiede – und von Schlägen keinen Gebrauch

schirr im Barbecue-Grill ihrer Tante in der nächstgelegenen Kleinstadt. Er war neun Jahre älter als sie und Lastwagenfahrer, ein hübscher Mann. Er sprach bei ihrer Familie vor, beladen mit Geschenken, und erklärte seine Absichten. Richtig verliebt war sie nicht, aber sie hatten die Zustimmung von Mutter, Onkel, Großtante, es war in Ordnung so.

Er lebte weit entfernt in den Bergen, sie sahen sich alle ein, zwei Wochen, wenn ihr Dorf auf seiner Strecke lag. Mit 23 bekam sie ihre erste Tochter. Als sie 26 Jahre alt war und mit der zweiten Tochter schwanger, beschloss sie, seine Familie kennenzulernen. Vier Stunden und 200 Yuan kostete die Fahrt.

Im Haus seiner Familie im Dorf in den Bergen sah sie einen kleinen Jungen, der ihm sehr ähnlich sah. Eine seiner Schwestern eröffnete ihr schließlich, er lebe hier seit Langem in einer Wanderehe und habe drei Kinder mit der Frau.

Sie einigten sich, ihre Beziehung zu beenden, sagt sie. Ihre Töchter haben diesen Mann nie kennengelernt.

Abends nach Sonnenuntergang treffen sich die jungen Männer vor dem Dorfladen, bevor jeder zum Haus seiner Frau zieht. Sie hocken vor dem Bewässerungsgraben, der sich an der Straße entlangzieht, im kalten Schein eines Fernsehgeräts, das aus dem Laden flackert. Zigarettenspitzen glühen im Dunkeln.

Songnang wird die Nacht bei seiner Blutsfamilie verbringen; Zhima ist zu Besuch in der fernen Großstadt Lijiang, heute hat sie angerufen und gebettelt, ob er nicht auch hinkommen wolle, zu ihr.

Songnang hat abgelehnt unter dem Grinsen seiner Freunde: Wenn man eine Frau zu gut behandelt, sagt er, dann wird sie sich ihrer Sache zu sicher, sie hält einen dann für selbstverständlich. Wenn man auf alles hört, was sie sagt, wird sie einen anderen finden.

Eine Frau, sagt er, muss man anders behandeln als ein Kind. Für ein Kind muss man so viel Gutes tun, wie man kann.

Am Ende der Regenzeit will er nach Lijiang gehen, sieben Busstunden entfernt, und sich Arbeit suchen auf dem Bau. Harte Arbeit, aber sie bringt bis zu 100 Yuan am Tag.

Um seine Nichten, sagt er, wird sich deren Mutter kümmern, der ältere Cousin, elf Jahre alt, kann ihnen etwas beibringen, er ist ein guter Schüler.

Wenn er genug Geld verdient, wird er sie auf die Universität schicken, dahin haben es schon einige geschafft aus den Dörfern. Die neuen Mosuo.

Überall in den Bergen träumen Mütter, Großmütter, Onkel davon, die Kinder in die Welt hinauszuschicken, sie sollen der Familie dienen, indem sie das Beste aus sich machen.

Und das Unmögliche schaffen: fortgehen und doch Mosuo bleiben.

Als Suona Dazhu, der Hirte, jung war, träumte er von der Stadt, aber er hat nie lesen und schreiben gelernt. Für mich, sagt er, gab es keine Chance.

Jetzt ist alles anders. Seit vielen Jahren gibt es eine Grundschule in Wujiu, am Eingang hängt ein Schild, das vom „Zehnjahresplan zur Entwicklung der ethnischen Minderheiten“ kündet, gegenüber ragen Kräne über der Baustelle, auf der eine weiterführende Schule entsteht. Die Kinder lernen in der Schule, sie können einen Job finden und eine Frau in der Welt da draußen.

Zwei Dinge muss man Kindern beibringen: ehrlich zu sein und die Familie im Sinn zu behalten. Auch wenn man sie verlässt. Suona lächelt ein halbes Lächeln. Ich werde sie doch jedes Jahr wiedersehen, sagt er, zum Neujahrsfest, wenn sie für drei Tage alle zurückkehren, die verlorenen Töchter und Söhne, die in die Städte gezogen sind.

Er beugt sich vor auf dem Yakfell, das Gesicht hell gegen die Flammen des Feuers, und sagt: „Wenn die Kinder glücklich sind, dann bin ich auch glücklich.“ □

Constanze Kindel, 31, und **Edwin Koo**, 32, stellten bei ihrer Reise durch das „Königreich der Frauen“ immer wieder fest, dass das Land der Mosuo auch „Paradies der Männer“ heißen könnte: so viel Freizeit, so wenig Stress – beneidenswert, fand vor allem Koo.

Nur wenige Autominuten entfernt von der Landesnervenklinik Linz, in der sie arbeitet, liegt Heidi Kastners Refugium: ihr Garten und ihr Haus. Bekannt wurde sie durch den Fall Josef Fritzl: 24 Jahre lang hatte der heute 75-Jährige seine Tochter im Keller gefangen gehalten – und sieben Kinder mit ihr gezeugt

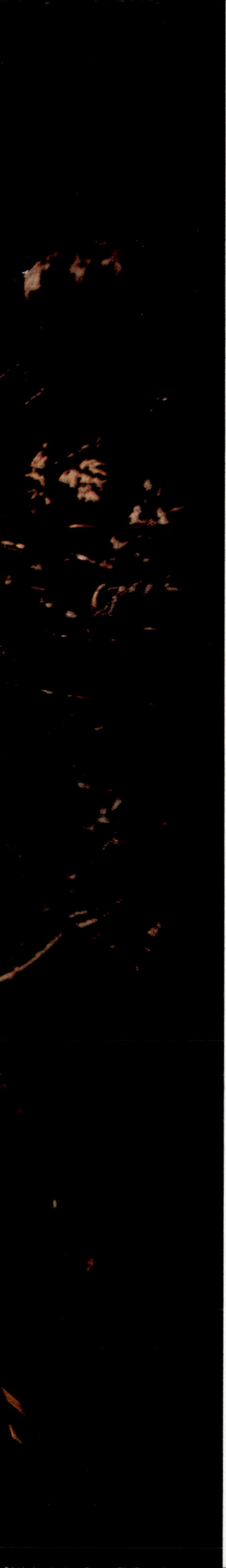

MISSBRAUCH

DER BLICK AUF DAS BÖSE

Heidi Kastner ist Gerichtspsychiaterin. Sie hat Dutzende Väter beurteilt, die sich an ihren Kindern vergangen haben. Sie muss Verbrechen nüchtern analysieren, die unbegreiflich erscheinen: weil sie das Urvertrauen in den Schutzraum Familie zerstören. Was sind das für Männer, die missbrauchen oder morden?

VON MELANIE MÜHL (TEXT) UND DAVID KLAMMER (FOTOS)

Heidi Kastner muss ein neugieriger Mensch sein. Ihre Neugierde gleicht aber nicht der unsrigen. Sie beginnt dort, wo wir lieber wegsehen, weil uns die Wirklichkeit dort zu dunkel ist. Heidi Kastner geht es um die menschlichen Spielarten von Grausamkeit.

Eine dieser Spielarten ist der Missbrauch vom Vater am Kind. Die Psychiaterin will wissen, wie jemand denkt, der so ungeheuerliche Verbrechen begeht.

Ein alter, mächtiger Bau. Er gehört zur Landesnervenklinik im österreichischen Linz und wirkt zwischen anderen modernen Gebäuden, als habe man vergessen, ihn abzureißen.

Hier ist die forensische Abteilung untergebracht, die Heidi Kastner leitet. Ihr Büro ist düster und hoch, mit Teppich, Ledercouch, einigen Pflanzen. 48 Jahre ist Heidi Kastner alt, sie ist zierlich, mädchenhaft und hat graues Haar.

Sie schreibt Gutachten über psychisch kranke Rechtsbrecher. Am Ende entscheidet zwar der Richter, ob ein Täter nach der Haft entlassen oder für immer sicherungsverwahrt wird. Aber es ist Heidi Kastner, die eine Empfehlung gibt, und dieser Empfehlung folgt der Richter meist.

154 Patienten betreut die Psychiaterin derzeit, sie kennt jeden Namen, jede Straftat, das soziale Umfeld der Täter, deren medizinische Daten. Sie sagt: „Mich interessieren die Geschichten dieser Menschen, deshalb merke ich mir fast alles." Sie hat mit Brandstiftern zu tun, mit Räubern, Betrügern, Mördern, Vergewaltigern.

Das Delikt, das sie am tiefsten bewege und das von den Tätern am hartnäckigsten geleugnet werde, sei der sexuelle Missbrauch. Es sind meistens Männer, meistens Väter, leibliche oder Stiefväter. Sie kommen aus allen sozialen Schichten. Unter ihnen findet man sehr intelligente und weniger intelligente Menschen. 11 000 Kinder wurden im Jahr 2009, so die Statistik des Bundeskriminalamts, sexuell missbraucht; die Dunkelziffer, vermuten Experten, ist zehn- bis 20-mal höher.

Wahrscheinlich ist das Abscheulichste an den Taten, dass sie sich in einem Raum abspielen, der eigentlich für Schutz steht, für bedingungslose Liebe, Geborgenheit, Verlässlichkeit. Die Familie soll der Ort sein, der einen umfängt, das Netz, wenn man fällt: Zuflucht ein Leben lang. Sie soll einen vorbereiten auf das, was draußen wartet, einem Grundvertrauen mitgeben, ein Sichbehaust-Fühlen in der Welt und die Gewissheit, niemals allein zu sein. Sie habe lernen müssen, dem Normalen zu misstrauen, sagt Heidi Kastner.

Im Mai 2008 schickte ihr das Gericht Akten zu mit der Bitte um ein Gutach-

Die 48-Jährige hat gelernt, dem Normalen zu misstrauen. Sie weiß, dass die fürchterlichsten Verbrechen an Kindern oft von ganz unauffälligen Menschen begangen werden

ten. So kam sie zum Fall Fritzl. In dem Ort Amstetten, 130 Kilometer westlich von Wien, hielt der Pensionär Josef Fritzl 24 Jahre lang seine Tochter in einem fensterlosen Kellerverlies des Hauses gefangen, von 1984 bis 2008.

Er vergewaltigte sie abertausendfach, zeugte mit ihr sieben Kinder. Wenn er die schwere Kellertür hinter sich schloss, kehrte er in sein erstes Leben zurück, ein paar Treppenstufen höher, wo er den tyrannischen Familienvater gab. Er spaltete das eine Leben völlig vom anderen ab und baute eine Parallelwelt auf.

So SCHRECKLICH ES KLINGT: Einem Gerichtsgutachter kann nichts Besseres passieren als dieser Fall. Er scheint einzigartig. Heidi Kastner besucht Josef Fritzl mehrmals im Gefängnis. Dort trifft sie auf einen Menschen, der ein übersteigertes Machtbedürfnis hat, sie stellt eine seelisch-geistige Abartigkeit fest und einen sadistischen Trieb.

Heidi Kastner verbringt viele Stunden mit ihm, aber schon nach 30 Minuten, sagt sie später, habe sie ihn durchschaut. Sie erkennt, dass Josef Fritzl eine Familientradition fortgeführt und wie sein Großvater gehandelt hat. Der zeugte einst ein außereheliches Kind und zwang seine unfruchtbare Ehefrau, es aufzuziehen.

Dieses Kind ist die Mutter von Josef Fritzl – die ihn wiederum bekam, um ihre Fruchtbarkeit zu beweisen. Josef Fritzl selbst holte drei der sieben Kinder, die er im Keller gezeugt hatte, ans Tageslicht und gab vor, sie seien Findelkinder seiner angeblich abwesenden Tochter, die sie in ihrer Sekte nicht aufziehen dürfe; er adoptierte sie sozusagen als Enkelkinder. Als Heidi Kastner den Inhaftierten damit konfrontierte, dass er ein Muster aus der Vergangenheit unbewusst übernommen habe, kam ihm dieser Gedanke zum ersten Mal.

In manchen Familien gibt es zwei Väter – einen guten für den Tag und einen bösen für die Nacht

Nicht die Tat an sich hält sie für außergewöhnlich, sondern deren zeitliche Dimension. „24 Jahre sind nicht fassbar", sagt Heidi Kastner. Da ist sie ratlos, zuckt mit den Schultern – es wird das einzige Mal bleiben an diesem Tag, und wahrscheinlich ist es das Schlimmste für sie, keine Erklärung zu finden. Sie

habe noch nie jemanden erlebt, der zwei Leben, seine beiden Welten, so lange voneinander abspalten konnte. Josef Fritzl hatte wohl immer das Gefühl, davonkommen zu können, wusste, dass es Unrecht war, was er tat, sagte aber, dass es mit jedem Tag unmöglicher geworden sei, einen Schlussstrich zu ziehen. Denn wie hätte er das Ungeheuerliche erklären können.

Auf ähnliche generationsübergreifende Muster trifft Heidi Kastner häufig: die hermetische Geheimhaltung des familiären Innenlebens; die patriarchale Dominanz, die keinen Widerspruch duldet; das scheinbar normale Leben nach außen hin. Es gebe Familien, sagt sie, mit dem „Vater für untertags und dem Vater für nächtens".

Nachmittags unternehme man einen Familienausflug, abends komme es zum Missbrauch. Die Kinder spalteten das Grauen ab, legten sich in ihr Bett, als wären sie nicht anwesend. Später fügten sie sich wieder in das normale Familienleben ein. So sei es ihnen sogar möglich, den Vater trotz allem zu mögen.

Über ihren eigenen Vater sagt Heidi Kastner: „Er hat mich ernst genommen". Er habe ihr als Kind die Relativitätstheorie erklärt, habe mit ihr debattiert, sie den Wert des Diskurses gelehrt. Er sei liebevoll gewesen, auf eine zurückhaltende Art und Weise, aber voller Zugewandtheit.

> Viele Mütter sehen weg, aus Scham – und weil die Familie das kostbarste Gut für sie ist

Auch deshalb ist aus ihr jemand geworden, dem das Leben und die Menschen keine Angst einflößen. Jemand, der sich sicher fühlt. „Unsere Kindheit spielt eine entscheidende Rolle dabei, mit welchem Selbstverständnis wir uns in der Welt bewegen, wie wir Beziehungen, wie wir Freundschaften führen, mit welchem Grad an Vertrauen wir anderen gegenübertreten."

Heidi Kastner ist noch kein Delinquent begegnet, der glücklich aufgewachsen ist: „Es ist sehr, sehr unwahrscheinlich, dass jemand mit glücklicher Kindheit zum Täter wird."

Viele Täter, die sich an Töchtern oder Söhnen vergehen, hätten keinerlei Beziehung zum eigenen Kind. „Im Gespräch appelliert man als Psychiater an die Gefühle des Gegenübers – und greift wieder und wieder ins Leere." Sie blicke dann in regungslose Gesichter, höre von abscheulichen Taten, als ginge es um einen Supermarkteinkauf.

Das sei das Schlimmste, sagt sie, diese Empathielosigkeit.

Die letzten dunklen Winkel des menschlichen Verhaltens auszuleuchten – das ist Heidi Kastners Antrieb. Um zu verstehen, wie »das Böse« nach und nach in ein gewöhnliches Leben eindringen kann

Zwei Formen gebe es. Bei der psychopathischen, frühen Empathielosigkeit habe ein Mensch die Fähigkeit, sich in andere hineinzufühlen, durch eine genetische Veranlagung oder durch ein Trauma in der Kindheit gar nicht erst entwickeln können.

Die nach und nach entwickelte Empathielosigkeit komme, so ihre Erfahrung, häufiger vor – und sei antrainiert. Dabei stumpfe ein empathiefähiger Mensch durch jahrelange Verletzungen, durch Missbrauch und Misshandlung so lange ab, bis er jedes Gefühl unterdrücke, um zu überleben.

Beide Formen machen das Verbrechen am Kind noch folgenschwerer, als es ohnehin schon ist. „Der Grad der Traumatisierung ist nicht unbedingt an der Brutalität festzumachen. Wichtig ist die Haltung des Täters."

Was treibt ihn an? Frustration? Sadismus? Geht es um ihn oder um das Kind? Je gleichgültiger ein Vater sein Kind quäle, desto schwerer erschüttere er dessen Seelenleben. Weil diese Gleichgültigkeit bedeutet, man ist es nicht wert, dass der andere über den Schmerz nachdenkt, den er einem zufügt.

Sie steht auf. „Fahren wir zu mir", sagt sie. Sie lebt ohne Mann, aber nicht allein, sie hat einen schwarzen Dobermann-Labrador-Mischling. Ihr Haus, weiß, mit antiken Möbeln und vielen Büchern, ist nur wenige Minuten von der Nervenklinik entfernt. Drumherum hohe Bäume und Sträucher, als müssten sie diesen Ort beschützen.

Schon als Teenager war Heidi Kastner von der dunklen Seite des Menschen fasziniert. Mit 14 entdeckte sie ihre Vorliebe für wahre Kriminalfälle; sie mochte die vielen Details, die sich irgendwann zu einem Bild verbanden und die Ermittler auf die Spur des Täters führten.

Sie studierte Medizin in Wien, wollte Gerichtsmedizinerin werden und Leichen aufschneiden. Die Vorstellung, Toten Gerechtigkeit widerfahren zu lassen, gefiel ihr. Aber es gab wenige Ausbildungsplätze, außerdem lachte man sie aus, sie war ja eine Frau. Schließlich kam sie zur Psychiatrie, dem gedanklichen Sezieren von Tätern. Jetzt ist sie glücklich darüber.

Sie sagt: „Nirgendwo sonst erfahre ich so genau, wie ein Mensch funktionieren kann." Man müsse nur genügend Täter gesprochen haben, dann erkenne man wiederkehrende Muster.

Zum Beispiel, dass an der Seite missbrauchender Väter oft dominante Frauen leben. Frauen, die ihre Männer erniedrigen, sie wie unmündige Kinder behandeln, ihnen Abende mit Freunden verbieten. Die Männer fürchten sich, ducken sich weg, um dem Unmut der Frauen zu entkommen. Ihre Flucht aber macht alles schlimmer. Und die Kränkung nagt in ihrem Inneren.

Schwächer als die Väter sind nur ihre Kinder. Die Väter missbrauchen sie und

Heidi Kastner zu Hause im Arbeitszimmer. Im Laufe der Jahre hat sie mit mehr als 1000 Tätern gesprochen

brechen so aus dem Kreislauf des Erniedrigtwerdens aus. Sie fühlen sich überlegen, und das befriedigt sie. Auf diese Weise stabilisiert ein Vater gleichzeitig seine Beziehung zur Frau. Heidi Kastner sagt: „Nicht die sexuelle Lust treibt diese Täter an, sondern das Verlangen nach Macht. Sie wollen beherrschen, anstatt beherrscht zu werden."

VIELE MÜTTER sehen weg, aus Scham, und weil die Familie das Kostbarste für sie ist. Es klingt grausam, doch der Täter beschäftigt sich mehr mit dem Opfer als die Mutter. „Dieser Verrat wird vom Kind oft verletzender empfunden als die Tat selbst", sagt Heidi Kastner.

Sie spricht von „väterlicher Gewalt als traditionelles Kulturgut unserer zivilisierten Welt". Erzählt von Vätern, die ihr Kind als persönlichen Besitz betrachten und nach ihren eigenen Gesetzen handeln. Diese Haltung vermitteln sie oft auch ihren Söhnen. Nicht selten führen die später den Missbrauch fort.

Die Täter schieben die Verantwortung fort: Der Alkohol sei schuld, die Kindheit, die Ehefrau

Im Laufe der Jahre hat Heidi Kastner mit mehr als 1000 Tätern gesprochen. Viele schieben die Verantwortung fort. Sagen, der Alkohol sei schuld, die Kindheit, die Ehefrau.

Ein Satz, den Heidi Kastner immer wieder hört, lautet: „Es ist eben passiert". Darauf reagiert sie verärgert, denn „am Anfang jeder Tat steht eine Entscheidung." Der Mensch sei kein determiniertes Wesen, er habe die Wahl.

Deshalb gebe es auch nicht den „geborenen" Verbrecher. Dass die Wissenschaft nach Merkmalen in unserem Gehirn suche, die genau das Gegenteil beweisen, findet sie gefährlich: Es gleiche einer Vorverurteilung, da es bedeutet, einem Menschen zu unterstellen, dass er zwangsläufig irgendwann ein Verbrechen begehen wird.

Heidi Kastner verurteilt niemanden. Sie könnte den Tätern sonst nicht so nahe kommen, wie es nötig ist, um deren Obsessionen freizulegen. Im Gespräch existiert für sie allein die Person gegenüber, und durch nichts lässt sie sich ablenken.

Dass ihnen jemand so begegnet, sich derart in sie hineinfühlt, ist für die meisten Täter etwas vollkommen Neues. „Kommen Sie bitte wieder", sagen sie oft. Doch eine Therapie gehört nicht zu Heidi Kastners Aufgaben, sie beurteilt die Straffähigkeit des Betroffenen.

Alles ist dabei bedeutsam: wie ein Täter geht, wie er die Sprache moduliert, welche Wörter er benutzt, sein Blick, seine Körperhaltung. Sie fragt nie zuerst nach der Tat, sondern zunächst nach der Kindheit. Im besten Fall ist sie irgendwann ganz beim Täter, und der Täter ist ganz bei ihr. Er erzählt dann manches, was er sonst nie zugeben würde. Ein Vater gestand ihr, dass er nicht nur eine, sondern beide Töchter vergewaltigt hat.

Die emotionale Kälte, der Heidi Kastner dabei oft ausgesetzt ist, übersteigt die Vorstellungskraft. Es gab einen Fall, da hatte ein Vater fortwährend seinen schreienden Säugling geschlagen, ihn wieder und wieder an den Füßen hochgehoben und auf den Kopf fallen lassen. Das Kind starb.

Heidi Kastner saß später diesem Mann gegenüber, der nichts empfand. „Das war so widerlich, dass ich in meinem Sessel ganz weit fortrücken wollte."

Was macht sie nach einer solchen Begegnung, wie findet sie zu sich? Sie höre gern Bach, gehe ins Kino, umgebe sich mit schönen Dingen. Sie mag ihr Haus, den Garten, den Pavillon darin.

Wie hat ihr Beruf sie verändert? Sie zögert, sagt, dass sie mittlerweile weniger die Person, sondern die Tat verurteile. Das mache alles erträglicher. Auch das Schreiben der Gutachten helfe, das Übersetzen eines Verbrechens in Worte.

Am Ende bleibt trotz aller Erklärungsversuche meist ein schwarzer Fleck, eine Leerstelle, die sich nicht füllen lässt, nicht durch Statistiken, nicht durch wiederkehrende Muster, nicht durch Fallbeispiele. Das Böse ist immer auch rätselhaft, ganz gleich, wie nahe man ihm kommt.

Heidi Kastner hat in viele Leben geblickt. Sie hat den Menschen dadurch besser verstanden. Aber der Mensch ist auch hässlicher geworden. □

Melanie Mühl, 34, Redakteurin der „Frankfurter Allgemeinen Zeitung", hat Heidi Kastner zwei Tage lang begleitet. Der Kölner Fotograf **David Klammer** wollte mit seinen Fotos das diffuse Gefühl der Bedrohung einfangen; seine Bilder hat er zu Triptychen komponiert.

FÜR KINDER AB
8 JAHREN
GEOlino
Das Erlebnisheft
Basteltipp:
SCHICKER KNACKER
Dieses Eichhörnchen kriegt jede Schale klein!
EXTREMSPORT
Beim verrückten Wettkampf der Kugelbäuche
LEBENSRETTER
Wie Forscher Aids aus der Welt schaffen wollen
COWBOY
Warum Mario die Schulbank gegen den Sattel tauscht
SCHWERE JUNGS
Flusspferde – vier Tonnen schlechte Laune
»Tiere im alten Ägypten«
Großer Wissenstest
Geht ins Netz und gewinnt eine Reise!
In Zusammenarbeit mit
unicef
Warum ist Glas durchsichtig?
Alles, was Kinder wissen wollen. Jeden Monat in GEOlino.
www.geolino.de
GEOlino. Wissen macht Spaß

DOSSIER

Von Vaterliebe und Vaterhass

Die Texte der hier versammelten Autorinnen und Autoren setzen sich auf eine besondere Weise mit dem Verhältnis zum eigenen Vater auseinander: Manche sind geprägt von tiefer Zuneigung, andere von extremer Ablehnung, ja Hass. Häufig wird zwischen den Zeilen auch eine Ambivalenz deutlich, wie sie so typisch ist gegenüber Menschen, die einem sehr nahestehen, mit denen man entscheidende Jahre des Lebens verbracht hat. Was die Aufsätze und Buchauszüge vereint: Sie alle bieten sehr persönliche Einblicke, die der Außenwelt normalerweise verborgen bleiben

Inhalt

Längere Auslassungen in den Texten sind durch Sternchen (***) kenntlich gemacht; nicht jedoch kurze Auslassungen aus Gründen der Verständlichkeit.

Åsa Linderborg, 42, ist Historikerin und Feuilletonchefin der schwedischen Zeitung »Aftonbladet«. Aufgewachsen ist sie allein mit ihrem Vater, einem Stahlarbeiter und Alkoholiker

ÅSA LINDERBORG

Ich heiße nicht Åsa

Mama ging an einem Winterabend. Vielleicht war es ein Sonntag. Sie war das ganze Wochenende fort gewesen, und dann hörten wir, wie sie den Schlüssel in die Wohnungstür steckte. Wir begegneten ihr im länglich-schmalen Flur, aber statt Hallo zu sagen und ihren Mantel auszuziehen, zwängte sie sich an uns vorbei, um einen Koffer aus der Kleiderkammer zu holen.

Sie sagt etwas zu Papa. Die Stimmen der beiden werden laut.

Papa hebt mich schnell hoch und setzt mich unsanft auf die Couch im Wohnzimmer.

Er sagt, dass ich dort sitzen bleiben soll, weil Mama verrückt geworden ist. Vollkommen verrückt ist sie geworden. Ich spüre die Dunkelheit vom großen Fenster hinter mir, während ich gleichzeitig Mama und Papa im Flur sehe. Sie höre.

„Und was ist mit dem Mädel?", fragt Papa immer wieder. Das Mädel? Das Mädel! Er packt sie, will sie zurückhalten. Sie schüttelt ihn ab, geht in die Kleiderkammer und holt Kleider heraus, die sie in den Koffer auf dem Fußboden wirft.

Ich sitze vollkommen still, wie Papa es mir gesagt hat. Die Couch kommt mir groß vor, aber die großen Samtstreifen im moosgrünen Cordstoff sind weich. Unter dem Rock ragen meine Beine hervor, und die weiße Strumpfhose ist auf den Knien fusselig, hat ihre Form verloren und an den Zehen viel Luft.

»Als ich in die Pubertät kam, sprachen wir nicht mehr über mich. Er sprach über sich«

Plötzlich stehe ich bei Mama im Flur. Sie ist in die Hocke gegangen und umarmt mich. Ihr langer, braunroter Pferdeschwanz liegt auf dem Rücken.

Sie sagt, dass sie wieder gehen muss und ich nicht mitkommen kann. Aus ihren dunklen Augen rinnen Tränen über die sommersprossigen Wangen, zu ihrem großen, roten Mund. Sie ist achtundzwanzig Jahre alt. Papa ist zwei Jahre älter, aber kaum mehr als ein Junge. Unten auf dem Hof sitzt Lasse in einem taubenblauen Saab und wartet, wie mir später klar werden wird.

Januar 1972. Das Datum stand unverrückbar wie ein stetig schmerzender Pfahl aus eiskaltem Stahl in Papas Körper, aber wir sprachen nie darüber. Ich sollte im Frühjahr vier werden, und auch wenn ich nie vergaß, wie Mama heimkam, nur um gleich wieder zu gehen, gewöhnte ich mich doch schnell daran, dass es von nun an hieß, Papa und ich. Als wäre es schon immer so gewesen.

* * *

Drei Minuten nach sieben steckte Papa seine Stechkarte in die Stechuhr. Vorher lieferte er mich in der Kita ab und ein paar Jahre später im Hort. Er musste mich mehrmals wecken und auf die Schnelle heraussuchen, was an Kleidern da war. Das ging flott, wir wuschen uns auch jetzt nicht und frühstückten nicht.

Das Einzige, was ein wenig Zeit in Anspruch nahm, war Papas allmorgendliches Erbrechen.

Er stand leicht vorgebeugt, auf den linken Unterarm gelehnt, über dem Küchenausguss. Der rechte Arm lag gegen die Spüle gepresst, der Daumen rieb über den Zeigefinger. Er würgte dünnen Schleim, gelb vom Bier des Vortags, heraus. Schaute beherrscht auf und zum Fenster hinaus, würgte noch etwas. Der Daumen streichelte den Zeigefinger, jetzt langsamer. Wenn wir gehen wollten, musste er sich erneut übergeben. Ich wartete im Flur, hörte, wie er kurz Wasser in das Becken laufen ließ, ohne es richtig sauber zu machen. „Das sind die Nerven", sagte er.

Dann ging's aufs Fahrrad, ich auf den Gepäckträger.

Ich kann mich nicht erinnern, jemals irgendjemand begegnet zu sein. Alle anderen saßen beim Frühstück. Lasen Zeitung, hörten Radio, machten das Bett, suchten saubere Kleider aus dem Schrank.

Ich war immer das erste Kind in der Kita. Hatte Papa auf der Arbeit viel zu tun, war ich da, bevor sie überhaupt aufmachten.

„Es kommt bald jemand", sagte er und setzte mich vor der Eingangstür ab. Ich stand vor dem abgeschlossenen, zweistöckigen Gebäude aus weißen Backsteinen allein in der Dunkelheit und sah zu den Mietshäusern hinauf, in denen eine nach der anderen die Küchenlampen angingen. Spuckte gelben Rotz in den Schnee, zog die Hände in die Jackenärmel. Trat auf der Stelle, um die Kälte und die Angst in Schach zu halten. Ich wartete darauf, dass unsere Köchin Gun zwischen den Häusern auftauchen würde.

„Bist du das, Åsa?", fragte sie und ließ mich in die große Küche. Gun tischte heißen Kakao und Kekse mit Butter auf. Wenn die Erzieherinnen kamen und entdeckten, dass ich schon da war, sagte Gun stets, sie und ich seien gleichzeitig gekommen. Ich hatte mit vielen Erwachsenen Geheimnisse.

„Wie konntest du das nur tun?", fragte ich Papa, wenn er mich abholte. „Ich hatte Angst, es war dunkel!"

Seine Antwort lautete immer gleich. „Was sollte ich denn sonst tun?"

Manchmal machte er so etwas auch, obwohl es überhaupt nicht nötig war. Stand auf wie üblich, brachte mich zur geschlossenen Kita oder zum Hort, sagte mir, dass bald jemand kommen werde, und radelte weiter. Ein paar Minuten später holte er mich wieder ab und fuhr heim, legte sich ins Bett und schlief wieder ein. Er hatte die ganze Zeit gewusst, dass Sonntag war, und nur das Gefühl auskosten wollen, auf halbem Weg umkehren zu können: Ich scheiß auf das Ganze, ich fahr lieber wieder nach Hause und leg mich schlafen!

* * *

Ich weiß nicht, wie viel Papa von meiner Entwicklung mitbekam und ob es ihm etwas bedeutete, dass ich ihn nicht mehr so brauchte wie früher. Er muss den Duft gerochen haben, die Brüste gesehen haben, die unter dem Sweater schmerzten, genau wie die Pumps im Schuhregal. Ich weiß nicht, ob er sich vor anstrengenden Pubertätsjahren fürchtete oder ob er trauerte, weil ich nicht mehr sein kleines Mädel war. Wir sprachen nicht mehr über mich. Er sprach über sich.

Darüber, wie gut er in allem war. Dass er der beste Metallvergüter Schwedens war und viel jünger aussah, als er war, dass er seine Wohnung so elegant eingerichtet hatte und in seiner Jugend ein herausragender Fußballspieler gewesen war.

Er brachte mich so weit, dass ich Hass empfand. Zum Beispiel, wenn er sich mit einem feuchten Kamm durch die Haare fuhr. Oder wenn er das geschmacklose Schmuckregal abstaubte und die Tagesdecke auf dem Radioweckerbett zurechtzog. Wenn er zum Vorratsschrank stolperte, um mit einer hässlichen Grimasse ein paar Schlucke zu nehmen – ausgerechnet er gewöhnte sich nie an den Geschmack –, hätte ich ihm am liebsten die Schranktür gegen den Hinterkopf gerammt. In meiner Fantasie wurde das Holz der Schranktür so eingedellt, dass Lackstücke auf den Boden fielen.

»Verachtung und Verzweiflung verwandelten sich in Gefühle von Zärtlichkeit und Schuld«

Ich hasste es, wenn er sich über Armut, saublöde Mitmenschen und seinen steifen Rücken und die steifen Hände beklagte, während er gleichzeitig all jene verhöhnte, die dafür zu sorgen versuchten, dass es Menschen wie ihm besser ging. Wie er sich am Zahltag in seinen Anzug warf und anschließend siegessicher loszog, um in dem Gefühl, ein toller Hecht zu sein, seinen lächerlichen Käse zu kaufen. Ich schämte mich dafür, wie er Großmutter und Großvater ausnutzte, ohne jemals Danke zu sagen. Ekelte mich, wenn ich ihn auf der Toilette abziehen hörte. Oder seinen labberigen Hodensack aus einer Unterhose heraushängen sah, die längst ihre Form verloren hatte.

Mein Papa war kein Balu und ganz bestimmt kein Kapitän Ephraim Langstrumpf. Er war kein liebenswerter Exzentriker mehr. Er war schwach.

An manchen Morgen hoffte ich, der Tag werde mir die Botschaft von seinem Tod bringen. Ich stellte mir vor, dass der Rektor an die Tür des Klassenzimmers klopfen und mit ernster, aber teilnahmsvoller Miene zunächst mit meinem Lehrer und anschließend mit mir sprechen würde. Ich würde die Nachricht mit Fassung tragen, alle würden sich um mich kümmern und mich bemitleiden.

Es wäre das Beste, wenn Papa sterben würde. Nicht unbedingt für mich, aber für ihn selbst, redete ich mir ein. Ich sah mich zusammen mit Großmutter und Großvater am Sarg stehen. Ich fragte mich, ob Mama kommen würde.

* * *

Wir begegneten ihm an einem Hochsommertag. Er trug einen schmutzigen Anorak, zentimeterlange Haare bedeckten den Kragen. Er hatte sich in genau den schäbigen Schlappschwanz verwandelt, der er um alles in der Welt nicht sein wollte. Wir unterhielten uns nur eine Minute, sagten, dass wir uns bald mal sehen sollten.

Er landete im Entzug mit Psychologen; ergebnislose Therapien, die bloß sein Misstrauen denen gegenüber erhöhten, die ihm sagten, er brauche Hilfe.

Wir sahen uns jetzt wieder öfter. Es fiel uns beiden leichter, in Kontakt zu bleiben, seit ich eine eigene Wohnung hatte. Ich war 18 und nicht mehr davon abhängig, wie Papa mit sich selbst umging. Ich servierte Hausmannskost, und er holte Bier aus seiner Tasche. Er wusste, dass ich ihm keine harten Sachen anbieten würde, betrank sich bei uns allerdings auch nie.

Verachtung und Verzweiflung, die ich als Jugendliche empfunden hatte, verwandelten sich in Gefühle von Zärtlichkeit und Schuld. Ich räumte den Tisch ab, mischte die Spielkarten und wünschte mir, sein Leben würde irgendwann anfangen.

Er blieb nie besonders lange. Ich glaube, ihm war in meiner Gesellschaft langweiliger als mir in seiner. Vielleicht ging er aber auch früh, weil er sich umgekehrt das Gegenteil einbildete.

* * *

Die schwierigen Jahre waren vorbei, aber unserer Beziehung sollte für immer etwas Gehemmtes anhaften. Unsere Begegnungen blieben kurz und wurden oft abgesagt. Aber in manchen Momenten mit Papa fühlte ich mich wie damals, als ich noch klein war. Vielleicht war dies unvermeidlich. Jetzt, da es so gut lief zwischen uns, wollte ich wieder das kleine Mädel sein dürfen. Ich wünschte mir, er würde das Halmabrett holen, sich Bier einschenken und sagen, ich solle anfangen.

Ich heiße nicht Åsa, wollte ich ihm sagen, denn ich bin nicht Åsa. Ich heiße Natascha, Goldklümpchen, Mücke, Schnuckelchen, Dummchen, Mädel. Du hast doch hoffentlich nicht die vielen Namen vergessen, die du mir gegeben hast? Ich erinnere mich an dich, Papa. Was weißt du noch von all dem, was wir, du und ich, waren?

* * *

Ich saß die ganze Nacht allein auf der Couch und vermisste etwas Hartes zum Trinken. Sehnte mich nach einer Zigarette, obwohl ich nie geraucht hatte. Ich schaute auf die schneebedeckten Felder von Stabby hinaus und begriff, warum man in früheren Zeiten Totenwache gehalten hatte. Papa lag einsam und allein im Dunkeln in der Rönnbergagatan, und ich wünschte mir, ich hätte den Mumm aufgebracht, ihm Gesellschaft zu leisten.

Begriff er, dass der Tod nahte, als er den Gürtel löste?

Hatte er Angst? Hatte es in seinem Körper noch eine Wirklichkeit jenseits des Schmerzes gegeben?

Ich fühlte, dass ich gern bei ihm gewesen wäre. Jedenfalls bildete ich mir das ein. Ich hätte neben ihm gesessen und seinen Daumen gehalten, wie ich es als Kind getan hatte, wenn ich einschlafen sollte. Eine Hand auf seine Stirn gelegt und ihm gesagt, wie dankbar ich dafür war, ihn kennengelernt zu haben. Dankbar für all die unkomplizierte Liebe und alle komplizierten Erfahrungen. Dass es nicht seine Schuld war, dass die Angst vor dem Versagen und die Furcht, verlassen zu werden, zu den zentralen Themen meines Lebens gehörten.

Ich würde meinen Kopf neben seinen legen und ihm zuflüstern, dass die Utopie von einer Welt ohne Herrscher, Klassen, Nationen, Krieg und Konkurrenz nach wie vor der schönste Traum war, von dem ich jemals gehört hatte.

Ich weiß, was er antworten würde.

Er würde sagen, dass nichts wirklich so wurde, wie er es sich vorgestellt hatte. Weder das Leben noch die Jahre mit mir. Und dass ich ganz toll gewesen war. Daraufhin würde ich ihm sagen, wie es war, dass es in meiner Kindheit sicher manches gegeben hatte, was ich vermisste, ich gleichzeitig jedoch auch vieles bekommen hatte, was andere nicht bekamen. Dass wir beide ganz toll gewesen waren.

Ich wünschte mir, ihm und der ganzen Welt erzählen zu können, wie stolz ich auf meinen Papa war. Dass ich ihn vermissen würde. Ihn so verdammt vermissen würde.

Jimmy Carter, geboren 1924, war von 1977 bis 1981 US-Präsident. Aufgewachsen ist er – das älteste von vier Geschwistern – in Plains, Georgia, als Sohn eines Farmers und Kaufmanns. Mit seiner Frau Rosalynn hat Carter vier eigene Kinder. Im Jahr 2002 erhielt er den Friedensnobelpreis

JIMMY CARTER

Jagen lernen

Bevor ich groß genug war, um eine eigene Flinte oder auch nur ein Luftgewehr zu handhaben, diente ich meinem Vater in den eisigen Stunden während der Taubenjagd im Winter als Laufbursche. Daddy weckte mich immer lange vor Tagesanbruch, ungefähr um halb fünf. Draußen war es noch außergewöhnlich still, nur die Hähne hatten oft schon angefangen zu krähen.

Wir trugen die Gewehre und einen aus einer leeren Munitionskiste gebauten Sitz zum Auto, in dem sich eine halbe Schachtel mit Hülsen und einige Holzspäne befanden. Manchmal durfte ich eines der Gewehre tragen, nachdem er feierlich nachgesehen hatte, ob es ungeladen war.

Zuerst hielten wir bei einem vorher vereinbarten Treffpunkt, entweder einem Laden im Zentrum von Plains oder bei einem Farmer. Ich war unglaublich aufgeregt, wenn wir ins Haus gingen und uns um einen Kanonenofen oder ein warmes Herdfeuer scharten.

Meistens war ich das einzige Kind. Es herrschte eine Atmosphäre von exklusiver Männlichkeit, wenn mein Vater und die anderen sich über die Jagd unterhielten oder über Witze und anzügliche Berichte von sexuellen Abenteuern lachten, von denen sie annahmen, ich könnte sie nicht verstehen. Die Männer tranken Kaffee aus großen Bechern, manchmal mit einem Schuss Alkohol, während ich eine Cola bekam oder eine heiße Schokolade. Bei solchen Gelegenheiten empfand ich meinen Vater immer als besonders überschwänglich.

* * *

Ich lernte schon sehr bald und ohne dass es mir jemand sagen musste, die Fehlschüsse meines Vaters nicht zu kommentieren, sondern eine leise formulierte Entschuldigung für ihn zu finden.

„Die Taube ist genau in dem Moment abgedreht, als du geschossen hast, Daddy."

„Die war ziemlich weit weg."

„Ich konnte die Federn rausfliegen sehen."

Vor seinem Laden: James Earl Carter mit Jimmy (r.) und dessen Geschwistern (1932)

„Ich glaube, die ist ganz da hinten in den Büschen runtergefallen."

„Heute früh fliegen sie aber auch wirklich hoch."

Ich musste das nicht oft tun, denn Daddy war ein erfahrener Jäger und Präzisionsschütze; er erlegte jede Menge Tauben …

Als kleiner Junge musste ich mir die Stellen merken, an denen die von meinem Vater geschossenen Vögel herunterfielen. Wenn gerade keine anderen Vögel am Himmel zu sehen waren, lief ich los und sammelte sie ein.

Die Aufgabe war nicht leicht, wenn ein Vogel verwundet war, aber noch laufen und kurze Strecken fliegen konnte. Und selbst die ruhig Daliegenden waren manchmal schwer auszumachen in dem hellgrauen, gefrorenen Gras oder zwischen den leeren Maishülsen, die fast aussahen wie Tauben mit geschlossenen Flügeln.

Einmal stieß direkt vor mir ein Rotschwanzbussard herab und flog mit unserer Taube davon. Daddy wartete, bis der Bussard weit genug von mir entfernt war, und holte dann beide Vögel mit einem Weitschuss herunter. Wir redeten noch lange danach über diesen Vorfall, und mein Vater erinnerte mich jedes Mal daran, dass Bussarde normalerweise viel Gutes tun und nicht getötet werden sollten. Ich glaube, er schämte sich ein bisschen, weil er ihn erschossen hatte, aber das sagte er nie.

Nach einigen Stunden fielen die Schüsse seltener, und die erfahrenen Jäger mit den besten Schießständen hatten dann oft schon viele Tauben. Mein Vater und ich gehörten meistens zu den Ersten, die aufbrachen. Daddy wollte zur Arbeit, und nachdem ich fünf geworden war und zur Schule ging, musste er mich danach noch in der Klasse abliefern.

Und das war besonders schön: Manchmal ließ ich zum Beweis, dass ich mit meinem Daddy auf der Jagd gewesen war, ein paar Federn an meiner Jacke oder Hose haften. Ich kann mich nicht entsinnen, dass mein Zuspätkommen vor den Lehrern jemals erklärt oder entschuldigt wurde – Jagen gehörte damals zum Leben.

Etwas später ließ mich Daddy eine alte kleinkalibrige, einschüssige Schrotflinte benutzen, die er von einem Nachbarn ausgeliehen hatte, und platzierte mich neben sich. Er beobachtete mich genau, und wenn eine Taube sich näherte, machte er mich auf sie aufmerksam, oder er gab mir hilfreiche Ratschläge, wenn ich sie verpasste. „Du schießt zu früh." – „Lass sie näher rankommen." – „Schwenke dein Gewehr weiter, bis du abgedrückt hast." – „Du musst die Wange fest an den Gewehrschaft drücken." – „Versuche möglichst beide Augen offen zu halten." Schon bald traf ich gelegentlich eine Taube und freute mich über die Glückwünsche meines Vaters.

Als ich zehn war, hatte ich Zwillen, Steinschleudern und Luftpistolen hinter mir gelassen und besaß ein Remington-Kleinkalibergewehr und eine kleinkalibrige, vierschüssige Repetierflinte von Sears, Roebuck. Ich hatte meinen eigenen Stand auf den Taubenfeldern und ging manchmal ohne Daddy mit älteren Freunden schießen.

* * *

Als ich groß genug war, um eine echte Flinte zu schleppen, durfte ich unsere Hunde mitnehmen, denn durch die gewissenhafte

Ausbildung meines Vaters wusste ich Bescheid über Jagdsicherheit, richtige Verhaltensweisen und wie ich jeden Hund behandeln musste. Ich jagte oft mit meiner Repetierflinte und nur einem Hund, meistens einer Setterhündin namens Lady.

Eines Tages, ungefähr 400 Meter östlich von unserem Haus, zeigte Lady mit der Nase in ein Buscheichenwäldchen. Ich näherte mich vorsichtig, ein großer Wachtelschwarm stob in die Luft, und ich feuerte blind in Richtung der Vögel. Einer fiel herunter. Das war einer der stolzesten Augenblicke meines Lebens. Ich hob die Wachtel auf und rannte den ganzen Weg nach Hause.

Daddy arbeitete in der Schmiede, wo ich ihm atemlos mein großes Abenteuer erzählte. Er war ebenfalls stolz. Plötzlich sah er sich um und fragte: „Wo ist dein Gewehr?“

Ich hatte keine Ahnung. Als ich zurückging, um es zu holen, konnte ich die Stelle nicht finden, an der die Wachteln aufgeflogen waren. Besonders peinlich war, dass wir mehrere Leute um Hilfe bitten mussten, bevor wir die Flinte schließlich inmitten von Blättern fanden, wo ich sie hatte fallen lassen.

Ich war dankbar, dass mein Vater die vergessene Flinte nie wieder erwähnte, jedenfalls nicht mir gegenüber.

Brigitte Schwaiger, geboren 1949, wurde bekannt durch den Bestseller »Wie kommt das Salz ins Meer«, in dem sie die Monotonie ihrer Ehe beschrieb. Als Kind von ihrem Vater missbraucht, litt sie unter Depressionen und ließ sich zeitweise in eine psychiatrische Klinik einweisen. Im Juli 2010 wurde die Österreicherin tot aufgefunden; sie hat sich vermutlich das Leben genommen

BRIGITTE SCHWAIGER

Lange Abwesenheit

Es ist schon dunkel. Vielleicht ist das Tor geschlossen. Dann werde ich über die Mauer klettern. Ich will zu meinem Vater, jetzt. Auch wenn geschlossen ist. Aber das Tor lässt sich leicht öffnen. So finster ist es, dass andere Kinder sich fürchten würden, um diese Zeit durch die Grabreihen zu gehen.

Schau, Vater, herauf oder herunter, da bin ich. Ich möchte dir etwas sagen.

»Ich möchte, dass die, die dich gekannt und verehrt haben, dich hassen, wie du es verdienst«

* * *

Ich empfand für alles, was mit deinem Namen bedruckt war, ehrfürchtige Liebe. Ein Vater, der so wichtig war, dass man seinen Namen druckte. Doktor der gesamten Heilkunde. Ich war stolz auf dich. Du warst so wichtig, dass man dich nur selten sehen konnte. Wurdest ständig gebraucht von deinen Kranken. Wenn du heimkamst, warst du müde. Mutter schickte uns in unsere Zimmer. Der Vater hat genug Gesichter gesehen den ganzen Tag! Er braucht Ruhe.

* * *

Wann hättest du dir Zeit genommen, mit mir zu reden? Als ich begriff, dass du sterben würdest, nahm ich es dir übel, dass du einfach fortgingst, ohne jemals für mich vorhanden gewesen zu sein.

Mach ein bisschen auf. Sag etwas. Sag etwas mit deiner Stimme. Sag vielleicht: Oh, du bist hier? Das freut mich aber, dass du gekommen bist! Sag etwas in dem liebevollen Ton, den du für mich hattest, wenn du in Gegenwart eines Patienten in deiner Ordination mit mir telefoniertest. Wenn die Patienten dich hören konnten und sehen konnten, warst du ganz anders zu allen deinen Töchtern.

Sag etwas. Lass mich nicht so dastehen.

* * *

Meine Briefe hast du nie beantwortet. Wer war ich denn. Nur eine von den vier Töchtern, die dir das Leben vergällten. Gute Nacht, sage ich. Gute Nacht, sagst du in dem Ton, der zugleich ein lautes Seufzen ist, ein Vorwurf von dir an dich selbst, uns gezeugt zu haben. Du tatest mir oft leid, wenn ich uns so anschaute.

Aber auch wir hatten uns dich und Mutter nicht ausgesucht. Ich hasse mich selbst, wie ich jetzt kerzengerade stehe vor einem Fleck Erde, unter dem du wahrscheinlich kerzengerade liegst. Jeder an seinem vorläufigen Platz. Ein rechter Winkel zwischen dir und mir. Ich bin gekommen, um Andacht zu halten. Aber du sagst nichts, und ich spüre nur mein Lebendigsein.

Papa, lieber. Wir haben ein Papier bedrucken lassen mit deinem Namen und deinem Bild. Sympathisch bist du da, blickst ernst und pflichtbewusst. Der gute Arzt. Ich trage dich in meiner Handtasche herum. So ein Vater, den man auseinanderfalten und herzeigen kann. Ich bin enttäuscht, wenn ich dich herzeige und die Leute, die dich nicht gekannt haben, schweigen. Ich möchte, dass sie dich bewundern, wie du es verdienst. Ich möchte, dass die, die dich gekannt und verehrt haben, dich hassen, wie du es verdienst. Ich möchte weinen können um dich.

* * *

Es ist ein Unterschied, wenn man gefragt wird nach dem Vater, ob man sagt: Mein Vater ist, oder: Mein Vater war. Ich sage gern: Mein Vater war. Andere Sätze, die ich gern ausspreche, beginnen alle mit: Seit dem Tod meines Vaters.

Das Warten auf dein Sterben, wie wenn man im Theater sitzt und der Vorhang sich nicht hebt. Und wenn er stirbt. Und wenn er tot ist. Ob ich da etwas fühlen würde, fragte ich mich. Würde ich da weinen können? Oder die ganze Angelegenheit auf andere Weise hinter mich bringen?

* * *

Homo homini lupus, sagtest du oft. Man sollte keine Kinder haben, riefst du einmal, nach einem Streit. Das war an mich gerichtet.

* * *

Ein Vater, ein richtiger Vater, ist einer, den man nicht umarmen darf, den man nicht unterbrechen darf, wenn er spricht, dem man antworten muss, auch wenn er zum fünften Mal dasselbe fragt und es aussieht, als frage er zum fünften Mal, um sich zu vergewissern, ob die Töchter auch willig sind, stets zu antworten, ein Vater, der einem das Wort abschneiden darf.

* * *

Vater ist tot. Ich sage es mir vor und begreife es nicht. Sicher aber ist, dass er nicht daheim sein wird, wenn ich Mutter besuche. Dass ich keine Anstrengungen mehr unternehmen werde, auf ihn einen guten Eindruck zu machen. Dass er mir keine Fragen stellen wird, während er plant, was er meiner Antwort entgegenhalten wird. Dass er mir keine Fallen stellen wird.

Aber sein Sterben war die letzte Falle, in die ich hineingeriet und in der ich noch immer stecke. Weil mein Vater unsterblich ist.

* * *

Ich höre Vaters Stimme. Er ruft meinen Vornamen. Er will etwas von mir. Weit weg ist er, in einem anderen Zimmer. Und will etwas von mir, daher lebe ich. Er schimpft mit mir, daher gibt es mich. Er geht vorbei an mir, ohne etwas zu sagen. Überflüssig bin ich. Mich sollte es nicht geben.

»Er ist tot, aber ich kämpfe gegen ihn, noch immer. Er kann mir jederzeit und überall auflauern«

* * *

Was suchst du hier, fragte er, als ich ihn überraschte mit meinem Besuch, das war nicht vereinbart, dass wir uns heute sehen! Ich wollte dir eine Freude machen, sagte ich. Damit hast du mir aber keine Freude gemacht, sagte er, ich habe zu tun, die Arbeit hängt wie ein Mühlstein an meinem Hals, ich möchte nicht, dass du ein zweiter Mühlstein wirst! Ich hatte plötzlich den Impuls, zu dir zu kommen, sagte ich. Das war ein Impuls, dem du nicht nachgeben durftest!

* * *

Er kann nichts mehr essen, sagt Mutter am Telefon, in seinen Magen geht nichts mehr hinein, es ist alles zugewachsen.

Ihr aufgeweichtes Gesicht. Tränen und Enttäuschungen. Ihr Haar ist dünn geworden. Falten an ihrem hochmütigen Mund, die ihn herunterziehen von seinem Hochmut.

Dass mein Vater stirbt, ist Gottes Gerechtigkeit, dachte ich.

* * *

Oh, macht er. Aufleuchten in einem Gesicht, das ich nur vergrämt in Erinnerung habe. Seine blauen Augen, die scharf geschnittene Nase. Der Schnurrbart. Vater ist ein gut aussehender Mann. Vater kann man nicht beschreiben, er ist anders als alle anderen Männer.

Er trägt den Pyjama von daheim. Mutter sagt, dass sie sich beide freuen über meinen Besuch. Sei still, denke ich, wer redet mit dir, was mischst du dich ein, warum nimmst du immer alles vorweg, was von meinem Vater zu mir kommen könnte? Mach dich nicht so wichtig! Ich bin seine Tochter. Dich hat er nur geheiratet.

Als ich die Tür schließe, ist auf Vaters Gesicht schon die Verdrossenheit. Er hat sie von daheim mitgebracht wie das Waschzeug und den Pyjama.

Ohne diese Frau, die meine Mutter ist, wäre er nicht der geworden, der er ist, denke ich. Ich bilde mir ein, ich hätte ihn besser verstanden und besser zu lieben gewusst als Mutter. Ich hätte es nicht zugelassen, dass er mich und meine Töchter verkrüppelt.

* * *

Ich will nicht, dass Vater sich jetzt als sterbender Vater gebärdet.

Es ist alles so unwirklich, sagen die Schwestern. Sie weinen, weil ich sie ermahnt habe, schon jetzt an alle Vorbereitungen für die Beerdigung zu denken. Von Vaters Freunden eine Liste aufstellen. Und so weiter. Großmutter kommt mit ihrem Porzellankrug in die Küche, um Wasser zu holen für die abendliche Wäsche. Hast du schwarze Kleider, frage ich sie. Ist jemand gestorben? Die Schwestern werfen mir vorwurfsvolle Blicke zu. Aber ich bin nicht aufzuhalten. Vater stirbt, sage ich.

Das Wasser in Großmutters Krug läuft über. Ich weiß nicht, warum es mich befriedigt, so grausam zu sein.

Die Blicke der Schwestern sind voller Hass gegen mich. Aber bei Tag liegen sie nackt auf dem Balkon, müssen braun werden wie jeden Sommer. Sie trinken Orangensaft und hören Musik. Und ein kleiner Mann liegt in einem Zimmer bei heruntergelassenen Rollläden und hat Angst.

Ich kann nicht auf dem Balkon sitzen, nicht in der Sonne, nicht im Schatten. Ich ertrage es nicht, im Elternhaus zu sein. Ich muss ins Auto. Fahren. Immer fahren. Mich bewegen, um nicht bewegt zu werden.

Wieder ist er noch am Leben. Das Stehaufmännchen. Ob ich etwas für ihn tun kann, frage ich, ob er einen Wunsch hat. Nicht sterben müssen, sagt er; wenn ich schlafe, träume ich, dass ich über eine Wiese gehe und gesund bin. Dann wache ich auf, hier.

Ich hoffe nur, dass nichts dazwischenkommt, sagt er.

Was, frage ich, was könnte dazwischenkommen?

Dass es nicht ohne Würde sein wird, sagt er.

Würde, denke ich, warum nicht ein Schrei, an den ich mich erinnern könnte, später, einmal etwas haben von ihm, einmal etwas Menschliches.

* * *

Ein Männchen haben sie aus ihm gemacht. Bescheiden sucht er den Weg durch den Gang zu den Toiletten, die auch von den anderen Kranken benützt werden. Davor darf er sich jetzt nicht grausen. Er ist ihm wichtig, seinen Arztkollegen zu beweisen, dass er Wasser lassen kann.

Vater und Mutter haben sich immer gemeinsam vor anderen Menschen geekelt. Verliehene Bücher verlangten sie nicht zurück.

* * *

Ich habe ja nichts gegen meinen Vater, außer dass er mein Vater ist.

* * *

Wenn jemand da ist, den man gern hat, sagt Vater leise, das gibt einem eine innere Freude, die man gar nicht ausdrücken kann.

Meinst du mich?

Ja, dich, sagt er.

Ich möchte ihm glauben können.

* * *

Den Verwesungsgeruch atme ich ein, der durch Vaters Mund aus den Eingeweiden kommt. Mit den Eltern in einem Zimmer sein dürfen, ohne dass Vater Mutter beleidigt, das ist wie eine warme Decke im Rücken.

Ich halte seine Hand, lege mir seine Finger zurecht, die gute Vaterhand, Finger um Finger, damit ich mein Gesicht hineinschmiegen kann, so nah und so lange wie im ganzen Leben niemals. Ich vergewaltige ihn zu Zärtlichkeit. Und halte den Stuhl am Bett besetzt, immer fürchtend, dass Mutter mich davonjagen wird.

Aber sie lässt mich bleiben und sagt auch nichts dagegen, dass ich Vaters Gesicht abtaste, um zu wissen, wie es sich anfühlt. Seine Haut ist Menschenhaut.

Ich räume sein Zeug aus dem Schrank, stopfe es in Plastiksäcke, räume alles ins Auto und fahre nach Hause, tränenverschmiert, dankbar, danke, Vater, dass du gestorben bist, sage ich laut, während ich lenke, danke, Vater. Danke, danke.

* * *

Vielleicht wären wir besser miteinander ausgekommen, wenn wir einander gesiezt hätten.

Auf dem Dachboden des Elternhauses bedrohe ich Vater mit Küchenmessern. Mutter ist auch da. Ich zerbreche die Bügel ihrer Brille, weil die Brille schlecht sitzt. Und kneife sie mit beiden Händen in die Wangen, um ihr wehzutun. Und träume, dass ich mit Vater telefoniere. Was ist denn die Gefahr, will er wissen. Weil er gelesen hat, was ich ihm auf einem Zettel hinterlassen habe.

Heute Nacht war seine Haut ganz braun. Er lag unter einer Decke. Ich musste mich tief zu ihm hinunterbücken. Er sagte etwas von Kranksein und Sterbenmüssen. Ich war gezwungen, bei ihm zu bleiben, weil er niemanden hatte, nur mich. Dass er lebte, war der Beweis dafür, dass ich ihm gehörte.

Dunkel, wie gegerbt war seine Haut. Ich dachte, wie hässlich er sei und wie hässlich, dass ich mich zu ihm hinunterbücken musste.

Er ist tot, aber ich kämpfe gegen ihn, noch immer. Er hat viele Stimmen, viele Arme und Beine, ist unsichtbar und kann mir jederzeit und überall auflauern.

Ich träume, dass die Erde weggeschaufelt und der Sarg aufgeklappt worden ist. Da liegt er und friert und kann noch immer nicht sterben. Ich fürchte ihn, weil er kalt ist.

Ich spüre, es wäre meine Pflicht, mich zu dir zu legen und dich zu wärmen. Aber würde ich es dir denn diesmal recht machen? Bald wäre es dir zu eng, bald zu kühl.

Vater, wir liegen so schlecht miteinander.

Lance Morrow, geboren 1939, ist eines von zehn Kindern und Stiefkindern von Hugh Morrow, einem Redenschreiber und Ratgeber des US-Vizepräsidenten Nelson A. Rockefeller. Lance Morrow hat mehrere Jahrzehnte für das Magazin »Time« gearbeitet und war Journalistik-Professor. Er ist verheiratet und hat zwei Söhne

LANCE MORROW

Das Pokerspiel

An einem Samstag, abends, nach dem Essen, zündeten wir die Petroleumlampe an, die über dem Pokertisch hing, und mein Vater versprach, seinen Söhnen das Spiel zu erklären.

Hughie und ich waren begeistert. Mein Vater handhabte die Karten mit einer leicht spöttischen Eleganz: Er fächerte sie rasch und geschickt in den Händen auseinander, dann spreizte er wie ein Zauberer die kleinen Finger ab, setzte eine übertriebene Unschuldsmiene auf und fügte sie wieder zu einem ordentlichen kleinen Stapel zusammen, griff nach den Chips und legte seinen Einsatz mit nervöser Bescheidenheit in den Pot. Ich fand das alles herrlich. Wenn er beim Stud-Poker ein Paar Königinnen hatte, säuselte er gespielt überrascht: „Was ist das denn!? Zwei Frauen!?“

Wir lernten an dem Abend alles über die Hierarchien beim Poker, die aufsteigende Rangfolge von Paaren, Drillingen, Full Houses und Vierlingen. Wir lernten, dass Drillinge „Dreier“ und Paare „Zwillinge“ hießen. Wir erfuhren, dass manche Buben nur ein Auge haben. Dass ein Blatt mit einem Paar Asse und einem Paar Achten „Dead Man's Hand“ hieß – zusammen mit einer historischen Fußnote über den Revolverhelden Wild Bill Hickok, der an dem Abend, als er in einem Saloon in Deadwood, South Dakota, erschossen wurde, genau dieses Blatt in der Hand hielt.

Nach ein paar Stunden war die Luft von den Zigaretten meines Vaters dunstig und blau. Die Kippen häuften sich weiß und aschfahl im Zinnaschenbecher, der neben ihm stand. Manchmal bekam ich vom Zigarettenqualm Kopfschmerzen, doch an diesem Abend nicht.

Der runde Pokertisch, der Zigarettenqualm, die Petroleumlampe, die klimpernden Pokerchips, das monotone Kartenspielmurmeln meines Vaters („Kreuz Zehn, nichts dazu ... ein Paar Buben ... Geber setzt fünf ...“), die strengen und irgendwie lasterhaften Gerüche im Haus (verschüttete Drinks, eine bittere Möbelpolitur, die vom Zigarrenqualm gesättigten Möbel, ein Hauch von Ungepflegtem in der Luft) – all das war für mich, den neunjährigen Jungen, eine festliche Einladung in die Welt, die mein Vater bewohnte.

Ich fand es schön, wie er eine Zigarette anzündete: Er riss das Streichholz an, kniff die Augen zusammen und wölbte beide Hände um die Flamme wie ein Matrose bei starkem Wind, wie ein Mann, der entschlossen einen gefährlichen Auftrag erfüllt, von dem viel abhängt. Eleganz unter Druck. Das Ganze dauerte vielleicht drei Sekunden, aber seine Konzentration dabei verblüffte mich immer wieder. Jeder Gedanke, jede Unterhaltung war so lange ausgesetzt, bis er mit einer weichen blauen Wolke ausatmete und damit die Sache abschloss. Dann konnte das Spiel weitergehen.

Ich liebte den Stil, mit dem mein Vater rauchte. Er rauchte „Camel“, ständig, eine nach der anderen. Den wunderbaren blauen Rauch, der in Kringeln von ihm aufstieg, der ihn umwaberte, der in einem Doppelstrahl aus seiner Nase schoss oder aber in abgehackten Stößen aus seinem Mund quoll, wenn er nach dem Inhalieren redete – dieser Rauch war Teil seines Wesens. Sein Weihrauch.

Kam der Rauch von seiner Zigarette, roch er für mich immer gut. Wenn ich jedoch selbst rauchte, schmeckte er anders. Dann entfaltete er seine Gefährlichkeit in mir, wurde ein Teil von mir, ein inneres Gift. Mein Körper hasste ihn. Aber mein Nachahmungstrieb war stärker als der Abscheu.

Noch monatelang überwand ich mich, weiterhin Zigaretten und selbst gemachte Zigarren zu rauchen. Ihr Reiz als ein Requisit von Männlichkeit war gewaltig.

Wenn ich rauchte, kam ich mir vor wie mein Vater.

Luise Rinser, geboren 1911, wuchs in Oberbayern als Tochter eines Lehrers und Organisten auf. Schon in der Kindheit begann sie zu schreiben, ließ sich aber zunächst zur Volksschullehrerin ausbilden. Später veröffentlichte sie zahllose Romane, Tagebücher und andere literarische Werke. 1984 wurde sie von den Grünen für das Amt des Bundespräsidenten vorgeschlagen. Luise Rinser starb 2002

LUISE RINSER

Ich wäre so gern Vaters liebes Kind gewesen

Er war ein Nekrophiler. Auf ihn trifft alles zu, was Erich Fromm über Nekrophile sagt: Unlust am Leben, Pessimismus, übertriebener Hang zur Ordnung, unbeugsame Wahrheitsliebe, Charakterfestigkeit bis zum Starrsinn, eiserne Pflichttreue, Konservativismus, Sehnsucht nach einem heroischen Leben und Sterben, auch der neidische Blick auf die Biophilen, die leichteren Sinnes das Leben in vollen Zügen leben. Alles in allem: ein männlicher Mann. Jedoch: Diese Männlichkeit war gefesselt an einen schadhaften Körper.

Mein Vater war bucklig. Das war sein Schicksal, und sein Schicksal bestimmte das meine.

Ein Astrologe sagte mir zu meinem Horoskop: „Auf Ihrem Leben liegt schwer der saturnische Schatten Ihres Vaters." Mein Vater, der Saturn. Er stammte, im Gegensatz zu meiner Mutter, der reichen Gutsbesitzerstochter, aus einer armen Handwerkerfamilie. Er wurde Volksschullehrer. Eigentlich hätte er Musiker werden wollen und können – weder Geld noch Gesundheit erlaubten es. Trotz allem wurde er ein sehr guter Organist und gab Kirchenkonzerte. Seine schöne weiche Tenorstimme wurde oft mit jener des berühmten Julius Patzak der Münchner Oper verwechselt.

»Ein scharfer Pfiff. Ich lief wie ein dressierter Hund. Kam ich zu spät, erwarteten mich Ohrfeigen«

Er hatte ein hübsches Gesicht und blondes welliges Haar. Frauen verliebten sich in ihn. Aber er war seiner Ehefrau treu. Er war streng moralisch und ein guter Katholik, jedoch scharf antiklerikal und kämpfte mit bei der Abschaffung der „geistlichen Schulaufsicht", der Kontrolle der Schule und Lehrer durch inkompetente Kleriker. Später war er ein mutiger Antifaschist. Er weigerte sich, mit Hitlergruß zu grüßen. Da er ein ausgezeichneter Lehrer war, ließ man ihm dies einige Jahre hingehen.

1936 quittierte er selbst seinen Schuldienst. Erst 53 Jahre alt, verspielte er damit einen guten Teil seiner Pension. Lügen konnte er nicht, und einen Schüler faschistisch zu erziehen, war ihm absolut unmöglich. Also ging er und wurde Organist in der Stadtpfarrkirche Rosenheim, seiner Heimatstadt. Er spielte „um Gotteslohn", das heißt unentgeltlich.

Als ich 1934 für meine Staatsprüfung Hitlers „Mein Kampf" lesen musste, kam es zwischen uns zu einem der wenigen Gespräche, die in voller Harmonie verliefen. Ich sagte, ich fände das Buch grauenhaft. Er sagte: „Weißt du, was dieser Hitler will? Er will Krieg, und er wird ihn machen." In den Jahren des Faschismus wurde er immer schweigsamer, finsterer, depressiver. Als er dann auch noch meine Heirat verhindern wollte mit leider recht brutalen Mitteln, riss unsere Verbindung für mehrere Jahre ab. Er litt schwer.

Mir tat das leid, aber ich musste meinen Weg gehen. Ich musste mich gegen den Vergewaltiger Saturn zur Wehr setzen. Meine ganze Kindheit und Jugend, ja auch noch die späteren Jahre, verbrachte ich in Verteidigungsstellung. Und ich wäre so gern Vaters liebes Kind gewesen. Er ließ es mich nicht sein. Immer fürchtete ich ihn.

An die Zeit, in der er mir seine Liebe zuwandte, weil ich wehrlos war, erinnere ich mich nicht. Meine Mutter sagte, er habe mich, das Kleinkind, sein einziges, geliebt und verwöhnt. Er, nicht meine Mutter, trug mich herum, wenn ich schrie. Er lehrte mich laufen, singen, sprechen, beten. Er hatte Kosenamen für mich: „Mein Mädi, mein Trutscherl".

Aber meine Erinnerung reicht nicht in diese Zeit zurück. Sie setzt ein mit einem scharfen Pfiff, der eine große Terz war und mir galt: Ich spielte im Nachbargarten mit meiner Freundin. Vicki, drei Jahre älter, war wie ich Einzelkind und hatte alles, was ich nicht haben durfte: Langhaardackel, Kaninchen, Meerschweinchen, Zwerghühner. Und sie durfte alles, was ich nicht durfte: kommen und gehen, wie sie wollte, ihrem Vater widersprechen und ihn auslachen.

Mein Vater fürchtete vermutlich Vickis Einfluss. Mein Hang zur Ungebundenheit kam dem ihren entgegen. Ganz verbieten konnte er wohl meine Zusammenkünfte mit Vicki nicht, aber er beobachtete unsere Spiele vom Küchenfenster aus. Harmlose Spiele. Keine Ursache, sie zu unterbrechen. Er unterbrach sie. Wenn es ihm passte. Wenn er sein Kind daheim haben wollte. Ein scharfer Pfiff. Ich lief wie ein dressierter Hund. Kam ich zu spät, erwarteten mich Ohrfeigen, zuerst vom Vater, dann von der Mutter.

In Erziehungsfragen waren sie sich besonders einig. Sie hielten mich beide für ein schwieriges, ja „böses" Kind. Diese Pfiffe: alle seine Worte, seine Briefe ins Internat, die späteren, bis zu seinem Tod – nichts als Pfiffe. Nichts als Rückpfiffe aus dem Leben, das nach meinem eigenen Gesetz zu leben meine Schicksalsaufgabe war.

Später lief ich nicht mehr wie ein dressierter Hund. Ich widerstand, ich lebte mein Leben. Er resignierte, hörte aber dennoch nicht auf mit seinen Ermahnungen. Da ich seine Briefe noch habe, weiß ich, was ich sage, ist keine Übertreibung. Eher das Gegenteil. Ich fürchtete seine Briefe noch als verheiratete Frau und Mutter zweier Kinder. Ich fürchtete seine Handschrift auf den Briefumschlägen: diese Lehrerhandschrift, deutscher Duktus, mit spitziger Stahlfeder geschrieben, korrekt, kalt. Jeder Buchstabe ein Messer. Meine Briefe aber (auch sie sind noch erhalten): immer neue Anläufe, ihm Respekt und Liebe zu zeigen. Vergeblich. Der Nekrophile verschloss sich. Er verkroch sich in seine Leiden und seine selbst gewählte Einsamkeit.

* * *

Eigentlich hätten mein Vater und ich uns verstehen müssen: Wir liebten beide die Musik. Das trennte uns von der Mutter, die absolut unmusikalisch war. Sie fand es falsch, dass mich mein Vater, wenn er mich im Münchner Internat besuchte, mit in die Oper nahm. Sie mochte es auch nicht, dass ich, als Kind, im Winter um halb sechs Uhr aufstand und den Vater ins „Engelamt“ begleitete, um den Blasebalg der Orgel zu treten. Mein Vater an der Orgel: Das waren Augenblicke der Harmonie zwischen uns. Wie sehr liebte ich ihn, wenn er Musik machte.

Das Foto, das ihn an der großen Orgel der Überseer Kirche zeigt, hängt seit einigen Jahren in meinem Arbeitszimmer. Früher hätte ich diese anspruchsvolle Anwesenheit nicht ertragen.

Es gab noch einige andere Augenblicke der Harmonie: wenn meine Mutter bisweilen für einige Tage zu ihren Verwandten reiste und mein Vater und ich allein waren. Wir spielten vierhändig Klavier, wir kochten, wir gingen spazieren, und wir spielten Schach. Mein Vater war Chiemgau-Schachmeister. Als ich sieben Jahre alt war, begann er, mich das Spiel zu lehren. Am Anfang spielte er ohne Dame.

»Ich wusste, er würde sterben. Ich sagte: Warum können wir jetzt zärtlich zueinander sein, erst jetzt?«

Als ich später, tiefenpsychologisch geschult, über dieses Ohne-Dame-Spielen nachdachte, erschrak ich über die Symbolik: Wir lebten in heiterer Harmonie, wenn die Dame, die seine, seine Ehefrau, nicht anwesend war. Gegen sie konnte ich nie gewinnen. War sie fort, gewann ich: Ich gewann das Herz meines Vaters. Genau gesagt: Er wagte es, in Abwesenheit seiner Frau, mir seine Liebe zu zeigen, freilich auf seine herbe, unzärtliche, immer dunkel eingefärbte Art.

Aber er hielt es nicht lange aus ohne seine Dame: War sie länger als drei Tage fort, wurde er unruhig und mürrisch und stieß mich wieder von sich. Kam sie dann, empfing er sie freudlos, fast gleichgültig. Er war ein Tyrann: Seine Leute mussten zugegen und durch Pfiff erreichbar sein. Erlaubte sich meine Mutter, abends hin und wieder zu Freunden zu gehen, so ging er nicht mit („Ich mag das Geschwätz nicht“), und nach spätestens zwei Stunden schickte er mich, das Kind, sie zu holen. Dabei musste ich nachts über den Friedhof gehen, an offenen Gräbern und am Leichenhaus vorbei. Was dachte er sich dabei? Ich ging tapfer. Es gab ja auch gar keine Möglichkeit, nicht zu gehen.

Meine Mutter, diese bedeutend intelligente Frau, ihrem Mann verstandesmäßig und vital weit überlegen, führte die Ehe so geschickt, dass sie ihm ihren Willen unterschob, ohne dass er es merkte. Oder vielleicht merkte er es und wollte es genauso, wie es war. Sie liebte ihn auf ihre nüchterne, tätige Art. Er brauchte sie. Er brauchte ihre Biophilie, ihre Munterkeit, auch ihr vieles Reden, mit dem sie ihm oft auf die Nerven ging, das ihn aber vom Sturz in die finsteren Depressionen abhielt.

Ein letztes Mal war zwischen ihm und mir Harmonie: 36 Stunden vor seinem Tod, Ende Oktober 1951. Meine Mutter hatte mich angerufen: „Vater fühlt sich nicht wohl.“ Wann hatte er sich je wohlgefühlt. „Aber keine Sorge, du brauchst nicht zu kommen.“ Warum sagte sie das? Ich fuhr sofort.

Fein gemacht für den Fotografen: Luise Rinser im Alter von drei Jahren mit ihren Eltern

Ich wusste, dass er sterben würde. Wieso eigentlich? Als ich daheim ankam, war er auf und schien nicht krank. Er war wirklich nicht krank, und doch war er ein Sterbender. Als er sich später aufs Bett legte, um „ein wenig auszuruhen“, sagte er: „Setz dich zu mir.“

Wir waren allein. Mir war weh und beklommen zumute. „Ich werde bald sterben“, sagte er, und ich widersprach nicht, ich wusste es. Dann tat er etwas ganz Ungewöhnliches: Er nahm meine Hand und legte sie unter sein Nachthemd auf seine Brust. „Spürst du?“

Ich spürte es: Sein Herz klopfte unregelmäßig und hart. Eine Weile war Schweigen zwischen uns. Dann küsste ich ihn auf Stirn und Augen. Ich fühlte, dass es ihn glücklich machte. Ich sagte: „Warum können wir jetzt zärtlich zueinander sein, erst jetzt?“

Ehe ich abfuhr, sagte meine Mutter: „Sorg dich nicht, er wird sich wieder erholen.“ Ich wusste es anders. 36 Stunden später war er tot. Als ich ankam, lag er noch im Haus, in seinem Bett. Eine Frau hatte das Kopfkissen mit roten Rosen bestreut. Er sah bestürzend schön aus, noch ehe ihn die Leichenfrau zurechtgemacht hatte. Ein schrecklich strenger Engel.

Meine Mutter kam später. Sie hatte, tränenlos und nüchtern wie sie war, das Nötige erledigt. Viel gab es nicht zu erledigen: Vater hatte alles genau geregelt. Auf den Dokumenten fehlte nur das Sterbedatum.

Meine Mutter erzählte, er sei gegen Morgen plötzlich wach geworden und habe mit klarer starker Stimme gesagt: Jetzt werde ich sterben. Du warst mir immer eine gute Frau. Ich danke dir. Dann wünschte er seinen Freund, einen Geistlichen, zu sehen.

Als der gegangen war, sprach mein Vater kein Wort mehr. Er schlief einfach ein.

Wie war es eigentlich möglich, dass ein Mann von seinem inneren Format sein einziges Kind so wahrhaft abscheulich behandelte, wie es durchaus nicht nur in meiner Erinnerung ist, sondern bezeugt ist von meinen Verwandten? Meine Tante sagte mir noch vor Kurzem: „Wie hast du uns leid getan, wenn deine Eltern dich schlugen wegen nichts und wieder nichts.“

Ja, wie war das möglich? Ich weiß die Antwort. Heute. Mein Vater war überaus streng gegen sich selbst. Er hatte ein ethisches Konzept, von dem er nicht abwich: Pflichttreue, Aufrichtigkeit, Verschwiegenheit, Bedürfnislosigkeit, Ordnung. Dies vor allem: Ordnung. Dieses Konzept wandte er bei der Erziehung seiner Tochter an.

Er vergaß leider, dass es verschiedene Ordnungssysteme gibt, und er vergaß, dass seine Tochter viel reicher angelegt war als er. War sie doch die geborene Schriftstellerin und hatte ihr eigenes Lebensgesetz und ihren eigenen Entwicklungsrhythmus.

Im Käfig war sie nicht zu halten. Sie brach aus. Sie brauchte die Weite. Mein Vater sah sie gefährdet. Sie war es, er sah richtig. Aber er sah nicht, dass sie ihren eigenen Dämon, ihren Schutzgeist hatte: ihr Talent. Dass sie sein ethisches Konzept schließlich doch verwirklichte, das hat er nicht mehr erlebt.

Sein Bild anschauend, denke ich: Armer Vater, du hast nicht wirklich leben dürfen. Dass du dieses Leben unter dem verdunkelten Stern tapfer gelebt hast, darin liegt deine Größe.

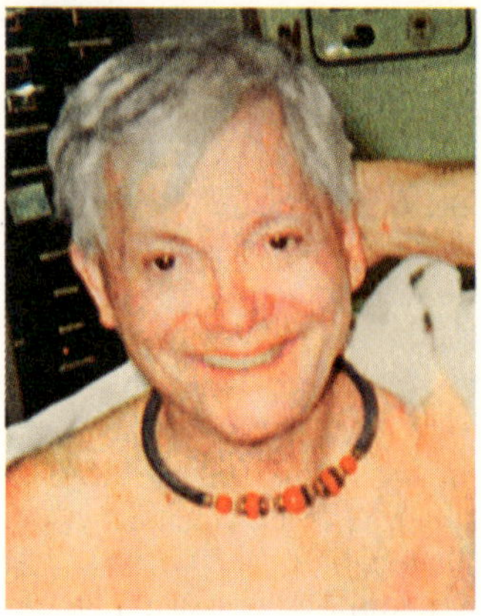

Gregory Hemingway, geboren 1931, war der jüngste Sohn des Schriftstellers Ernest Hemingway (1899–1961). Mit zehn Jahren begann Gregory, zeitweise Frauenkleider zu tragen. Er studierte Medizin, war viermal verheiratet und Vater von acht Kindern. 1995 ließ er sich zur Frau umoperieren. Als Gloria Hemingway starb er, manisch-depressiv und alkoholabhängig, 2001 in einem Frauengefängnis in Miami

GREGORY H. HEMINGWAY

Er hatte sich immer eine Tochter gewünscht

Ich war der dritte und jüngste Sohn, das Produkt einer der zahlreichen emotionalen Katastrophen meines Vaters. Das heißt, einer seiner vier Ehen. Meine Mutter Pauline war seine zweite Frau; sie hatte ihn von seiner ersten Frau Hadley abgeworben, als er gerade „Fiesta" schrieb. Papa und Hadley hatten einen Sohn, er hieß Jack.

Ich wurde 1931 geboren. Patrick, mein leiblicher Bruder, war dreieinhalb Jahre älter, und wir kamen beide durch einen Kaiserschnitt zur Welt. In den Dreißigerjahren glaubten die Ärzte noch, dass die Gebärmutter reißen könnte, wenn eine Frau mehr als zwei Kaiserschnitte über sich ergehen lassen musste, und man riet meiner Mutter von der Geburt weiterer Kinder ab.

Mein Vater hatte sich immer eine Tochter gewünscht, und so bedeutete meine Geburt für meine Mutter, dass sie – oder vielleicht ich – die letzte Chance verspielt hatte, ihn glücklich zu machen. Patrick hingegen war während ihrer heftigen Liebesaffäre mit Papa geboren worden. Sie mochte Pat sehr und zeigte es auch, was gewiss kein Verbrechen ist, von mir aber so gedeutet wurde.

»Eigentlich wollte ich nur eines sein: ein Hemingway-Held. Aber was zum Teufel war ein Hemingway-Held?«

Wahrscheinlich habe ich alles Mögliche versucht, um die Aufmerksamkeit meiner Mutter zu gewinnen, aber ich hätte ebenso gut eine Klette unter einem Pferdesattel sein können. Ich versuchte Pat nachzuahmen, doch das nützte nichts. Ich ahmte Papa nach – mit noch weniger Erfolg.

Einmal, als sie nach ihrer Scheidung liebevoll ein Foto von Papa als kleinem Jungen bewunderte, fragte ich, ob ich ihm nicht doch ein klein wenig ähnlich sähe.

„Überhaupt nicht", antwortete sie knapp und sachlich. „Die Ähnlichkeit ist nur oberflächlich, weil ihr beide einen Pony habt."

* * *

Wir ankerten in der Nähe eines Riffs. Ich hatte mäßiges Glück gehabt und drei oder vier Grunzer mit dem Speer erlegt, als mir plötzlich auffiel, dass kein einziger Fisch mehr zu sehen war. Ich konnte mir nicht erklären, warum oder wohin sie alle verschwunden waren. Noch während ich darüber grübelte und auf den blauen, Golfstrom blickte, erkannte ich, weshalb die Fische weg waren. Drei riesige Haie, jeder über fünfeinhalb Meter lang, schwammen gemächlich in s-förmigen Linien auf mich zu, angezogen von der Fährte des Blutes, das sich ins tiefere Wasser ausgebreitet hatte.

Ich schrie, so laut ich konnte, hemmungslos, immer wieder und verängstigter als jemals zuvor in meinem Leben.

„Was ist los, Gig?"

„Haie, Haie. Drei riesengroße."

„Okay, Junge, ganz ruhig, wirf ihnen was hin, das sie ablenkt, dann schwimmst du zu mir."

Ich nahm die Grunzer von meinem Gürtel und warf sie in Richtung der Haie. Papa war etwa 40 Meter von mir entfernt, und obwohl ich kein besonders guter Schwimmer war, schaffte ich die Strecke in einer vermutlich rekordverdächtigen Zeit. Er hob mich auf seine Schultern und kämpfte sich dann durchs Wasser zu unserem Dingi. Ich drehte mich um, ob die Haie uns folgten: Dort, wo sie die Fische fraßen, brachen die Flossen durch die Oberfläche.

Ich bin mir nicht sicher, ob mein Vater an jenem Tag sehr mutig war. Er wirkte ziemlich ruhig, aber ich merkte, dass auch er Angst hatte, als wir uns zum Dingi durchschlugen. Aber er stürmte nicht allein zum Boot zurück, als ich „Haie" schrie. Er hatte noch die Gelassenheit, mir zu sagen, ich solle etwas in ihre Richtung werfen.

Wahrscheinlich hätte jeder Mann auf sein Kind gewartet, aber an jenem Tag fühlte ich mich mehr denn je als sein Sohn. Unter seinem burschikosen Äußeren war er ein zurückhaltender Mann, dem es nicht leichtfiel, seine Zuneigung zu zeigen, und mir wurde erst bewusst, wie sehr er mich mochte, als er mich auf seine Schultern hob, die kaum aus dem Wasser ragten, und er mit seinem größtenteils ungeschützten Körper durch das Riff schwamm.

Papa schimpfte mich richtig aus, als er entdeckte, dass ich die toten Fische an meinem Gürtel aufbewahrt hatte und es ihr Blut war, das die Haie aus den Tiefen des Golfstroms angelockt hatte. Wir hatten Glück gehabt.

Es war eine tolle Geschichte, die man seinen Freunden erzählen konnte, und Papa blühte bei solchen gefährlichen Situationen förmlich auf – solange es gelang, sie zu überleben.

Er verwendete oft wirkliche Vorfälle in seiner Arbeit, und ich glaube, unser Abenteuer bildete die Grundlage für eine Szene in „Inseln im Strom", in der mein Bruder von einem Hai angegriffen wird. Papa veränderte die Situation immer ein wenig und verbesserte sie etwas, aber meistens benutzte er Stoffe, die sich tatsächlich so zugetragen hatten.

* * *

Ich war 18, und Papa zahlte Essen, Unterkunft und Schulausbildung für mich. Es gab Phasen, in denen wir noch miteinander reden konnten und Papa mir seltsamerweise immer noch gute Ratschläge gab. Ich besuchte das letzte Schuljahr im Internat und überlegte, ob ich ans College gehen und was als Nächstes kommen sollte.

„Es spielt keine Rolle, was du machst, solange es etwas ist, das dich wirklich interessiert, Gig", sagte er. „Etwas, das du für lohnenswert und ergiebig hältst. Und vieles ist lohnenswert, auch wenn manche engstirnigen Idioten das Gegenteil behaupten. Und über Geld mach dir keine Sorgen – selbst wenn du Vogelbeobachter wirst und keinen Erfolg hast, unterstütze ich dich! Hast du schon mal überlegt, was du wirklich gern machen würdest?"

Ich hatte sogar schon oft überlegt. Meine Noten im Internat waren gut; wenn ich wollte, konnte ich an fast jedes College gehen, und ich war intelligent genug, um Jura oder Medizin zu studieren. Aber ich hasste die meisten Juristen und hielt sie für Halsabschneider und Betrüger, während ich Medizin zu langweilig und bieder fand. Eigentlich wollte ich nur eines sein: ein Hemingway-Held.

Aber was zum Teufel war ein Hemingway-Held? Natürlich hätte ich seine Romane analysieren können, aber die bei Weitem einfachste Antwort war, dass Hemingway selbst ein Hemingway-Held war, oder jedenfalls die besseren Teile von ihm. Ich beschloss, Schriftsteller zu werden. Heute verharmlose ich das Ganze, aber damals war es mir todernst.

„So", sagte Papa eines Morgens. „Versuch mal, eine Kurzgeschichte zu schreiben. Und erwarte nicht, dass sie gut wird."

Ich setzte mich mit einem von Papas angespitzten Bleistiften an einen Tisch und überlegte und überlegte. Ich sah zum Fenster hinaus und lauschte den Vögeln, dann einer Katze, die gern bei ihnen sein wollte; und dem Kratzen meines Bleistifts, mit dem ich Männchen malte. Ich ließ die Katze nach draußen.

Ich setzte mich an Papas Schreibmaschine. Er hatte seine Arbeit für den Tag abgeschlossen. Langsam tippte ich eine Geschichte herunter und brachte sie ihm dann.

Papa setzte seine Brille auf, goss sich noch einen Drink ein und las, während ich wartete. Als er fertig war, sah er zu mir hoch. „Ausgezeichnet, Gig. Viel besser als alles, was ich in deinem Alter zustande brachte. Nur eine Sache würde ich ändern." Er zeigte auf die Stelle, wo ein Vogel aus seinem Nest fällt und wie durch ein Wunder feststellt, dass er nur mit den Flügeln schlagen muss, um nicht auf den Felsen unter ihm zu zerschmettern.

Outdoor-Idylle: Ernest Hemingway mit seinem zehnjährigen Sohn Gregory im Sun Valley, Idaho, Oktober 1941

„Du hast geschrieben ... ‚Mit einem Mal merkte er, dass er fliegen konnte.' Ändere das ‚mit einem Mal' in ‚plötzlich'. Benutze nie mehr Wörter als nötig – das lenkt nur von der Handlung ab." Papa lächelte. So hatte er mich schon seit Langem nicht mehr angelächelt. „Aber du hast in der Lotterie gewonnen, Junge. Schreiben erfordert Fleiß, Disziplin und Fantasie. Und mit dieser Geschichte hast du mir gezeigt, dass du Fantasie hast."

Nur einmal zuvor war Papa so stolz auf mich gewesen – als ich mir bei der Meisterschaft im Taubenschießen den ersten Platz mit jemandem teilte. Und er vertraute darauf, dass noch ein Gewinner in der Familie war, als ich die Kurzgeschichte bei einem Schulwettbewerb einreichte und den ersten Preis gewann.

Turgenjew hätte den Preis gewinnen sollen. Er hatte die Geschichte in Wirklichkeit geschrieben. Ich hatte sie lediglich kopiert, Namen und Umgebung geändert; sie stammte aus einem Buch, von dem ich annahm, Papa hätte es nicht gelesen, weil ein paar Seiten noch zusammenklebten.

Ich fühlte mich nicht als Gewinner und fragte mich, wie lange es wohl dauern würde, bis Papa herausfand, dass mein einziger schöpferischer Beitrag zu der Geschichte die Änderung von „plötzlich" zu „mit einem Mal" gewesen war.

Zum Glück war ich nicht dabei, als Papa mein Plagiat entdeckte. Ich erfuhr, dass jemand ihn fragte, ob sein Sohn Gregory schreibe. „Ja", erwiderte er mit genussvoller Begeisterung und zeigte dabei das strahlende Lächeln, das er oft an den Tag legte. „Gregory schreibt manchmal einen ungedeckten Scheck aus." Natürlich lachten alle.

Vielleicht dachte einer der Anwesenden: „Was für ein Scheißkerl, wie kann er so einen gefühllosen Witz über seinen Sohn reißen. Wahrscheinlich stimmt es, dass er ein hartherziger Typ ist." Kann sein, dass er hartherzig war, aber ich habe auch dazu beigetragen.

* * *

Der Tag vor der Beerdigung war seltsam. Hunderte von Beileidstelegramme kamen von überall aus der Welt, doch leibhaftig erschien nur eine kleine Anzahl von Menschen.

Mein Bruder Pat flog aus Afrika ein. Es war, zusammen mit Jack, unser erstes gemeinsames Wiedersehen seit Ende der 1940er Jahre, als wir einen herrlichen Sommer beim Angeln in Idaho, Wyoming und Montana verlebt hatten. Am Anfang waren wir gebührend ernst, doch schon bald lachten und scherzten wir wie in alten Zeiten. Ich schämte mich ein wenig, weil ich überzeugt war, dass wir eigentlich an Papa denken und über die schönen Zeiten reden sollten, die wir mit ihm verbracht hatten.

Doch unsere gute Laune kannte keine Grenzen, und wir unterhielten uns fast ausschließlich über unsere Pläne. Ich hatte das verdammte Gefühl, das ich jetzt wirklich Arzt werden würde.

Dann wurde es schließlich Zeit für den eigentlichen Grund unseres Kommens. Ich gebe zu, dass ich eine große Erleichterung empfand, als sie den Leichnam meines Vaters in die Erde senkten und mir bewusst wurde, dass er wirklich tot war und ich ihn nicht mehr enttäuschen, nicht mehr verletzen konnte.

Er hatte halb freiwillig das Nicht-Existieren gewählt, und jetzt gaben wir ihm eine halb christliche Beerdigung. Papa hatte sich nie besonders vor etwas gefürchtet, und ich respektierte seine Entscheidung.

* * *

Und dann dachte ich, hoffentlich ist jetzt alles friedlich. Aber, oh Gott, ich wusste, nach dem Tod gab es keinen Frieden. Ich wünschte, es wäre anders, denn niemand träumte oder sehnte sich mehr nach Frieden als er, niemand erlebte so wenig Frieden wie er. Sein ganzes Leben lang schrieb er von dieser Sehnsucht, in Worten, die so einfach und vielschichtig waren wie Herbst und Frühling.

Ich wünschte, er könnte noch irgendwo träumen. Er träumte so gern. Er sehnte sich danach, eins zu sein mit dem Land und dem Meer und dem Himmel, und jetzt war er wenigstens ein Teil von ihnen.

„Atome können nicht träumen, Gig", hörte ich ihn sagen. „Es ist sinnlos, sich Illusionen zu machen, Kumpel."

Es war kein Trost, in Klischees zu denken, und sei es das schöne Klischee, dass es lange dauern würde, bis die Welt seinesgleichen sehen würde.

Ich würde ihn nie wiedersehen.

Eileen Fairweather, geboren 1954, ist Tochter eines Londoner Polizeibeamten und einer Küchenhilfe. Sie ging auf eine katholische Mädchenschule, studierte und schloss sich der Frauenrechtsbewegung an. Heute arbeitet sie als Schriftstellerin und Journalistin vor allem zu Frauen- und Kinderrechten

EILEEN FAIRWEATHER

Teile und herrsche

Mein wirklicher Vater war der Filmstar Robert Mitchum. Jedenfalls war das der Gedanke, mit dem ich mich tröstete, als ich etwa acht Jahre alt war. Immerhin war Mitchum so, wie ein Mann zu sein hatte: zuverlässig, charmant, ritterlich, beschützend. Er war hinreißend autoritär, aber er hatte Achtung vor Frauen und war vor allem liebevoll. Der perfekte Vater. Ganz anders als mein Vater.

Das Aussehen meines Vaters stand im krassen Gegensatz zu seiner Verdrossenheit. Er hatte ein offenes Gesicht und ein Lächeln, das überaus charmant wirkte. Körperlich schien er immer entspannt zu sein, und er sah weit jünger aus, als er in Wirklichkeit war.

Ein Verwandter zog einmal einen Vergleich zu meiner abgearbeiteten Mutter und sagte: „Na, alter Junge, du hast dich ja gut in Schuss gehalten." Mein Vater fasste diese sarkastische Bemerkung stolz als ein Kompliment auf. Vermutlich fühlte er sich wirklich so, wie er aussah: wie ein Mann, der keinerlei Sorgen hatte – und sei es auch nur, weil er sie gern auf andere abwälzte.

Anderen die Schuld zuzuschieben war die Spezialität meines Vaters, und von Anfang an machte er mich dafür verantwortlich, dass meine Mutter nicht gerade begeistert von ihm war. Wenn ich nicht so treu zu ihr halten würde, dann wäre meine Mutter – davon war er offenbar überzeugt – eine richtige Frau und nicht „so kalt wie eine Hexentitte". Er fragte mich ernsthaft, ob ich mir eigentlich vorstellen könne, wie schrecklich es für einen vitalen Mann wie ihn sei, „in einem Kloster zu leben".

»Die meisten Frauen waren für ihn ›nymphomanische Betthasen‹ – oder ›kälter als ein Eskimoschwanz‹«

Ich konnte es nicht, aber ich fühlte mich jahrelang schuldig, weil ich ihn anscheinend dazu gezwungen hatte. Die Tatsache, dass die nächtlichen Auseinandersetzungen, auf die das Quietschen der Bettfedern folgte, seine angebliche Enthaltsamkeit Lügen straften, war kein Trost für mich. Ich fühlte mich dann nur schuldig, weil meine Mutter dies über sich ergehen lassen musste, um zu verhindern, dass sich sein Zorn auf uns Kinder richtete.

Auf seinem Schoß erfuhr ich die ganze Bandbreite männlicher Vorurteile. Die ritterliche Fassade löste sich in nichts auf. Ich erfuhr, dass alle Frauen am Steuer „verdammte Frauen am Steuer" waren und dass die meisten Frauen entweder „nymphomanische Betthasen" oder, wie er sich meiner Mutter gegenüber drastisch ausdrückte, „kälter als ein Eskimoschwanz" waren. Als ich und meine beiden Schwestern in der Pubertät Babyspeck ansetzten, nannte er uns „Fettsäcke", und als die Unsicherheit Männern gegenüber einsetzte, war das für ihn ein Zeichen „typisch weiblicher Neurosen".

Eine Schulausbildung für Mädchen war für ihn nichts weiter als eine teure Zeitverschwendung, und er war davon überzeugt, dass wir drei Nichtsnutze es ohnehin zu nichts bringen würden. Die Ehe schien der einzige Fluchtweg zu sein, der uns offenstand, aber die Folge davon würde, wie er düster prophezeite, auch nur sein, dass wir ihm, dem Großvater, Dutzende von Bälgern aufhalsen würden.

Mein Vater war zwar Polizist, aber das hieß nicht, dass er besonders fürsorglich war. Wenn eine von uns krank war, verkündete er lauthals, unser Gejammer gehe ihm auf die Nerven, und machte sich in die Kneipe oder ins Wettbüro davon. Vorher musste ihn meine Mutter noch anbetteln, damit er Geld für Medikamente herausrückte. Von diesem Verhaltensmuster wich er nie ab – auch nicht, als eine meiner Schwestern so krank war, dass sie fast gestorben wäre.

Mein Vater lebte nach der Regel: „Teile und herrsche." Er ermunterte mich und meine Schwestern, sowohl meine Mutter als auch uns gegenseitig zu verachten. Seine Bevorzugung der jüngeren Töchter erzeugte zwischen uns eine Eifersucht, die wir bis heute nicht ganz überwunden haben.

Zwischen uns Geschwistern besteht eine starke Verbundenheit, die aber Narben davongetragen hat in den Jahren, in denen wir um die tägliche Ration Anerkennung kämpften, uns vor Schlägen und Beleidigungen duckten und schuldbewusst hofften, dass es heute die andere sein würde, die er als verrückt, verkommen oder dumm bezeichnete.

Je weniger Anerkennung mein Vater uns vermittelte, desto mehr sehnten wir uns danach. Selbst als ich eine Feministin geworden war und nicht mehr mit meinem „Bullen"-Vater sprach, brach ich in Tränen aus, als ich ihm auf einer Demonstration begegnete, und er, anstatt mich zu beschimpfen, murmelte: „Na ja, wenigstens siehst du nicht so verlottert aus wie diese anderen gekauften Wirrköpfe."

Noch Stunden später war ich so glücklich und aufgeregt wie ein fünfjähriges Kind. Diese paar Worte, die mein Vater da zu mir sagte, reichten aus, um meinen bitteren Hass in eine verzweifelte Hoffnung zu verwandeln.

Jahrelang pendelte ich zwischen solchen Extremen. Ich wollte ihm glauben, wenn er in seinen seltenen liebevollen Momenten sagte, er liebe mich, meine Schwestern und meine Mutter, und es sei ihm ein Rätsel, warum wir so widerborstig und undankbar seien. Ich wollte ihm verzeihen, ich wollte glauben, dass hinter seinem Verhalten nicht Bosheit, sondern Gedankenlosigkeit steckte, denn so konnte ich mich wenigstens der Illusion hingeben, von ihm geliebt zu werden. Als meine Mutter ihn schließlich verließ, verstärkte sich diese Illusion noch mehr.

Plötzlich brauchte er mich. Er war völlig allein: Seine Frau hatte ihn verlassen, seine Töchter waren erwachsen, er selbst hatte keine Freunde und stand vor der Pensionierung. Ständig klingelte mein Telefon – mein Vater suchte bei mir Rat und Trost. In den Monaten, bevor meine Mutter ihn verlassen hatte, hatten wir kaum ein Wort miteinander gewechselt, und jetzt tat er so, als sei zwischen uns immer alles gut gewesen. Ich war zwar auf der Hut, aber auch gerührt. Vielleicht liebte er mich doch, vielleicht ließ sich einiges retten.

Ein Jahr oder länger bemühte sich mein Vater um mich und ersparte mir alle Beleidigungen. Er hörte sogar auf, mich für die Scheidung verantwortlich zu machen. Dann fand er eine Freundin und beschloss, zu ihr zu ziehen. Er sagte mir, ich solle mir holen, was ich haben wollte, bevor er unsere alte Wohnung auflöste.

Wir hatten nichts, was einen wirklichen Wert besaß – die meisten unserer Möbel waren billig, abgenutzt und hässlich. Aber aus sentimentalen Gründen wollte ich ein paar Erinnerungsstücke an meine Kindheit und Jugend retten.

Ein paar Tage, bevor ich meinem Elternhaus diesen letzten Besuch abstattete, schickte mir mein Vater zwei Urkunden: meine Geburtsurkunde und meine Kommunionsurkunde. Er hatte keinen Brief beigelegt. Das war der Moment, in dem ich hätte Verdacht schöpfen müssen, aber erst ein paar Tage später, als ich das Haus betrat und es fast völlig leer vorfand, ging mir auf, was geschehen war.

Mein Vater hatte sein unschuldiges, leutseliges Lächeln aufgesetzt, das einen zur Weißglut treiben konnte, und sagte mir, dass er alles von der Sperrmüllsammelstelle habe abholen lassen, nachdem er sich herausgesucht hatte, was er aufheben wollte. Warum ich mich denn so aufregte, fragte er in scheinbar verletztem Erstaunen. Immerhin habe er doch alles aufgehoben, wovon er glaubte, dass ich es noch würde brauchen können. Ja, genau, diese beiden Urkunden. Aus denen hervorging, dass ich geboren worden war und dass ich früher einmal ein braves katholisches Mädchen gewesen war.

Ich weinte nicht vor seinen Augen, ich geriet noch nicht einmal in Wut. Ich war einfach wie vor den Kopf geschlagen.

Als ich durch das leere Haus ging, an den Regalen vorbei, in denen meine Mutter die Fotos von uns als Babys und die unförmigen Tontöpfe aufbewahrt hatte, die wir für sie in der Schule gemacht hatten, hörte ich meinen Vater beim Packen fröhlich pfeifen. Mir fiel ein, was meine Mutter einmal gesagt hatte: Das Einzige, was ihn wirklich glücklich mache, sei, anderen Leuten Schmerz zuzufügen. Vielleicht waren Glück und Macht für ihn das Gleiche.

Wie machtlos muss er sich gefühlt haben, dass er seine eigenen Kinder so ablehnte! Und insbesondere mich, weil ich die Einzige war, die die Oberschule geschafft und die Chancen gehabt hatte, um die er sich durch die Armut seiner Eltern betrogen fühlte. Aus meinem Zimmer hatte er alles entfernt, was an meine Ausbildung erinnerte: Die Bücher waren ebenso verschwunden wie der Schrank, in dem ich meine Schularbeiten aufbewahrt hatte, und nur die Abdrücke im Linoleum erinnerten noch daran, dass dort mein Schreibtisch gestanden hatte.

Aber jetzt hatte mein Vater sich endlich an meinen anmaßenden Träumen gerächt, indem er meinen verhassten Schreibtisch und buchstäblich alles, was sich darin befand, weggeworfen hatte. Dazu gehörten meine Schulzeugnisse, mein Universitätsdiplom, die ersten unschuldigen Liebesbriefe und kleinen Geschenke, die ich von Jungen bekommen hatte, die Tagebücher, die ich geschrieben hatte, seit ich zehn Jahre alt war, die Fotos von Familie, Schulfreunden und Tieren, der Umschlag mit meinen ersten Lohnabrechnungen und das Halsband meines Hundes Micky, den mein Vater weggegeben hatte, nachdem er auf den Teppich gepinkelt hatte.

In dem Schreibtisch hatte ich auch meine ersten Versuche als Schriftstellerin aufbewahrt, Geschichten, Theaterstücke und Gedichte, die ich als Teenagerin geschrieben hatte. Schwülstige Sachen, zweifellos, aber für mich hatten sie ihren Wert. Es waren lauter Dinge, die ich mir eines Tages gern noch einmal angesehen hätte, um darüber zu lachen oder zu weinen, um ein Gefühl für meine Herkunft zu haben und zu sehen, wer ich früher einmal gewesen war.

»Er hatte einfach alles weggeworfen: meine Zeugnisse, mein Universitätsdiplom, Tagebücher, Liebesbriefe«

Und jetzt, da alle Andenken an mein Leben bis zum Alter von etwa 20 auf der Müllhalde gelandet waren, fühlte ich mich verletzt, hilflos und verloren, so als habe man mich meiner Vergangenheit, meiner Identität beraubt. Ich weiß noch, dass ich mich fragte, ob mein Vater alles gelesen hatte, bevor er es wegwarf. Vermutlich hatte er das getan, um dann zur Seite zu legen, was er des Aufbewahrens für wert hielt: jene beiden Urkunden.

Auch mein geliebtes Puppenhaus, das ich später einmal meinen eigenen Kindern geben wollte, war verschwunden. Auch das war ein Geschenk meiner Mutter gewesen – ein großes, in Handarbeit gefertigtes Holzhaus, das sie liebevoll bemalt und mit Vorhang- und Teppichresten ausgestattet hatte. Es hatte mich durch meine Kindheit begleitet; ich konnte stundenlang davorknien und spielen. Ich schrieb Zeitungen und Liebes- oder Abschiedsbriefe und entwarf Diagnosen unheilbarer Krankheiten für die Puppen, die darin wohnten. Sie lebten in einer melodramatischen Welt, in der es Vergewaltigungen, Mühsale und Familienstreitigkeiten gab, aber ich, ihre Schöpferin, hatte stets die Macht, alles zum Guten zu wenden.

Die meisten Eltern wären wahrscheinlich froh gewesen, ein Kind zu haben, das sich stundenlang beschäftigen konnte, aber mein Vater drohte ständig damit, mein Haus zu Kleinholz zu machen und auf den Müll zu werfen. Was ihn so aufbrachte, war wohl meine Fähigkeit, mich zurückzuziehen, und vielleicht spürte er mein Bedürfnis, mir eine Fantasiewelt zu schaffen. „Das sind doch nur blöde Puppen!", rief er wütend.

»Halte mich«: die gerade geborene Eileen Fairweather auf den Armen ihres Vaters

Für ihn waren meine Ausflüge in die Fantasie eine kindische und typisch weibliche Zeitverschwendung. Wenn er nach oben kam, um mit mir zu schimpfen, weil ich mit dem Haus gespielt hatte, zitierte er mit strenger Stimme die biblische Weisheit: „Als ich ein Kind war, sprach ich wie ein Kind und hatte den Verstand und die Gedanken eines Kindes; aber als ich zum Mann wurde, tat ich kindische Dinge ab."

Schließlich wehrte ich mich. „Wenn deine Welt nicht richtig ist", sagte ich so ruhig wie möglich, „dann musst du dir eben eine eigene schaffen." Damals war ich zehn Jahre alt und, wie er sich ausdrückte, ein frühreifes kleines Gör. Meine gesamte Jugend hindurch ärgerte sich mein Vater über mich und versuchte, mich von der Schule zu nehmen, und ich nehme an, der Grund dafür war, dass meine Bildung es mir ermöglichte, ihm Widerworte zu geben.

Nachdem er meine Sachen weggeworfen hatte, weinte ich zwei Tage lang. Ich rief ihn sogar an und bat ihn, es mir zu erklären, aber anscheinend war es ihm völlig unmöglich einzusehen, was er mir angetan hatte. Er hatte mein Leben weggeworfen, aber für ihn war es nichts weiter gewesen als ein gründlicher Hausputz.

In einer rostigen Blechdose, die in einem Winkel der Speisekammer vergessen worden war, fand ich ein paar winzige Lockenwickler aus Plastik. Sie hatten meiner Mutter gehört, und sie sind die einzigen greifbaren Gegenstände, die mich an meine Kindheit erinnern.

* * *

Ich frage mich manchmal, was ich tun werde, wenn mein Vater – was nicht unwahrscheinlich ist – alt, einsam und vielleicht krank und arm enden sollte. Werde ich ihm sein Essen kochen, ihm seine Zigaretten drehen und ihm Gesellschaft leisten?

Ich bezweifle, dass mein Vater jemals die Fähigkeit verlieren wird, mich verletzen zu können – und doch …

* * *

Mein Vater und ich haben uns schließlich versöhnt. Jemand zeigte ihm diesen Text über ihn, er schrieb und bat um Verzeihung, dass er mich verantwortlich gemacht hatte „für Dinge, für die du nichts konntest". Ich antwortete ihm zunächst nicht. Ich war dickköpfig und noch immer aufgewühlt vom Krieg meiner Eltern.

Doch mit Verspätung wurde ich erwachsen. Ich begriff, dass Menschen in der Regel nicht Kinder haben, um ihnen wehzutun – und dass auch ich als Elternteil bei Weitem nicht perfekt bin. Ich begriff zudem, dass nicht alles stimmte, was über meinen Vater erzählt wurde. Meine Eltern hatten beide eine harte Kindheit, und unser Zuhause war zweifellos kein glückliches. Aber sie haben ihr Bestes versucht. Ich habe meinen Vater letztlich zu streng beurteilt.

Er starb plötzlich mit 71 Jahren – nur wenige Monate, nachdem wir Freunde geworden waren. Ich bedauere, dass ich mich nicht früher mit ihm ausgesprochen habe. Aber ich bin dankbar dafür, dass wir uns gewissermaßen neu gefunden haben.

Niklas Frank, geboren 1939, ist der Sohn von Hans Frank, der von Adolf Hitler zum »Generalgouverneur« im besetzten Polen ernannt wurde. Der Jurist ließ das Land ausplündern, während in den dortigen Vernichtungslagern Millionen Menschen ermordet wurden. Hans Frank wurde 1946 in Nürnberg hingerichtet. Niklas Frank hat sowohl über seinen Vater als auch über seine Mutter ein Buch geschrieben

NIKLAS FRANK

Der Vater – eine Abrechnung

Sie hatte keinen Orgasmus, als du kamst, als ich kam. Sie hatte nie hohe Gefühle, wenn du auf ihr lagst, feist wie du warst, als du mich damals zeugtest. „Was Männer nur daran finden!", staunte Mutter, gebar zigfach und zigfach daneben – warst immer du der Vater? –, gebar mich dir, dem Reichsminister ohne Portefeuille, dem Präsidenten der Akademie für Deutsches Recht, dem Generalgouverneur von Polen, heute blutige Fußnote der Zeitgeschichte, gehenkt Gott sei Dank, verbrannt und verschüttet im Konwentzbach zu Solln bei München; deine Asche verpappt mit der von Göring, Streicher und Ribbentrop, von Jodl und Kaltenbrunner, von Frick, Keitel, Seyß-Inquart, von Sauckel und Rosenberg.

Dein Foto liegt vor mir, wie du, noch frisch im Tod, auf der Decke ruhst mit kaputtem Genick, die Augen geschlossen, den Mund halb geöffnet, die vollen Lippen eine Idee zu blass vielleicht – hast du dich auf die Lippen gebissen unter der schwarzen Haube beim freien Fall?

Schön deine Hände, die Finger so lang, man sieht ihnen Mazurken, Etüden an; und so graziös in der Haltung, als hättest du, als die Falltür sich öffnete, beim Ober nach der Rechnung geschnippt.

Dabei weiß ich, dass du gefesselt warst, auf dem Rücken die Hände, auch die Knöchel der Füße zusammen, der Anzug steht dir, in dem du dein Leben ausgebaumelt – oder zog man ihn dir erst hinterher an und wusch dir das Blut von den Lippen, weil du beim Abwärts mit dem Kinn gegen den hölzernen Klappenrand knalltest? Schade, wenn du dabei k. o. gegangen wärst. Ich finde, auch den letzten Zentimeter Seil bis zum Ruck hast du verdient, bewusst zu erleben. Ja, ich gebe dir recht, US-Henker Woods, das war ein mieser Henker. Ohne Sinn für Details wie das richtige Maß der Falltür.

Als ich dein Totenfoto zum ersten Mal sah, war ich benommen. Jetzt kotzt es mich nur noch an, dein totes Gesicht, auf dem deine Lügen nicht mitstarben.

* * *

Ich hab mir als Kind deinen Tod zu eigen gemacht.

Vor allem die Nächte zum 16. Oktober waren mir heilig. Ich mochte dein Sterben. Ich legte mich nackt hin, auf das stinkende Linoleum der großen Toilette, die Beine gespreizt, die Linke am schlaffen Glied, und mit einer leichten Rubbelbewegung fing ich an dich zu sehen, wie du auf und ab gehst in deiner Zelle, die Fäuste gegen die Augäpfel gepresst, stöhnst, zum hundertsten Mal blöde Soldatenregeln vom aufrechten Sterben vor dich hin murmelst, dich wieder hinsetzt, lauschst, ob sie kommen, du kennst alle Geräusche, du sitzt ja lang genug im vergitterten Raum, dein Puls schlägt schnell, du zwingst dich, auf die letzten Briefe zu schauen an deine Lieben daheim, merkst vielleicht, wie hohl und falsch und frömmelnd sie klingen, stehst wieder auf, verschränkst deine Hände, knuddelst die Finger gegeneinander, löst sie, öffnest dein Hosentürl, musst wieder bieseln, nur ein paar Tröpfchen kommen, du weißt, dass man pisst und scheißt, wenn man stirbt, du willst wenigstens untenrum sauber im Tod sein, ich fühl deine Todesangst, jetzt, wo sich Schritte nähern, du weichst zurück zur Wand, starrst unter flatternden Augenlidern zur Tür, hechelst leise ein „Nein". Die Riegel. Die Schlösser.

Die Tür wird aufgerissen, Wachsoldaten stürzen sich auf dich, fesseln dir Hände und Füße, du tippelst zwischen der Wachmannschaft den langen Gang zur Turnhalle, der Schweiß läuft dir zwischen den Schultern runter, hinein in die Arschfalte, die Fußfesseln machen deinen Gang lächerlich, auch halten sie dich rechts und links am Oberarm, wie sie es in aller Welt für alle Zeiten tun, so, als ob man schon bei der Verhaftung das Gehen verlernt, die Tür zur Turnhalle öffnet sich, du siehst die hohe Plattform, darauf die drei Galgen, darunter die schwarzen Tücher, ist es das rechte, das linke, das mittlere Tuch, das deinen Fall vor den Zeugen verdecken wird?

Als der Sohn noch ohne Hass war: Niklas Frank mit seinen Eltern Hans und Maria Brigitte Frank auf Schloss Krakau

Du siehst sie, erkennst vielleicht die deutschen Zeugen, Hoegner zum Beispiel, den bayerischen Ministerpräsidenten, oh, er wurde gehasst in der Sippe der Franks seitdem, ein Verräter sei er, weil er „dabei" war, vielleicht hast du mir jetzt noch etwas zu sagen. Du hast eine Chance, denn auch bei dir lässt man nicht vom blöden Brauch, lässt dich furchtbaren Schwätzer letzte Worte sagen, na los, letzte Grüße an mich, oder vielleicht „Mein Gott, wie kotzt ihr mich alle an!" oder „Grüß Gott, Herr Hoegner, das wird Ihnen meine Frau wohl nie verzeihen!" oder „War das ein Leben! Ist das ein Tod!" Aber nein, du musstest ja schleimig bleiben gegen Diesseits und Jenseits bis zum Schluss und sagtest: „Ich danke für die gütige Behandlung, die mir während der Gefangenschaft zuteil geworden ist. Ich bitte den Herrgott, dass er mich gnädig aufnehmen möge."

Das ist nur grammatikalisch in Ordnung, Vater.

Geflüstert sollst du das haben, und dann führten sie dich die 13 Stufen – Symbolik muss sein – hinauf, die Haube drüber, den Strick um den Hals und ab in die Ewigkeit.
Dafür krieg ich den Orgasmus.

* * *

Stell dir vor, du hättest überlebt, du, der Prototyp des deutschen Verbrechers jener Zeit, der mit Doktortitel, Anwaltskanzlei und Assistentenstelle an der Münchner TH anfing, natürlich nie mit eigenen Händen einen Menschen um die Ecke brachte, aber dafür sorgte, dass es präzise geschah. Natürlich hättest du bei diesem Vorleben gut ins neue Deutschland gepasst, glitschigkantenlos wäre nach dem bisschen Entnazifizierung dein Übergang von den Nazis zu den Unionschristen gewesen. Du wärst bald, dank deiner Rednergabe und des bayerischen Dialekts, den du beim Auftauchen von Bauern und Volkstümlern anknipsen konntest, im Bayerischen Landtag, im Bundestag gesessen, hättest, vermischt mit ein paar lateinischen Sentenzen, von der neuen Demokratie geflammt und die braune Diktatur verdammt, die, ach, auch dich verführt habe.

* * *

Stell dir vor, du hättest „Lebenslänglich" bekommen! Da wärst du nun neben Heß in Spandau gehockt, wohlgenährt, uralt, weil ohne jede Aufregung, und es hätte großen Knatsch gegeben, wenn ich es mir als dein Sohn verbeten hätte, dass der Bundespräsident um eure Entlassung bittet, weil ich es einfach nicht ertragen hätte, deine mümmelnden Selbstrechtfertigungen jetzt auch noch im eigenen Hause zu haben, den Sowjets sei Dank, dass sie auch Heß nicht rausließen.

Und wenn mich auch hier das Mitleid ankommt und ich mir den alten Mann vorstelle, wie er, unendlich isoliert, auf den Tod wartet, schiebe ich flugs im Hirn wie bei einem Diaprojektor das Gegenbild vor die Linse, stelle mir ebenso intensiv eine polnische, russische, jüdische Mutter vor, die – ganz Klischee bin ich da – verhutzelt vor dem verknitterten Bild ihres einzigen Sohnes sitzt, den wir erschossen, erschlagen, vergast, mit dem Kopf gegen eine Hauswand geknallt haben, wie das so Brauch ist, wenn man „die Kultur wieder in Gang" bringen möchte, wie du einmal so schön das Ziel eures Krieges beschrieben hast.

* * *

Das Knacken deines Genicks ersparte mir ein verkorkstes Leben, wie hättest du mir mit deinem Gewäsch das Hirn vergiftet. Wie der schweigenden Mehrheit meiner Generation, die nicht das Glück hatte, den Vater gehenkt zu bekommen.

Deshalb bin ich froh, dein Sohn zu sein. Wie arm sind Millionen anderer Kinder dran, deren Väter das gleiche Geschwätz voll Hinterlist und Feigheit, voll Mordlust und Unmenschlichkeit von sich gaben, aber nicht so prominent waren wie du. Bei ihnen lohnte nicht die Aufzeichnung ihrer Tiraden, ihre Tagebücher wurden nicht aufgelistet. Ich hab es gut, ich kann aus Archiven die Fleischfetzen deines Lebens zusammenklauben, kann sie, unbehelligt vom lügenhaften familiären Geschwätz, beäugen. Wie immer ich sie auch mit Skalpell oder Hammer bearbeite, es kommt ein typisch deutsches Monster raus.

»Das Knacken deines Genicks ersparte mir ein verkorkstes Leben. Wie hättest du mir das Gehirn vergiftet«

Kein Zweifel, du verlierst auch den zweiten Nürnberger Prozess in der kleinen Besetzung, da ist nur dein Sohn Kläger, Richter, Henker zugleich, das entspricht nicht ganz der Gewaltenteilung, es ist schwer, die Rollen verteilt zu besetzen, fast alle, die mit mir über dich sprachen, hatten diese merkwürdige Sucht, dich zu verteidigen, schreckten zurück, wenn ich sagte: „Mein Vater war ein Verbrecher." Sagten, das sei ja entsetzlich, pochten auf die Tugend der Vaterliebe, die offensichtlich auch in Öfen voller Juden nicht verbrennen darf, sagten zum unversöhnlichen Schluss, natürlich nach vorheriger Erwähnung der Bombardierung Dresdens durch die Alliierten: „Das verstehst du nicht, weil du nicht in dieser Zeit gelebt hast."

Doch, Vater, ich verstehe es, ich lebe in einer ähnlichen Zeit. Wir richten wieder Gettos ein, für Asylanten und Gastarbeiter.

Deswegen zerr ich dich raus aus dem Nichts, aus deinem Kessel in der Hölle drunten, wo ich dich seit meinen Kindheitstagen sehe, auf ewig garkochend im brodelnden Blut eurer Opfer, dein Fleisch hängt in Fetzen herab, und mit gebrochenem Genick rollt dein Kopf haltlos auf deinen Schultern.

Bob Greene, geboren 1947, war langjähriger Kolumnist der »Chicago Tribune«. Sein Vater arbeitete als Manager in einer Schuhfabrik. Greene ist Vater zweier Kinder

BOB GREENE

Der Abschied

Der Anlass war ein Abschiedsessen für einen Mann, der 40 Jahre lang in der gleichen Firma gearbeitet hatte. Man hatte einen Speisesaal gemietet, und alle Bürokollegen des Mannes waren anwesend. Reden und Trinksprüche waren geplant, ein Geschenk sollte überreicht werden. Es war eine Ruhestandsfeier, wie sie an diesem Abend wohl tausendfach im Land abgehalten wurde, doch für mich war sie etwas Besonderes, weil es sich bei dem Mann, der sich zur Ruhe setzte, um meinen Vater handelte.

Ich flog extra für das Essen ein, gehörte aber nicht wirklich dazu. Das Berufsleben eines Mannes findet ziemlich losgelöst von seiner Familie statt, und die Menschen im Raum waren mir so fremd wie ich ihnen. Für mich waren die meisten nur Namen, die ich oft gehört hatte, wenn mein Vater sich nach einem Tag im Büro zum Essen an den Tisch setzte. Für sie war ich der Junge in dem gerahmten Foto auf dem Schreibtisch meines Vaters.

»An diesem Abend begriff ich, dass Söhne nur eine Hälfte vom Leben ihrer Väter ausmachen«

Als ich mir die Männer und Frauen in dem Raum ansah, kam mir der Gedanke, dass mein Vater genauso lang für die gleiche Firma gearbeitet hatte, wie Franklin Delano Roosevelt Präsident war. Jetzt war er 65, und die Regel verlangte, dass er sich zur Ruhe setzte. Während ich die Gesichter der Männer und Frauen betrachtete, versuchte ich mir die Bilder in Erinnerung zu rufen, die ich mir von jedem Einzelnen im Laufe der Jahre bei unseren Familienessen zurechtgelegt hatte.

Mein Vater wurde an diesem Abend an einen anderen Tisch als ich gesetzt. Er schien sich etwas unwohl zu fühlen, und ich konnte verstehen, weshalb. Meine Mutter und meine Geschwister waren ebenfalls da. Im Grunde war es das erste Mal, dass sich im Leben meines Vaters Familie und Arbeit vermischten. Die Leute in seinem Büro wussten, dass er eine Familie hatte, und wir wussten, dass er eine Arbeit hatte, aber mehr auch nicht. Und nun waren wir alle zusammen.

Die ersten Reden wurden gehalten, und sie sagten mir, wie ich erwartet hatte, größtenteils nichts. Sie waren gespickt mit Anspielungen und Insiderwitzen über Details, die mir unbekannt waren. Mein Vater lachte und nickte anerkennend, wenn die einzelnen Redner ihre Trümpfe zogen. Und nicht selten brüllten die Anwesenden vor Freude über etwas, das mir völlig entging. Und wieder dachte ich: Ein Mann verbringt ein Leben mit dir, aber eigentlich ist es nur ein halbes Leben; die andere Hälfte gehört zu einer Welt, von der du nichts weißt.

Die Männer und Frauen erzählten von kleinen Begebenheiten, die sich im Laufe der Jahre zugetragen hatten, und jede Erinnerung war wie ein kleines Geschenk für meinen Vater. Niemand von uns verändert in seinem Leben die Welt, aber wir berühren die Menschen in unserer Umgebung auf eine Weise, die möglicherweise von Dauer ist, und genau darin liegt der Zweck eines solchen Abschiedsessens – man möchte jemandem sagen, dass die Erinnerungen bleiben, auch wenn die Regel verlangt, dass er gehen muss.

Ich machte mir Gedanken darüber, wie mein Vater sich wohl am nächsten Morgen fühlen würde, denn er wusste, dass er zum ersten Mal in seinem Erwachsenenleben nicht zu dem Gebäude fahren würde, in dem der Rest seiner Kollegen sich zur Arbeit meldete. Der Trennungsschmerz war vermutlich genauso stark wie beim Verlust eines Familienangehörigen, und dennoch wird von einem Mann verlangt, dass er das akzeptiert und gar als Chance begreift. Ich versuchte, nicht allzu genau darüber nachzudenken.

Als mein Vater mit seiner Rede an der Reihe war, hatte seine Stimme einen Tonfall, der mir fremd war. Anfangs dachte ich, es läge an den Gefühlsregungen des Abends, aber dann wurde mir klar, dass dem nicht so war; die jetzige Stimme war vermutlich die, die er immer im Büro benutzt hatte, die Stimme, die ich nie gehört hatte.

Während der Rede trat ein Kellner in den Raum und brachte einem Mitarbeiter eine Nachricht. Der Mann ging zu einem Telefon außerhalb des Raums. Von meinem Tisch aus hörte ich ihn reden. In der Fabrik gab es ein Problem, bei einigen Wasserrohren waren Störungen aufgetreten. Der Mann gab schnell ein paar Anweisungen und sagte, welche Hebel abgeschaltet werden sollten.

Es war ein Anruf, um den sich früher mein Vater gekümmert hätte, doch an diesem Abend galt die unausgesprochene Regel, dass er mit alldem nichts mehr zu tun hatte. Der Mann legte den Hörer auf und kam wieder in den Speisesaal, wo mein Vater noch immer dastand und über mir unbekannte Dinge redete.

Ich dachte darüber nach, wie wenig ich wirklich von ihm wusste. Und ich stellte fest, dass es nicht nur mir so ging: Wir sind eine ganze Nation von Söhnen, die meinen, ihre Väter zu kennen, und die dann an einem Abend wie diesem begreifen, dass sie nur eine Hälfte vom Leben ihrer Väter ausmachen.

Arbeit ist etwas Rätselhaftes; viele behaupten, sie würden sie hassen, aber sie hält uns so fest im Griff, dass sie Gefühle erfasst, von denen wir nicht einmal ahnten, dass sie vorhanden waren.

Das Geschenk wurde überreicht, und dann ging mein Vater, dessen 40 Arbeitsjahre abgelaufen waren, nach Hause. Genau wie ich. □

Übersetzung der Texte aus dem Englischen: **Brigitte Jakobeit.**
Quellen: **Åsa Linderborg** aus: **Ich gehöre keinem,** btb 2009, 285 Seiten; **Brigitte Schwaiger** aus: **Lange Abwesenheit,** Paul Zsolnay Verlag 1980, 124 Seiten; **Jimmy Carter, Lance Morrow, Bob Greene** aus: **Sons on Fathers. A Book of Men's Writing,** Harper Collins 1992, 315 Seiten; **Luise Rinser, Eileen Fairweather** aus: **Väter. Schriftstellerinnen schreiben über ihren Vater,** Heyne 1986, 383 Seiten; **Gregory H. Hemingway** aus: **Papa. A Personal Memoir,** Paragon 1976, 120 Seiten; **Niklas Frank** aus: **Der Vater. Eine Abrechnung,** Goldmann 2005, 320 Seiten.

VATER-SOHN-BEZIEHUNG

MÄNNER UNTER SICH

Von grenzenloser Bewunderung bis zu harscher Ablehnung: Die Beziehung zwischen Söhnen und Vätern ist fast immer von starken Gefühlen geprägt. Denn der Ältere ist für den Jüngeren nicht nur Vorbild – sondern auch Konkurrent

VON BERTRAM WEISS (TEXT) UND KARSTEN DE RIESE (FOTOS)

1999

Der Fotograf Karsten de Riese hat Väter und Söhne über mehrere Jahre begleitet und ihr Verhältnis dokumentiert. Darunter den Theaterperformer Peter Spielbauer, heute 56, der vier Söhne von drei Frauen hat; für die Fotos haben sie sich ausrangierte Bühnenkleidung angezogen. Auf dem Bild oben sieht der Vater sich vor allem als Beschützer seiner Kinder, heute eher als Beobachter; zusammen gelebt hat er nie mit allen Kindern gleichzeitig. Pubertätsprobleme habe es kaum gegeben, sagt Spielbauer, nur der Zweitjüngste habe eine rebellische Phase gehabt. Inzwischen sei er stolz darauf, mitzuerleben, wie die Brüder nach und nach zu »richtigen Männern« werden. Für die Kinder war der Vater aufgrund seines Berufs zwar nicht immer in Reichweite, aber – so Adrian, der Zweitälteste (großes Foto, Dritter von links) – sie hätten sich immer auf ihn verlassen können

2009

An seinem Vater gefiel ihm eigentlich nur, dass der tot war. Denn Jean-Paul Sartre war sich sicher: „Es gibt keine guten Väter."

Der Philosoph und Literat, der über Jahrzehnte mit seinem kühnen Denken das öffentliche Leben in Frankreich prägte, hielt das natürliche Band zwischen Vätern und Kindern für „faul".

Vor allem für Söhne sei der Vater nichts weiter als ein „Parasit". Das ganze Leben lang hocke er dem männlichen Nachkommen auf dem Rücken und raube ihm die Freiheit, schrieb Sartre 1964 in seiner Autobiografie.

Mit diesem Gedanken war der Philosoph nicht allein. Missgunst und Abscheu, ja mitunter blanker Hass scheinen die Beziehung zwischen Vätern und Söhnen häufig zu prägen. Gerade so, als bilde ein immerwährender Kampf das Fundament dieser Verbindung.

Seit jeher inspiriert dieser explosive Männerbund Künstler und Denker. Die Legenden vom Göttervater Kronos und dessen Sohn Zeus, von Daidalos und Ikarus oder Isaak und Jakob erzählen von Konkurrenz und Gewalt, von Unterdrückung und Revolte. Durch das Werk des Dichters und Dramatikers Friedrich Schiller zieht sich die Abneigung gegen den Vater wie ein roter Faden; auch Johann Wolfgang von Goethes literarische Vaterfiguren strahlen oft allmächtige Bedrohung aus. Die moderne Literatur schließlich spiegelt beständig einen kämpferischen Protest der Söhne gegen die Väter wider.

Und doch ist die Sehnsucht nach den männlichen Nachkommen groß: Der überwiegende Teil der Männer wünscht sich eher einen Sohn als eine Tochter. Das gilt in nahezu allen Kulturen. In Deutschland etwa nimmt die Wahrscheinlichkeit einer weiteren Geburt deutlich zu, wenn das erstgeborene Kind ein Mädchen ist. Akzeptiert es eine Gesellschaft gar, dass Kinder nach der Geburt getötet werden, trifft es meist die Mädchen. Ob bei den Inuit der Arktis, den Eipo im Hochland von West-Papua oder den indischen Brahmanen – stets töten Väter eher die weiblichen Neugeborenen als die männlichen.

In der Beziehung zum eigenen Vater vermisste der Politologe Christian Deubner, 68, die Nähe; deshalb war ihm ein guter Kontakt zu seinem Sohn Alexander, heute 18, stets wichtig. Die Freude über seine späte Vaterschaft, sagt er, habe ihn vieles gelassener sehen lassen, auch die turbulente Zeit zwischen den beiden Aufnahmen: Die Familie zog nach Paris, die Eltern trennten sich. Christian Deubner hatte Alexander und dessen ältere Schwester aber die Hälfte der Zeit bei sich. Und als er 2008 wieder nach Berlin ging, kam sein Sohn mit, um dort sein Abitur zu machen

2002

Doch woher rührt der sehnliche Wunsch nach den Söhnen? Biologen und Ökonomen argumentieren: Je mehr das Überleben der Nachkommen vom Einsatz der Männer abhängt, desto wichtiger sind die Jungen. Kräftige Söhne gehen dem Vater bei der Arbeit zur Hand und führen etwa den Bauernhof, die Werkstatt oder Fabrik fort.

Manche Psychologen dagegen vermuten, dass das Sehnen nach einem Filius tief in der Persönlichkeit eines jeden Mannes verankert ist. Die Beziehung zwischen Vater und Sohn beginnt nach ihrer Einschätzung wohl schon lange vor der Geburt des Nachkommen. Schon früh formen sich im Manne Wünsche und Hoffnungen.

Hat er selbst im Kindesalter die Zuwendung eines liebevollen Vaters erlebt, so kann in ihm der Wunsch erwachen, selbst Liebe weiterzugeben. Aber auch aus negativen Erlebnissen mit dem eigenen Vater kann der unbedingte Wille erwachsen, selbst einen Sohn zu bekommen. Denn so bietet sich ihm die Möglichkeit, Situationen aus der eigenen Kindheit wachzurufen – und anstelle von Ohnmacht und Schwäche etwa Macht und Kontrolle zu erleben.

Doch vielleicht, mutmaßen manche Psychologen, verbirgt sich hinter dem männlichen Verlangen nach einem Sohn noch etwas ganz anderes: die schwer zu

2009

ertragende Angst vor dem Verlust der eigenen Jugend, die Furcht vor Alter und Tod. So treibt den Vater womöglich die Hoffnung, dass dem Sohn gelingt, was ihm selbst misslang oder verwehrt blieb. Er will sich ein Ebenbild schaffen.

Dies vermutete bereits 1847 der dänische Philosoph Sören Kierkegaard: „Ein Sohn gleicht einem Spiegel, darin der Vater sich selbst erblickt", formulierte der Sohn eines Wollwarenhändlers.

Psychologen konstatieren heute nüchterner, der Sohn diene dem Vater als „Selbstobjekt".

Freimütig gestand der Schriftsteller Thomas Mann nach der Geburt seiner ersten Tochter 1905: „Ich hatte mir sehr einen Sohn gewünscht und höre nicht auf, es zu tun." In einem Brief an seinen Bruder schrieb er, ein Sohn sei für ihn „Fortsetzung und Wiederbeginn meiner selbst unter neuen Bedingungen".

Diese Überzeugung verarbeitete Mann auch in seinen Büchern, etwa im berühmten Roman „Buddenbrooks". Der Lübecker Thomas Buddenbrook vermag darin seinen Sohn Hanno nur so zu lieben, wie der seine Wünsche – Tüchtigkeit und kaufmännischen Erfolg – erfüllen kann. Doch der Sohn entwickelt eine ganz eigene, empfindsame und kunstsinnige Persönlichkeit.

An diesem Widerspruch zwischen Wunsch und Wirklichkeit zerbrach auch Thomas Manns Beziehung zu seinem Sohn Klaus. Öffentlich und unverhohlen verspottete der Vater den Sohn in seiner Novelle „Unordnung und frühes Leid".

Er stempelte Klaus zum Versager, weil der seinen eigenen Weg ging: Der Sohn könne nichts, wisse nichts und denke nur daran, „den Hanswursten zu spielen", schimpft Manns Alter Ego Professor Cornelius in der unverkennbar autobiografischen Geschichte.

Klaus beklagte die „völlige Kälte" seines Vaters (und nahm sich 1949 mit 42 Jahren das Leben). Und der jüngste Sohn Golo faltete sich als Junge Spickzettel für den Fall, dass sein Vater ihn in ein Gespräch verwickelte.

Natürlich: Die meisten Väter werden die tiefe Enttäuschung über die individuellen Neigungen des Sohnes nicht zugeben oder sich bewusst machen wollen. Doch vielleicht ist gerade ihre Utopie der Grund dafür, dass sie den männlichen Abkömmlingen Fehler schlechter verzeihen können als den weiblichen. Dies wiesen zwei Professorinnen für Medizinische Anthropologie in einer Studie zur Beziehung zwischen Söhnen und Vätern im Erwachsenenalter nach.

Die Forscherinnen der University of California in San Francisco befragten 267 Männer im Alter zwischen 45 und 80 Jahren sowie deren Kinder, die selbst bereits das 18. Lebensjahr überschritten hatten. 74 Prozent der Väter gaben an, zu ihren erwachsenen Töchtern ein sehr gutes Verhältnis zu pflegen. Zu ihren Söhnen glaubten nur 64 Prozent eine ähnlich gute Beziehung zu haben.

Zwar erwarteten die Männer von den Söhnen nicht, besser zu sein als sie selbst. Doch sie sollten nicht hinter ihren gesellschaftlichen Rang zurückfallen. Insgesamt erhoffen Väter und Söhne, so das Ergebnis der Erhebung, voneinander vor allem eines: Achtung.

Aber der Weg dorthin ist lang und beschwerlich. Denn die Beziehung zwischen Vätern und Söhnen verändert sich im Laufe der Zeit mehr als die zwischen Vätern und Töchtern. Diese Erkenntnis brachte schon vor 600 Jahren der jüdisch-spanische Gelehrte Chasdaj Crescas auf den Punkt: „Mit fünf ist dein Sohn dein Gebieter, mit zehn dein Diener, mit 15 dein Doppelgänger und danach dein Freund oder dein Feind."

Im September 1999 waren sie noch zu dritt, der Schriftsteller Gert Heidenreich, heute 66, und seine Söhne Johannes (unten links) und Julian. Zwei Jahre später ertrank Johannes im Ammersee. Julian machte seinem Vater Vorwürfe, sich in der Zeit zuvor nicht genug um die Brüder gekümmert zu haben, doch inzwischen haben die beiden wieder ein entspanntes Verhältnis. Heidenreich bewundert an seinem heute 30-jährigen Sohn, der Politik und Amerikanistik studiert, mit welcher Kreativität er Songs schreibe – und wie es ihm gelinge, auf diese Weise seine Gefühle und Einsichten zu verarbeiten

1999

Zwei Monate nach der Geburt zeigt sich, dass Väter ihre männlichen Nachkommen anders behandeln als die weiblichen. Väter halten ihren Sohn dann bevorzugt so hoch vor dem Körper, dass sie ihm direkt in die Augen blicken können; die Töchter eher tiefer, in der Armbeuge. Die erhöhte Position bietet besonders viele Möglichkeiten, miteinander zu interagieren. Außerdem spricht ein Vater im Laufe der ersten Lebensmonate mit einem männlichen Baby häufiger als mit einem weiblichen. Er berührt den Jungen öfter und verbringt mehr Zeit mit ihm beim Spiel.

Weibliche Säuglinge haben in der Regel einen Reifevorsprung; sie sind anfangs kräftiger als Jungen. Und doch beschreiben Väter gerade männliche Neugeborene zumeist als „kräftig" oder „stark". Vielleicht, weil sie es einfach von ihnen erwarten – weil ein Mann nun einmal so sein muss.

Seit Wissenschaftler vor gut vier Jahrzehnten Väter als Forschungsobjekt entdeckt haben, debattieren sie die Frage, wie stark und auf welche Weise Väter die Männlichkeit ihrer Söhne beeinflussen. Doch bis heute sind sich die Gelehrten über die Antwort nicht einig. Zu kompliziert scheint die Entwicklung der Geschlechtsidentität zwischen biologischem Erbe und kultureller Erziehung.

Zumindest eine Überzeugung teilen viele Forscher: Bereits in den ersten 24 Monaten nach der Geburt entwickelt jedes Kind ein Bewusstsein für sein Geschlecht. Ein Sohn entdeckt dann, dass er dem Vater ähnlicher ist als der Mutter; dass dieser ihm als Modell für maskulines Verhalten dienen kann.

„Vor allem im zweiten und dritten Lebensjahr sind Söhne von ihren Vätern regelrecht fasziniert", so Michael Diamond, Professor für klinische Psychiatrie an der University of Los Angeles. Denn der Vater hilft dem Sohn in dieser Zeit, sich aus der Symbiose mit der

2003

Mutter zu lösen und sich als eigenständiges Wesen zu begreifen.

Der Vater stört die aus der Schwangerschaft und der Stillzeit so vertraute Zweisamkeit zwischen Mutter und Sohn. Doch zugleich ist er auch eine Verlockung. Denn er vermag dem Jungen eine völlig neue, abenteuerliche Welt zu zeigen – vor allem im Spiel.

Söhne schätzen die im Vergleich zur Mutter wilde Gangart des Vaters und bevorzugen ihn als Spielkameraden. Im besten Fall kann die Beziehung daher im Kleinkindalter sehr innig werden: Im Spiel oder bei Ausflügen in die Welt abseits des gewohnten Zuhauses können die beiden ein starkes Wir-Gefühl entwickeln, das sie zusammenschweißt.

Das legen auch physiologische Untersuchungen nahe: Beim ausgelassenen Spiel steigt im väterlichen Körper der Spiegel des Hormons Oxytocin deutlich an. Dieses auch als „Kuschelhormon“ bekannte Molekül stimmt sanft und vertrauensvoll, vermindert Angst und sozialen Stress. Vermutlich trägt es dazu bei, dass zwei Menschen sich eng miteinander verbunden fühlen.

Wenn es dem Vater in dieser Phase gelingt, sich in den Sohn einzufühlen und dessen natürliche Bedürfnisse nach Nervenkitzel zu befriedigen, kann dies der Beginn einer Beziehung sein, die auch manche Belastung verzeiht.

Wenn es ihm aber misslingt, vermag dies die Bindung über Jahre zu ruinieren. Denn im unternehmungslustigen Sohn beginnt eine Sehnsucht nach dem Vater zu keimen. Statt mit ihm Neuland zu erkunden und dabei Selbstkontrolle zu lernen, muss sich der Sohn aber vielfach mit einer mehr oder weniger diffusen Vorstellung zufriedengeben – ähnlich wie bei Kindern, die ihren Vater verloren haben.

Manche Psychologen gehen davon aus, dass sich ein Sohn drei Bilder von seinem Vater macht:

- Das „reale Vaterbild“ ist geprägt von den gemeinsamen Erlebnissen des Sohnes mit dem Vater;
- das „symbolische Vaterbild“ wird von der Mutter bestimmt. Sie beeinflusst, welchen Blick der Sohn auf den

Louis sei gewissermaßen schon erwachsen auf die Welt gekommen, sozial hochempfindsam und außerordentlich begabt, sagt der Gitarrist und Komponist Stephan Stiens, 49, über seinen Sohn, heute 20. Daher sei ihr Verhältnis ausgesprochen konfliktfrei. Schon als Siebenjähriger übernahm Louis die Hauptrolle in einem vom Vater inszenierten Stück an der Musikschule München. Vor zwei Jahren hat er das Elternhaus verlassen – um sich in Stuttgart zum Balletttänzer ausbilden zu lassen

2009

Vater hat: ob er ihn schätzt oder fürchtet, liebt oder verleugnet;

- das „imaginäre Vaterbild" schließlich schafft sich das Kind in seiner Fantasie selbst. Mal erscheint ihm der Vater als einnehmende, aber unnahbare Person, mal als imponierende Macht, die über Recht und Ordnung bestimmt.

Diese Bilder können ein starkes Eigenleben entwickeln und die Vater-Sohn-Beziehung über Jahre stören.

Den tatsächlichen Ursprung des Konfliktes wähnen manche Forscher jedoch in einem weiteren Schritt der kindlichen Entwicklung. Den Blick der Wissenschaft auf diese Phase prägt bis heute der Wiener Nervenarzt Sigmund Freud.

Der Gründervater der Psychoanalyse glaubte zwei wesentliche Gefühle zu erkennen, die die Psyche eines Jungen etwa im vierten Lebensjahr aufwühlen: die Zuneigung zur Mutter und die Eifersucht auf den Vater.

Das insgeheim sogar sexuelle Begehren des Sohnes nach der Mutter könne, so Freuds Vorstellung, derart mächtig werden, dass er sie ganz für sich allein beanspruche. Deshalb beginne der Sohn den Vater zu hassen und zu fürchten – so tief, dass er gar den Wunsch entwickeln könne, ihn zu töten.

Der Psychoanalytiker wählte für diese machtvollen Emotionen die Bezeichnung „Ödipus-Komplex". Denn seit Jahrtausenden veranschaulichen sich die Menschen mit der Legende vom griechischen König Ödipus, welch tragischer Schatten auf der Beziehung von Vater und Sohn lastet.

Der Überlieferung nach weissagte ein Orakel dem jugendlichen Ödipus, er werde seine Mutter ehelichen und seinen Vater ermorden. Entsetzt verließ er das Haus, in dem er aufgewachsen war, um Vater und Mutter vor sich zu schützen. Fernab der Heimat erstach er einen fremden Mann und heiratete eine Frau. Erst später erfuhr er: Der Tote war sein wahrer Vater, seine Gattin seine wahre Mutter. Als Säugling hatten sie ihn einst ausgesetzt, und er wurde von Zieheltern aufgenommen.

Die Flucht hatte den Sohn also nicht vor dem vorhergesagten Schicksal bewahrt. Dem Konflikt mit dem Vater konnte er nicht entrinnen.

Doch in der kindlichen Entwicklung ist er überwindbar, so jedenfalls die psychoanalytische Theorie. Ist der Vater von Beginn an eine wohlwollende und geliebte Bezugsperson des Sohnes, kann dies die negativen Emotionen überwiegen.

Zudem muss er dem Zorn des eigenen Sohnes angemessen begegnen; er darf weder offensichtlich um die Aufmerksamkeit der Mutter werben, noch darf er der Wut selbst Wut entgegensetzen.

Der liebende Vater müsse seine eigenen dunklen Seiten kennen, konstatiert Michael Diamond, der Psychiater aus Los Angeles. Und sie überwinden. Denn wenn der Sohn sich im Ödipus-Komplex verstrickt, ist er besonders darauf angewiesen, dass der Vater ihm vorlebt, wie mit starken Gefühlen umzugehen ist; wie er verantwortungsvoll und bewusst die eigene Impulsivität zügelt.

Andernfalls kann das Erbe dieser Phase das Leben des Sohnes überschatten: „Jungen, deren auftauchendes Machtgefühl vom Vater nicht auf kontrollierte, behutsame Weise infrage gestellt wird, haben später häufig Schwierigkeiten, enge Beziehungen zu entwickeln", so Diamond.

Langzeituntersuchungen bestätigen diese Sichtweise: Jungen, deren Väter sich im Kindergartenalter und in den ersten Schuljahren wenig für sie einsetzen, bekommen später eher Probleme im Eheleben oder Beruf, neigen zu aggressivem, gar kriminellem Verhalten. Ist der Vater alkoholabhängig, verdoppelt sich das Risiko für den Sohn, als Erwachsener selbst süchtig zu werden.

Gelingt es dagegen beiden, die Herausforderungen gemeinsam zu meistern, kann der Erwachsene die Rolle eines Mentors übernehmen. Er vermag die kognitive Entwicklung des Sohnes zu fördern, etwa sein abstraktes Denken und seine Intelligenz zu schulen. Denn bis zur Pubertät lernen Söhne besonders gern und gut von ihren Vätern. Sie wollen forschend die Welt entdecken und die eigenen Fähigkeiten trainieren.

In den acht Jahren zwischen den beiden Fotos haben sie ihren Lebensweg gefunden: Paul, heute 25, und Leonard, heute 27, die beiden Söhne des Wirtschaftsprüfers Christopher Schönberger, 61. Sie sind dem Vater Diskussionspartner auf Augenhöhe geworden, haben ein Gespür dafür entwickelt, wann sie seinen Rat einholen und wann nicht. In der Pubertät hatte es zwar heftige Konflikte gegeben, aber vor allem zwischen den Brüdern, was die Beziehung zum Vater eher entlastet hat

2002

DIESE PHASE, in der Vater und Sohn besondere Nähe entwickeln, ist jedoch nicht von Dauer. Hat die Pubertät erst einmal eingesetzt, strapazieren in der Regel vehemente Auseinandersetzungen die Beziehung. Gezielt sucht der Sohn nun andere Vorbilder, ja geradezu Gegenbilder zum Vater. Psychoanalytiker behaupten, es sei unausweichlich, dass der Sohn den Vater nun von sich weist. Er müsse ihn „symbolisch ermorden", damit sich die eigene, erwachsene Persönlichkeit frei entfaltet.

Auch Berührungen werden jetzt prekär. Immer deutlicher versuchen Söhne, die Väter auch körperlich auf Abstand zu halten.

Diese wachsende Kluft vermag vor allem die Mutter zu überbrücken. Wenn sie ihrem Kind hilft, die guten und hilfreichen Seiten des Vaters anzuerkennen, kann sie zwischen den Kontrahenten vermitteln.

Doch der rebellierende Sohn stemmt sich nicht allein gegen eine konkrete Person. Er sucht eine Gegenposition zu den gesellschaftlichen Idealen, die der Vater vorlebt, zum Beispiel Ehre oder Erfolg. Die heftige Entwertung des Vaters kann deshalb zur Triebkraft für das ganze Leben eines Mannes werden.

Berufliche Anstrengungen, künstlerische Kreativität, ja sogar kulturelle Umbrüche lassen sich als Revolte gegen die väterliche Autorität lesen.

So bat 1953 der junge Pop-Art-Künstler Robert Rauschenberg den 50-jährigen Willem de Kooning um eine Zeichnung, die er ausradieren könne; das weiße Blatt stellte er als „Erased de Kooning drawing" unter seinem Namen aus. „Ohne Vatermord passiert doch überhaupt nichts am Theater", bemerkte der Dramatiker Heiner Müller. Und fügte hinzu: „Nicht nur am Theater."

Der Zwist zwischen Vätern und Söhnen trieb auch die Revolte der 68er-Generation an, so der Bochumer Soziologe Heinz Bude. Heute dagegen herrsche im Verhältnis zwischen den Generationen eher eine „spannungslose Entspanntheit".

Das Ergebnis einer Dortmunder Studie mit 1635 Jungen zwischen 14 und 16 Jahren scheint dies zu belegen: 77 Prozent der Befragten fühlen sich von ihrem Vater unterstützt, knapp die Hälfte glaubt, mit ihren Erzeugern über alles reden zu können. Und gerade einmal sechs Prozent empfinden Angst vor dem Vater.

Von Entfremdung oder übermäßiger Distanz fanden die Forscher kaum eine Spur. Doch die beteiligte Erziehungswissenschaftlerin Annette Textor warnt vor dem Schluss, Konflikte zwischen Vätern und Söhnen gehörten damit der Vergangenheit an. „Womöglich antwor-

2010

ten die Jungen so positiv, weil sie ihre Väter idealisieren", mutmaßt die Professorin von der Universität Bielefeld.

Schließlich wenden sich gerade einmal drei Prozent der Jungen an ihre Väter, wenn sie Probleme haben. Die Sorgen in der Pubertät besprechen sie lieber mit Freunden – oder machen sie ganz allein mit sich selbst aus.

Die Pubertät stellt aber auch den Vater vor eine mitunter überwältigende Aufgabe: Innerhalb von wenigen Jahren wird aus dem Kind, das einst zu ihm aufsah, ein mindestens ebenso kräftiger, sexuell ebenso potenter Mann.

Während der Vater allmählich die Haare verliert, wird der Sohn muskulös und attraktiv für junge Frauen. Zugleich ist der Nachkomme nicht mehr im gleichen Maß wie zuvor auf den Vater angewiesen, sondern kann sich im Leben schon recht gut selbst behaupten.

Mitunter reagieren Väter dann mit verstärkter Aggression. Die Zeit, in der sie den Sohn einfach am Kragen in die Luft heben konnten, um Autorität zu beweisen, ist vorbei.

Mit aller Macht versuchen sie nun womöglich, dem Sohn ihren Willen aufzuzwingen. Sie verwandeln sich in Despoten, um den alten Traum von der Wiedergeburt im eigenen Nachkommen zu bewahren.

Oftmals ziehen sie sich aber auch gänzlich aus dem Leben des Heranwachsenden zurück. Die Gefühle von Verlust oder Neid können so stark sein, dass sich die Beziehung von Vater und Sohn fortan in ein distanziertes Nebeneinander voller Resignation verwandelt.

Ähnliche Gefühle können den Vater später noch einmal bestürmen – wenn der Sohn selbst zum Vater wird.

Häufig vermag der Ältere jetzt nicht die Rolle des liebevollen, umsichtigen Großvaters anzunehmen; kann er nicht jene Gefühle von Stolz und Zärtlichkeit wachrufen, mit denen er einst den eigenen Sohn begrüßte. Stattdessen will er nun selbst beweisen, dass er noch jung, vital und zeugungsfähig ist.

Doch auch der Sohn muss sich nun zwangsläufig mit dem Vater beschäfti-

Kinder zeugen? Besser als junger Mann

Eine späte Vaterschaft kann der Gesundheit der Nachkommen schaden – denn die Qualität der Spermien lässt im Alter nach

Das Durchschnittsalter der Väter in Deutschland nimmt zu: Im Jahr 2000 waren 34 Prozent über 35, acht Jahre später bereits 44 Prozent.

Für die Kinder hat das durchaus manche Vorteile – so verbringen Väter über 50 mehr Zeit mit ihrem Nachwuchs als Männer zwischen Mitte 30 und Ende 40.

Doch nun hat die Forschung gezeigt: Für die Nachkommen der Älteren steigt das Todesfallrisiko.

Kürzlich haben Wissenschaftler die Daten von knapp 11 000 finnischen Kindern ausgewertet, die 1966 zur Welt kamen: 318 von ihnen hatten ihren 40. Geburtstag nicht erlebt. Komplizierte Berechnungen der Wissenschaftler zeigten: Jeder Siebte der Verstorbenen würde noch leben, wäre der Vater bei der Geburt nicht älter als 30 Jahre gewesen.

Besonders gefährdet waren Kinder von über 45-Jährigen: Ihr Todesrisiko war dreimal so hoch wie das von Kindern jüngerer Väter (andere Risikofaktoren, etwa das Alter der Mütter, hatten die Forscher bereits herausgerechnet).

Vor den Gefahren einer späten Mutterschaft warnen Mediziner schon lange, etwa vor dem stark erhöhten Risiko, ein Kind mit Down-Syndrom zur Welt zu bringen. Um alte Väter haben sie sich bislang aber weniger Gedanken gemacht.

Dabei ist schon die Chance, als älterer Mann ein Kind zu bekommen, geringer: Während bei den unter 25-Jährigen acht Prozent daran scheitern, innerhalb eines Jahres Nachwuchs zu zeugen, sind es bei den über 35-Jährigen doppelt so viele.

Kommt es dann zur Zeugung, nimmt – unabhängig von der Gesundheit der Mutter – das Risiko einer Fehlgeburt zu; schon jenseits von 35 Jahren ist die Gefahr um etwa ein Viertel erhöht.

Und wird das Kind schließlich geboren, trägt es ein erhöhtes Risiko etwa für Herzfehler und Krebserkrankungen im Kindesalter, für Typ-1-Diabetes und Multiple Sklerose. Ein kausaler Zusammenhang zwischen dem Alter des Vaters und einer Erkrankung ist zwar im Einzelfall kaum herzustellen, doch statistische Untersuchungen erbringen immer wieder ernsthafte Verdachtsmomente.

Erst allmählich wird klar, weshalb reife Väter für viele solcher Erkrankungen die Ursache sein können: Bis zur Entstehung eines befruchtungsfähigen Spermiums kann sehr viel mehr schiefgehen als bei einer weiblichen Eizelle.

Frauen bringen all ihre Eizellen bereits bei ihrer Geburt mit auf die Welt. Die Vorläuferzellen der Spermien dagegen teilen sich nach der Pubertät alle 16 Tage – bei einem 50-Jährigen hat sich dieser Vorgang bereits 840-mal wiederholt.

Beim Kopieren des Erbguts kommt es immer mal wieder zu Fehlern. Zwar können solche Kopierfehler repariert werden, doch dieser Mechanismus scheint bei älteren Männern vergleichsweise schlecht zu funktionieren.

Diabetes, Krebs, Schizophrenie – das Krankheitsrisiko steigt

Bei einigen Erkrankungen kommt ein weiteres Phänomen hinzu: Ausgerechnet jene Samenzellen-Vor-

gen: Will er bei dem eigenen Kind alles anders anstellen als zuvor der Vater? Oder kann er manches selbst erfüllen, was er als schön empfunden hat?

Der Entwicklungspsychologe Wassilios Fthenakis, Väterforscher an der Freien Universität Bozen, hat untersucht, wie das Verhältnis zum eigenen Vater das Verhalten von Männern beeinflusst. Es zeigte sich: Tendenziell versuchen sie die Fehler des eigenen Vaters in der Familie zu kompensieren.

Ist das Verhältnis schlecht, sind junge Männer eher bereit, ihre Karriere für die Familie zu vernachlässigen. Umgekehrt übernehmen Männer auch gute Aspekte des eigenen Vaters bei der Erziehung.

Und doch kann die väterliche Erbschaft noch über die Generationen Schaden anrichten. Wurden Männer im Kindesalter Zeuge von Gewalttaten des Vaters, liegt die Wahrscheinlichkeit, dass sie selbst in der Familie gewalttätig werden, höher als bei anderen Männern.

Noch während der Sohn versucht, mit der neuen Vaterrolle umzugehen, beobachtet er, wie der eigene Vater älter und kraftloser wird – wie sich der endgültige Abschied nähert. Ehrfurcht kann ihn erfüllen, aber auch Hilflosigkeit. Denn jetzt muss er erkennen, dass die Stärke des Vaters, die ihm im besten Fall Stütze und Halt war, nicht von Dauer ist.

Manche Männer haben jedoch nie die Stärke eines Vaters kennengelernt: Sie benötigen im Erwachsenenalter häufig psychotherapeutische Hilfe, weil ihre Väter zeitlebens abwesend oder schwach waren, sich beispielsweise gegen ihre Ehefrau nicht durchsetzen konnten.

Ein solcher macht- und erfolgloser Vater schadet dann nicht wegen zu hoher Ansprüche (wie ein dominanter Vater), sondern durch seine Kritiklosigkeit gegenüber dem Sohn, die daraus re-

Acht seiner elf Kinder bekam Charlie Chaplin – hier im Frankreich-Urlaub – im Alter von über 50 Jahren

läufer, die eine verhängnisvolle Mutation tragen, werden häufiger zu fertig ausgebildeten Spermien. Die Gründe dafür sind bislang unbekannt.

Nachgewiesen haben Wissenschaftler diese Merkwürdigkeit unter anderem beim Apert-Syndrom, das zu verklumpten Händen und einem sehr langen Kopf führt.

Ebenso nimmt das Risiko zu, dass Kinder älterer Väter an einer autistischen Störung leiden. Die Gefahr steigt bei Vätern mit jedem zusätzlichen Lebensjahrzehnt um etwa ein Drittel. Ähnlich stark nimmt das Risiko für Schizophrenie zu. Forscher schätzen, dass ein Viertel der Schizophrenie-Erkrankungen auf das Alter des Vaters zurückgehen könnte.

Selbst bei der Entwicklung der Intelligenz scheinen sich die Jahre des Vaters negativ bemerkbar zu machen. Während die Kinder älterer Mütter bei Tests überdurchschnittlich gut abschneiden, entdeckte eine Studie bei amerikanischen Kindern „einen nahezu geradlinigen Rückgang" der Intelligenz bezogen auf das Alter der Väter.

Die Forscher berechneten auch das Risiko, dass ein Junge oder Mädchen zu den zehn Prozent der am wenigsten intelligenten Kinder zählt: Es steigt mit jeweils fünf Jahren, die der Vater älter wird, um fünf Prozent – womöglich auch eine Folge von Mutationen bei der Spermienproduktion.

Junge Männer, die solche Risiken ausschließen wollen, könnten auf die Idee kommen, ihr Sperma einfrieren zu lassen. Allerdings kann sich auch dann die Gefahr eines Erbschadens erhöhen, vor allem durch die dann erforderliche künstliche Befruchtung.

Und so gibt es derzeit nur einen – höchst simplen – Weg, die Risiken einer späten Vaterschaft zu vermeiden: Kinder möglichst früh zu bekommen. *Jochen Paulus*

sultiert, dass er in ihm all seine verfehlten Lebensträume verwirklicht sieht.

Wenn der Tod des Vaters naht, ergreift viele Söhne die Sehnsucht, Klarheit zu schaffen; zu ergründen, was zwischen den beiden niemals möglich war. Sie wollen ihre seelische Verstrickung durchleuchten, um endlich selbstbewusst handeln zu können.

Besonders anschaulich bezeugt diesen Wunsch ein Brief, den der Schriftsteller Franz Kafka als 36-Jähriger verfasste. Mit energischer Handschrift schuf er 1919 ein Denkmal für den Konflikt zwischen Vater und Sohn.

„Liebster Vater", heißt es am Anfang.

Doch dann folgen mehr als 100 Seiten voller Angst und Hass, voller Begehren und Verletzung.

„In Deinem Lehnstuhl regiertest Du die Welt. Deine Meinung war richtig, jede andere war verrückt", schrieb Franz Kafka.

Und fuhr fort, die Welt seiner Kindheit sei in verschiedene Teile zerfallen: „In einen, wo ich, der Sklave, lebte, unter Gesetzen, die nur für mich erfunden waren und denen ich überdies niemals völlig entsprechen konnte; dann in eine zweite Welt, in der Du lebtest, beschäftigt mit der Regierung, mit dem Ausgeben der Befehle und mit dem Ärger wegen deren Nichtbefolgung."

Kafkas Beichte hat den Vater nie erreicht. Denn der Schriftsteller fand nicht den Mut, das Manuskript abzusenden. Zu stark waren die Gefühle, die ihn lähmten: „Ich wäre glücklich gewesen, Dich als Freund, als Chef, als Onkel, als Großvater, ja selbst als Schwiegervater zu haben. Nur eben als Vater warst Du zu stark für mich."

Genau dies, so scheint es, bildet den Kern des Konfliktes zwischen Vater und Sohn: der Kampf zwischen der Übermacht des Älteren und der Ohnmacht des Jüngeren. Zwischen Erfahrung und Naivität, zwischen Dominanz und Freiheit.

AUCH JEAN-PAUL SARTE vermutete, dass sein Vater ihn dominiert hätte, wäre der nicht schon wenige Monate nach seiner Geburt gestorben.

„Hätte mein Vater weitergelebt, er hätte mich mit seiner ganzen Länge überragt und dabei erdrückt", schrieb der Philosoph in seiner autobiografischen Erzählung „Die Wörter". Doch nun sei dieser Mann „nicht einmal ein Schatten" für ihn.

Das beschwerliche Drama, das Väter und Söhne durchleben, wollte der französische Philosoph jedenfalls nicht fortsetzen. Er zeugte selbst keinen Nachkommen.

Doch er entschied sich für eine Adoption: die einer Tochter. □

LITERATUREMPFEHLUNGEN:

Lothar Schon, **Sehnsucht nach dem Vater. Die Psychodynamik der Vater-Sohn-Beziehung,** Klett-Cotta: detailreiche Darstellung der Beziehungsentwicklung sowie der Bedeutung der Vaterlosigkeit, insbesondere aus psychoanalytischer Perspektive.

Heinz Walter (Hg.), **Vater, wer bist Du? Auf der Suche nach dem „hinreichend guten" Vater,** J. G. Cotta'sche Buchhandlung: Sammlung wissenschaftlich kompetenter Beiträge zu Aspekten der Vaterschaft.

Simone Schmollack, **Ich bin meines Vaters Sohn.** Schwarzkopf & Schwarzkopf: Erwachsene Söhne erzählen von der Beziehung zu ihrem Vater.

Bertram Weiß, 27, ist Journalist in Hamburg; bei seiner Recherche hat er sich von dem Münchner Psychologen Dr. Lothar Schon beraten lassen. **Karsten de Riese,** 68, fotografiert seit mehr als 35 Jahren Väter und deren Söhne; die Beschäftigung mit dem Thema bietet ihm die Möglichkeit, sich mit dem eher schwierigen Verhältnis zu seinem eigenen Vater auseinanderzusetzen.

Hubert Schneider*, 51, hat seine heute achtjährige Tochter sechs Jahre lang kaum gesehen. Erst vor Gericht habe er durchsetzen können, dass sie ihn nun zumindest einmal wöchentlich besuchen darf

* Name geändert; Red.

Wenn KRIEG herrscht um die KINDER

Sobald Partnerschaften zerbrechen, beginnt oft der Streit um den Umgang mit dem Nachwuchs. Denn viele Mütter, so zeigen Studien, wollen das Sorgerecht nicht teilen oder lehnen trotz der gemeinsamen rechtlichen Verantwortung den Kontakt der Kinder zum Vater ab

VON TITUS ARNU (TEXT) UND ANDREAS JUNG (FOTOS)

Der Fotograf Andreas Jung porträtiert seit Jahren Väter, die den Kontakt zu ihren Kindern verloren haben. Mit den genaueren Umständen befassen sich meist Gerichte. Da es für Außenstehende unmöglich ist, die Streitigkeiten zwischen getrennten Elternpaaren angemessen zu beurteilen, und um alle Beteiligten zu schützen, wurden sowohl die Fotos als auch die Bildtexte – in denen nur die Sicht der Väter zum Ausdruck kommt – anonymisiert

David kommt drei Wochen zu früh auf die Welt, per Kaiserschnitt. Bei der Entbindung ist Ulrich Ansorge* dabei, er hält seinen Sohn eine halbe Stunde lang im Arm, bevor das Baby zur Mutter in den Aufwachraum gebracht wird. Für ihn ist dies der glücklichste Moment der Elternschaft, alles scheint im Gleichgewicht zu sein.

Ein Irrtum.

Der 38-jährige Unternehmensberater lebt und arbeitet in Würzburg, seine Lebensgefährtin Brigitte Lehmann* wohnt 150 Kilometer entfernt in einem Dorf in Baden-Württemberg, im Haus ihrer Eltern, die ein Bauunternehmen leiten.

Nach der Geburt des Kindes pendelt Ansorge, verbringt je nach Verkehr bis zu vier Stunden täglich im Auto. Kommt spätabends nach Hause, das Kind schläft dann meist schon – und seine Partnerin ist enttäuscht, dass er so wenig von ihrem Leben mitbekommt.

Er schlägt vor, dass sie gemeinsam mit dem Kind nach Würzburg ziehen und am Wochenende aufs Land fahren. Das lehnt Brigitte ab. Sie wünscht sich, dass er mehr für sie und das Baby da ist – doch das, sagt Ulrich Ansorge, sei nur möglich, wenn er sich einen anderen Job suche. Er fragt, ob er nicht in der Firma ihrer Eltern arbeiten könne – das aber wollen die nicht. Es kommt immer häufiger zu Streitereien.

Selbsthilfegruppen schätzen, dass mehr als einer Million Vätern der Kontakt zu ihren Kindern erschwert wird

Eines Abends, nach einem anstrengenden Tag, schreit er seine Lebensgefährtin an, dass es so nicht weitergehen könne. Wütend schlägt er mit der Hand auf den Esstisch. „Das war wohl der Moment, in dem ich erkannte, dass die Beziehung gescheitert war“, sagt Ansorge.

Brigitte, fast zwei Köpfe kleiner und halb so schwer wie der 1,95-Meter-Mann, fühlt sich von ihm bedroht. Sie habe „Angst um Leib und Leben“, und das Kind fürchte sich ebenfalls vor ihm.

Die Beziehung scheitert; der Junge ist erst dreieinhalb. Da die Eltern nicht verheiratet waren, liegt das Sorgerecht nun allein bei der Mutter.

Seither, sagt Ansorge, habe seine Ex-Partnerin den Kontakt zu seinem Sohn erst erschwert und dann ganz verhindert. Sie lasse sich auf keinerlei Diskussionen über einen geregelten Umgang ein. Inzwischen ist David sechs Jahre alt – und hat seinen Vater seit März 2008 nicht mehr gesehen.

Dietrich Lehmann*, 42, hat seit fünf Jahren kaum noch Kontakt zu seiner 13-jährigen Tochter. Seine zweite, 16-jährige Tochter sieht er einmal in der Woche sowie im Urlaub. Vor einiger Zeit, erzählt Lehmann, habe er seiner Ex-Ehefrau einen Brief geschrieben, mit der Bitte, sich gemeinsam mit einem Mediator um eine bessere Besuchsregelung zu bemühen. Doch es habe keine Reaktion gegeben

DER VEREIN „VÄTERAUFBRUCH“, eine Selbsthilfeorganisation für eine gemeinsame elterliche Verantwortung, schätzt, dass rund 1,5 Millionen Männern in Deutschland der Kontakt zu ihren Kindern erschwert oder verweigert wird.

Auch wenn manchen Experten diese Zahl zu hoch gegriffen erscheint: Beim Umgang mit dem Nachwuchs waren Väter juristisch gesehen jahrzehntelang im Nachteil. Noch vor 30 Jahren war ein nicht eheliches Kind in Deutschland rechtlich mit seinem Vater nicht einmal verwandt.

Und noch bis vor Kurzem konnte ein unverheirateter Vater das gemeinsame Sorgerecht nicht ohne die Zustimmung der Mutter erhalten.

Erst im August 2010 hat das Bundesverfassungsgericht ledigen Vätern zumindest ermöglicht, vor einem Familiengericht die gemeinsame elterliche Sorge zu beantragen; verweigert werden kann es ihm seither nur noch, wenn

* Namen geändert; Red.

Peter Müller*, 51, hat seinen achtjährigen Sohn jahrelang weitgehend allein erzogen, weil seine Frau die Familie verlassen hatte. Damit sich daran nichts ändere, habe seine Frau angeblich mehrere Zehntausend Euro von ihm gefordert, sagt Müller. Als er nicht zahlte, habe sie vor zwei Jahren vor Gericht das Aufenthaltsbestimmungsrecht erwirkt und den Sohn zu sich geholt. Seither gebe es keinen Kontakt mehr zwischen Vater und Sohn

das Kindeswohl nach Auffassung eines Gerichts dagegenspräche.

Begründet hat das Verfassungsgericht sein Urteil unter anderem mit neuen Daten. Die hätten gezeigt, dass sich zwar in etwa der Hälfte aller Fälle die Eltern nicht ehelicher Kinder auf ein gemeinsames Sorgerecht verständigen, dass es aber „in nicht unbeträchtlicher Zahl" Mütter gebe, die „allein deshalb die Zustimmung zur gemeinsamen Sorge verweigern, weil sie ihr angestammtes Sorgerecht nicht mit dem Vater des Kindes teilen wollen".

Nach diesem Urteil können ledige Väter nun nachträglich bei den Familiengerichten das gemeinsame Sorgerecht beantragen (siehe Kasten).

Doch damit ist das Problem nicht gelöst: Denn viele Väter befürchten, dass sich durch eine juristische Auseinandersetzung das Verhältnis zur Mutter ihres nicht ehelichen Kindes noch weiter verschlechtert.

Und da der Nachwuchs in der Regel bei den Müttern lebt, können die letztlich weitgehend bestimmen, wie oft und wann ein Vater sein Kind wirklich sieht. Häufig wird der Kontakt verhindert: Es werden Krankheiten vorgetäuscht, oder die Mutter sagt, das Kind wolle den Vater angeblich gerade nicht sehen. Mitunter wird sogar mit einem Umzug gedroht, wenn der Vater sich nicht wie gewünscht verhält. Die Familienrichter wissen oft nicht, wie sie einen solchen Umgangsboykott verhindern sollen.

Die psychologischen Folgen eines derartigen Verhaltens sind häufig verheerend. „Wenn eine Mutter ihr Kind in einem Konflikt instrumentalisiert, ist das eigentlich Missbrauch", erklärt die Rechtsanwältin Friederike Woertge, die auch als Mediatorin arbeitet.

Die Nürnbergerin berät Eltern, die sich getrennt haben, und versucht, faire Regeln für den Umgang mit den gemeinsamen Kindern auszuhandeln. „Das gelingt allerdings nur, wenn offen über die Gründe der Mutter für die Kontakteinschränkung gesprochen wird, ihre Bedürfnisse, Ängste und Motive. Wenn sich die Mutter aber weigert, hat man als Berater fast keine Chance."

Studien zeigen, dass jede fünfte Frau trotz gemeinsamen Sorgerechts den Kontakt des Vaters zum Kind ablehnt

AUSSENSTEHENDEN ist es oft unbegreiflich, dass ein Mann und eine Frau sich derart bekriegen können. Dass ihr gemeinsames Kind zum Streitobjekt wird, obwohl die Eltern wissen, welchen Schaden dies anrichten kann. „Menschen handeln eben oft nicht rational, in wichtigen Dingen sind wir zutiefst emotionale Wesen", sagt Matthias Becker, ärztlicher Psychotherapeut in Würzburg. In Beckers Männergruppe sucht Ulrich Ansorge seit einem halben Jahr Hilfe.

Bei Ansorge und seiner früheren Freundin muss Matthias Becker zurückgehen bis zum Anfang der Beziehung, um die Problematik zu verstehen. Sie hatten sich 2004 im Urlaub ineinander verliebt. Zurück in Deutschland begannen sie ihre Fernbeziehung.

Beim ersten gemeinsamen Weihnachtsfest erfuhr Ulrich Ansorge, dass er Vater wird. Einerseits freute er sich, andererseits fragte er sich, wie es in seinem Leben nun weitergehen solle.

Nur eines schien ihm klar: Er wollte nicht gleich heiraten, auch nicht wegen des Kindes. Daraufhin redeten die Eltern der Freundin zwei Monate lang kein Wort mit ihm.

Ansorge pendelte täglich 150 Kilometer ins Büro und zurück. Er begleitete Brigitte zu den Vorsorgeuntersuchungen, suchte in ihrem Dorf eine

DAS NEUE SORGERECHT

SIND DIE ELTERN EINES KINDES VERHEIRATET, haben sie automatisch die gemeinsame „elterliche Sorge", wie das Sorgerecht offiziell heißt. Es umfasst das Recht und die Pflicht, sich um das Wohl eines minderjährigen Kindes zu kümmern – etwa, wenn es um die Wahl der Schulform geht, des Wohnorts oder bestimmter medizinischer Behandlungen. Eine Trennung oder die Scheidung der Eltern ändern an diesem gemeinsamen Sorgerecht nichts.

UNVERHEIRATETE ELTERN BEKOMMEN DAS GEMEINSAME SORGERECHT nur dann, wenn sie erklären, dass sie es gemeinsam übernehmen wollen (Sorgeerklärung), oder nach der Geburt heiraten. Stimmt die Mutter dem nicht zu, erhält zunächst sie das alleinige Sorgerecht. Seit der Entscheidung des Bundesverfassungsgerichts vom August 2010 kann der Vater vor einem Familiengericht das gemeinsame Sorgerecht beantragen; verwehrt werden darf es ihm nur dann, wenn nach Ansicht des Gerichts dadurch das Wohl des Kindes gefährdet wäre.

DIESE ENTSCHEIDUNG IST ABER NUR DER ERSTE SCHRITT hin zu einer grundsätzlichen Neuregelung der elterlichen Sorge. Die hat der Europäische Gerichtshof für Menschenrechte eingefordert, weil das deutsche Recht Väter nicht ehelicher Kinder diskriminiere. Der Verein „Väteraufbruch" macht sich dagegen für eine Regelung wie in 18 der 27 EU-Staaten stark: Dort sind unverheiratete Eltern verheirateten ganz oder weitgehend gleichgestellt und erhalten automatisch das gemeinsame Sorgerecht.

HAT EIN UNVERHEIRATETER VATER IN DEUTSCHLAND nicht das Sorgerecht, bleibt ihm das Umgangsrecht: also der Anspruch auf regelmäßigen Kontakt (Telefonate, Briefe, Besuche) mit seinem Kind. Die Einzelheiten dieses Umgangs – wie lange, wie häufig, ob mit oder ohne Übernachtung – werden jeweils im Einzelfall festgelegt. Entweder durch eine Familienmediation und das Jugendamt oder durch einen Familienrichter. *Christina Diels*

Holger Dietrich*, 52, kann seine elfjährige Tochter nur alle vier Wochen für sechs bis sieben Stunden sehen, dabei sind ihm in drei Gerichtsverfahren intensivere Kontakte zugestanden worden. Doch mehr, sagt Dietrich, lasse die Mutter einfach nicht zu. Er wolle nun das gemeinsame Sorgerecht beantragen – ohne allzu viel Hoffnung, dass sich der Umgang dadurch verbessert

Wohnung mit Garten, richtete das Kinderzimmer ein, kaufte Windeln. „Wir haben damals einen Riesenaufwand betrieben", sagt er rückblickend, „doch eine gezielte Lebensplanung für die Zeit nach der Geburt unseres gemeinsamen Kindes gab es nicht." Und beide vermieden auch, darüber zu reden.

Nach der Trennung sah es zunächst nicht so aus, als würde es zu einer rigiden Kontaktsperre kommen. Vater und Sohn, so vereinbarte es das Paar, sollten sich jedes Wochenende sehen. Zusammen machten sie Ausflüge, gingen ins Schwimmbad und Eis essen – fast so, als wäre nichts geschehen.

„Wenn ich am Sonntagabend weggefahren bin, haben wir unserem Sohn erklärt, dass ich zur Arbeit muss", erzählt Ulrich Ansorge.

Doch nach drei Monaten kamen die ersten Absagen. Er solle nicht mehr am Samstag kommen, sagte seine Ex-Freundin, sondern kurz am Sonntagnachmittag. Dann hieß es, David sei krank oder habe keine Zeit.

Die Treffen wurden immer seltener, und seit März 2008 hat Ulrich Ansorge seinen Sohn überhaupt nicht mehr gesehen. Er konnte sich die Eskalation nicht erklären, hatte aber das Gefühl, Brigitte setze das Kind als Waffe ein.

Bei derartigen Konflikten geht es vielen Müttern, wie eine repräsentative Studie für das Bundesjustizministerium ergeben hat, nicht um das Wohl des Kindes. Demzufolge lehnen 22 Prozent der vom Vater ihres Kindes getrennt lebenden Mütter trotz gemeinsamen Sorgerechts den Kontakt des Sohnes oder der Tochter zum Vater ab.

Ihre Motive, so die Studie, seien vor allem von eigenen Interessen geprägt: Sie wollten in der Regel allein über ihr Leben entscheiden und mit dem Vater nichts mehr zu tun haben.

Mitunter mag so ein Verhalten durchaus berechtigt sein, denn vor gewalttätigen oder gar missbrauchenden Männern müssen Kinder sehr wohl geschützt werden. Zudem suchen viele Väter schon kurz nach der Trennung kaum noch Kontakt zu ihren Kindern – oder drücken sich vor der Unterhaltszahlung.

Die Männer sollten sich in Erinnerung halten, raten Experten. Etwa durch Briefe zum Geburtstag

Bei vielen Auseinandersetzungen geraten Kinder schnell in einen Loyalitätskonflikt und wissen nicht, wie sie sich verhalten sollen. Oft übernehmen sie die Ansichten jenes Elternteils, bei dem sie wohnen – was mitunter zu extremen emotionalen Reaktionen führt. „Ich will, dass Papa tot ist, damit ich ihn nicht mehr sehen muss", sagte vor Gericht die neunjährige Tochter des Berliner Regisseurs Douglas Wolfsperger, der einen Film über sich und andere „entsorgte Väter" gemacht hat.

Die Mediatorin Friederike Woertge versucht den Beteiligten daher stets klarzumachen, dass sie Eltern- und Partnerrollen deutlich voneinander trennen müssen. Mit anderen Worten: dass auch ein als schlecht empfundener Partner ein gutes Elternteil sein kann.

Gelingt ein Ausgleich nicht, suchen die Kinder Gründe für die Ablehnung des fehlenden Elternteils oft bei sich selbst. Die Trennungssituation kann sie krank machen, zu Konzentrations- und Schlafproblemen, Aggressionen und Depressionen führen. Experten fassen die Symptome unter dem Begriff „Parental Alienation Syndrome" (Elterliches Entfremdungssyndrom) zusammen.

Der amerikanische Psychiater Richard Alan Gardner, der diesen Ausdruck prägte, hat festgestellt, dass manche Kinder sogar Erinnerungen an das abwesende Elternteil ausblenden – aus Selbstschutz. Sie fühlen sich so sehr entfremdet, dass sie den abwesenden Vater (oder die Mutter) gar als Feind empfinden. Sie wollen ihn nicht mehr sehen, sich nicht mehr an ihn erinnern.

Um solche Folgen zu vermeiden, versuchen Fachleute, Verfahren für vernünftige Umgangslösungen zu finden. Als vorbildlich gilt das Cochemer Modell, bei dem Familiengericht, Anwaltschaft, Jugendamt, Beratungsstellen und Gutachter eng zusammenarbeiten.

Zunächst verpflichtet das Gericht die Eltern, psychologische Beratung in Anspruch zu nehmen und sich dabei auf eine Lösung zu einigen, mit der alle Betroffenen einverstanden sind. Dann erst wird der Fall vor Gericht juristisch geregelt. Spätestens drei Monate danach folgt der nächste Gerichtstermin, bei dem die Eltern Rechenschaft darüber ablegen müssen, ob die Umgangsregelungen eingehalten worden sind.

Dank dieses Modells ist es bislang gelungen, in 98 Prozent der Fälle ein Einvernehmen sowie ein gemeinsames Sorgerecht zu erreichen. Der Richter Jürgen Rudolph, der das Verfahren

Rainer Sommer*, 39, hat trotz einer gerichtlich festgesetzten Umgangsregelung seit mehr als einem halben Jahr keinen Kontakt mehr zu seinem fünfjährigen Sohn. Jedes zweite Wochenende, sagt er, stehe er vor der Wohnung seiner ehemaligen Lebensgefährtin und klingele. Aber es öffne niemand

Jens Mayer*, 45, hat seinen 14-jährigen Sohn sechs Jahre lang kaum gesehen – weil ihn seine Ex-Frau kurz nach der Trennung bezichtigte, er habe ihn missbraucht. Nach mehreren Gerichtsverhandlungen steht fest: Die Vorwürfe sind nicht haltbar, die Berufung seiner Frau wurde abgewiesen. Inzwischen sieht er seinen Sohn jedes zweite Wochenende und in der Hälfte der Schulferien

maßgeblich mitentwickelt hat, ist überzeugt: „Wenn einer als Sieger und einer als Verlierer aus dem Gerichtssaal geht, haben immer die Kinder verloren."

WAS ABER, wenn sich einer der Beteiligten hartnäckig weigert, zu einer Beratungsstelle zu gehen?

Ulrich Ansorge wäre froh, wenn der Umgang zumindest so geregelt wäre, dass er seinen Sohn wenigstens alle zwei Wochen sehen könnte. Klagen will er aber vorerst nicht, er hofft weiter auf eine friedliche Einigung. Aber er hat Angst, sein Sohn könnte ihn schon bald ganz vergessen. Manchmal denkt er bereits ans Aufgeben. Doch die Mediatorin Friederike Woertge rät: „Dranbleiben! Briefe zum Geburtstag schicken, versuchen, sich als Vater in Erinnerung zu halten."

Deshalb auch ist Ansorge kürzlich am sechsten Geburtstag seines Sohnes nachts zum Haus seiner früheren Freundin gefahren und hat ihm ein Geschenk vor die Tür gestellt.

Doch auch das kam falsch an: Am nächsten Tag rief seine ehemalige Lebensgefährtin bei ihm an und erklärte, der Junge sei verwirrt, das Geschenk – ein Zwei-Mann-Zelt – sei viel zu groß und für einen Sechsjährigen unangemessen; derart übertriebene Aktionen solle er in Zukunft bitte unterlassen.

Doch Ansorge fühlt sich seinem Sohn viel zu sehr verbunden, um loslassen zu können. Auch wenn er nichts mit dem Frauenhass mancher Schicksalsgenossen zu tun haben will, die sich in Vereinen organisieren oder in Internetforen gegen die Mütter ihrer Kinder polemisieren. „Für meinen Sohn", sagt Ulrich Ansorge, „ist Brigitte die beste nur denkbare Mutter." □

Titus Arnu, 44, ist Reporter der „Süddeutschen Zeitung" und Vater einer Tochter und eines Sohnes. Der Düsseldorfer Fotograf **Andreas Jung** hat einen Sohn aus einer früheren Beziehung – und mit seiner jetzigen Ehefrau eine Tochter.

Ein Jahr voller Naturerlebnisse genießen:

GEO Special-Kalender »Amerikas Küsten«

Neue Welt nannten europäische Seefahrer jenen Kontinent, von dessen Pracht und Andersartigkeit sie so überwältigt waren. In zwölf Bildern stellt GEO die schönsten Abschnitte der Küsten Nord- und Südamerikas vor.

Format: 50x45 cm, **Preis:** € 29,– / € 29,30 (A) / CHF 49.–
Best.-Nr.: G 692300

GEO Special-Kalender »Meerestupfer«

Kleine Inseln in Atlantik, Pazifik und Indischem Ozean. Es sind separate Welten, umgeben von schier unendlichem Blau: Sie nähren die Vorstellung, einmal im Leben Robinson Crusoe zu sein.

Format: 50x45 cm, **Preis:** € 29,– / € 29,30 (A) / CHF 49.–
Best.-Nr.: G 692400

GEO-Panoramakalender »Lichte Weiten«

Warten, bis der Morgennebel langsam die Berge freigibt. Dank seiner immensen Geduld gelingt es Fotograf David Noton, Panoramen einzufangen, die eine magische Kraft entfalten: Sie lassen den Betrachter zur Ruhe kommen.

Format: 137x60 cm, **Preis:** ~~€ 109,– UVP~~ € 99,– / € 99,90 (A) / CHF 169.–
Best.-Nr.: G 691900

BRONZE
PREIS DER INTERNATIONALEN KALENDERSCHAU
GRAPHISCHER KLUB STUTTGART
2011

Ihre Spar-Vorteile

1. **Sie sparen € 10,–** gegenüber der UVP im Handel bei Bestellung eines Panoramakalenders!
2. **10 % Rabatt** bei Bestellung von mind. 2 Kalendern!*
3. **Versandkostenfrei** ab einem Bestellwert von € 100,–!
4. **Abonnentenrabatt** Abonnenten eines GEO-Titels sparen 10 % bei allen Kalendern.*

Diese und weitere Kalender unter www.geo.de/kalender

mit unseren GEO-Kalendern 2011!

GEO-Edition »Der Planet der Tiere«

Ein grandioses Portfolio über die Üppigkeit der Natur: Der renommierte Tierfotograf Ingo Arndt hat über die Jahre hinweg immer wieder Herden oder Schwärme von Tieren mit der Kamera eingefangen.

Format: 70x60 cm, Preis: € 69,– / € 69,60 (A) / CHF 115.–
Best.-Nr.: G 692200

Jetzt teilnehmen an der Wahl zum GEO-Kalender des Jahres!

Stimmen Sie jetzt ab und wählen Sie online Ihren Favoriten zum Kalender des Jahres 2011 unter: **www.geo.de/kalenderwahl**

Jeder Teilnehmer erhält einen **Gutschein** über **€ 5,–** als **Dankeschön** von GEO!

Gleich Coupon ausfüllen und absenden an:

GEO Shop
Kunden-Service
20080 Hamburg

Noch schneller geht's per Telefon:
0 18 05/06 20 00**

Fax:
0 18 05/08 20 00**

Bitte Kennziffer 700265 angeben.

*Diese Rabattaktionen sind nicht miteinander kombinierbar.
**14 Cent/Min. aus dem dt. Festnetz, max. 42 Cent/Min. aus dem dt. Mobilfunknetz.

GEO Shop
Das Beste von GEO

Ihr GEO-Kalender-Bestellcoupon

Ja, ich bestelle folgende GEO-Kalender (versandkostenfrei ab € 100,– Bestellwert, sonst € 3,32 Versandkostenanteil).

Menge***	Bestellnummer	Einzelpreis	Kalenderbezeichnung	Gesamtpreis
	G 692300	€ 29,– / € 29,30 (A) / CHF 49.–	Special-Kalender »Amerikas Küsten«	
	G 692400	€ 29,– / € 29,30 (A) / CHF 49.–	Special-Kalender »Meerestupfer«	
	G 691900	€ 99,– / € 99,90 (A) / CHF 169.–	Panoramakalender »Lichte Weiten«	
	G 692200	€ 69,– / € 69,60 (A) / CHF 115.–	Edition »Der Planet der Tiere«	
			Summe	

***Solange der Vorrat reicht.

Meine Adresse:

Name

Vorname

Geburtsdatum 19

Straße/Nr.

PLZ

Wohnort

Telefon-Nr.

E-Mail-Adresse

☐ Ja, ich bin damit einverstanden, dass GEO und Gruner+Jahr mich künftig per Telefon oder E-Mail über interessante Angebote informieren.

Ich bin Abonnent eines GEO-Titels und erhalte 10% Rabatt.
Meine Abonnenten-Nummer:

Der GEO-Abonnentenrabatt ist nicht mit dem 10%-Rabatt kombinierbar.

☐ Ich zahle bequem per Bankeinzug:

Bankleitzahl

Kontonummer

Geldinstitut

Datum

Unterschrift

☐ Ich zahle per Rechnung.
Rückgaberecht: Wenn Ihnen ein Artikel nicht zusagt, können Sie ihn innerhalb von 14 Tagen an uns zurücksenden.

Kennziffer: 700265

Erst als Jugendliche haben Ashley (M.) und Katelyn Swetland ihren biologischen Vater kennengelernt: Kirk Maxey, einen Unternehmer aus Ann Arbor. Seine Frau war davon alles andere als begeistert

REPRODUKTIONSMEDIZIN

Die 400 Kinder des Kirk Maxey

Er war 14 Jahre lang Samenspender – vor allem für Forschungszwecke, wie er dachte. Dann stellte Kirk Maxey fest, dass eine Klinik sein Erbgut an Frauen verkauft hatte. Zwei der so gezeugten Kinder haben ihn viele Jahre später gefunden

VON ANDREAS WENDEROTH (TEXT) UND JONATHAN TORGOVNIK (FOTOS)

Neulich ist ihm in einem Fernsehfilm ein junger Schauspieler aufgefallen, der bewegte sich ziemlich genau so wie er früher, und er ähnelte ihm auch ein wenig. Der könnte von mir sein, hat Kirk Maxey gedacht.

Auf der Straße passiert ihm so etwas auch manchmal. Die Frau an der Ampel? Der Kerl, der ihm gestern im Supermarkt blöd gekommen ist?

Dass hier in Ann Arbor, einem kleinen Universitätsstädtchen in Michigan, mehr Nachkommen von ihm herumlaufen, als ihm lieb ist, davon geht Kirk Maxey fest aus. Doch gestattet er sich eigentlich nicht, solchen Gedanken nachzuhängen. Er will sich nicht verrückt machen, nur weil ihn irgendjemand an ihn selbst erinnert.

Ohnehin hat er schon mehr als genug Probleme. Seit er auf Druck der Bank in seinem Pharma-Unternehmen zehn Mitarbeiter entlassen musste, fühlt sich der 55-Jährige im Würgegriff der Finanzinstitute. Seine Frau ist seit sechs Monaten seine Ex-Frau, und letzte Nacht wurde in seiner Firma eingebrochen.

Gefunden haben die beiden Schwestern ihren Vater über eine Internet-Seite, die Spenderkinder und Spender zusammenführt

Ohnehin reden sie im Betrieb schon mehr als genug über ihn. Es kann die Autorität eines Chefs untergraben, wenn hinter vorgehaltener Hand über dessen Sperma gesprochen wird. Kirk Maxey wischt sich den Schweiß von der Stirn, blinzelt in die hoch stehende Mittagssonne.

Federnden Schrittes geht er über den Rasen vor seinem Haus, vorbei an dem Bienenstock, in die von ihm selbst ausgebaute Scheune. Dort schneidet er mit einem langen Messer Stück für Stück Bienenwaben vom Brett, füllt sie in eine Blech-Zentrifuge mit Handkurbel, gießt den noch ungefilterten Roh-Honig in Gläser ab, die er eine halbe Stunde im Wasserbad erhitzt, und seiht dann den Inhalt durch.

Das Honigmachen beruhigt ihn sehr. Morgen wird er in der Firma wieder Gläser verschenken.

Gut, mit dem Gerede hat er rechnen müssen, nachdem er seine Vergangenheit öffentlich gemacht hatte und sogar sein entziffertes Erbgut für jedermann sichtbar ins Internet stellen ließ. Aber er hat es ja nicht zum Spaß gemacht. Oder leichtfertig.

Nein, er, Kirk Maxey, hat den Schutz seiner Anonymität verlassen, weil ihn die Konsequenzen seiner Zeit als Samenspender bedrücken.

Weil er sichergehen will, dass er gesunde Kinder in die Welt gesetzt hat.

Weil er nach seinen eigenen, sehr zurückhaltenden Schätzungen Vater von mindestens 400 Kindern ist, die er nicht kennt. Gesichtslosen Wesen, Leerstellen im Puzzle seines Lebens.

Objektiv betrachtet, kann eine Frau, die einen Samenspender sucht, auf sehr viel schlechtere Alternativen stoßen als auf ihn. Mit ein bisschen Fantasie sieht er aus wie Paul Newman in seinen späteren Jahren. Er hat zwei Studiengänge beendet und zwei Ehen, aus denen vier äußerst vorzeigbare Kinder stammen. Er führt ein Unternehmen mit 250 Mitarbeitern, ist kultiviert und geduldig, lebt gesund und redet mit sanfter Stimme.

Dies ist seine Geschichte.

Kirk Maxey war Anfang der 1980er Jahre Medizinstudent und frisch verheiratet. Seine Frau arbeitete als Krankenschwester in einer Klinik für künstliche Befruchtungen, 100 Meilen westlich von Ann Arbor. Dort suchten sie Samenspender.

Er gab seinen Samen und redete nicht darüber, weil man das damals nicht tat. Fragen nach Krankheiten gab es anfangs ebenso wenig wie gründliche medizinische Untersuchungen.

Zunächst habe ein altruistisches Motiv bei ihm im Vordergrund gestanden. Er und seine Frau hatten gerade ihren ersten Sohn bekommen und viel Freude an ihm. „Also hielt ich es für eine gute und ehrenwerte Sache, anderen Paaren zu helfen."

Die Regelung war klar: Die Samenproben, für die er jeweils 20 Dollar erhielt, waren ausschließlich für heterosexuelle Paare bestimmt, bei denen der Mann unfruchtbar war – anders als heute, da mindestens die Hälfte der Ware an alleinstehende Frauen oder lesbische Paare verkauft wird.

Dann wechselte er an eine andere Klinik. Die verlangte zwei Samenspenden pro Woche. Auf seine Frage, wieso so viele erwünscht seien, erklärte man ihm, die Klinik arbeite an einem großen Entwicklungsprogramm zu Forschungszwecken.

Maxey fragte nicht weiter nach. „Ich hab die Verantwortung auf die Männer mit den weißen Kitteln übertragen."

An der Klinik gab es das sogenannte Masturbatorium, einen kleinen, mit zweckdienlichen Heften ausgelegten Raum, den Maxey in der Regel lieber mied. „Man braucht dort einfach länger." Er erledigte seine Aufgabe lieber daheim und brachte das Resultat abgefüllt und verschraubt zu einem Assistenten, der ihn zuvor auf Geschlechtskrankheiten untersucht hatte.

Vor dem gab es keine Geheimnisse. „Er sagte mir, wenn es seiner Meinung nach beim letzten Mal zu wenig gewesen war. Und er erklärte auch, warum es zu wenig war." Maxey lernte, dass er zwei Tage vor dem Spendetermin keinen Sex haben durfte.

Und so kam es damals manchmal zu Gesprächen, die etwa so verliefen: „Hmm, Kirk, was ist passiert, da ist ja nichts drin."

„Oh, tut mir leid, mir war gestern so romantisch zumute."

Seine Frau habe ihn manchmal geneckt: „Zum Teufel mit der Samenbank, ich zahl dir 40 Dollar!"

Kirk Maxey sagt, es gab Wege, das eigene Sexualleben so zu managen, dass es nicht litt (am besten direkt nach der Spende!), aber natürlich habe es Konflikte gegeben zwischen den Ansprüchen der Klinik und denen des Ehelebens.

Sicherlich spielte bei Maxey auch Eitelkeit mit, jenes erhebende Gefühl des Auserwähltseins. Nur etwa jeder zehnte Mann liefert ein Ejakulat, das auch nach sechs Monaten in flüssigem Stickstoff noch eine ausreichend hohe Anzahl an beweglichen Spermien enthält. Und die von Kirk Maxey waren außergewöhnlich beweglich.

Von Beginn an sah er sich als eine Art Sonderfall unter all den Durchschnittsspendern. Er war fasziniert davon, wie im menschlichen Körper alles ineinandergreift; fasziniert von dem Gedanken, dass diese hochkomplizierte Struktur *Homo sapiens* gestartet werden kann durch das bloße Zusammentreffen von Spermatozoid und Eizelle.

Und so kam es, dass Kirk Maxey ein wenig stärker an den Rädchen der Schöpfung drehte, als es den meisten anderen Menschen möglich ist.

Der Grund, weshalb er aufhörte nach 14 Jahren, in denen er als unsichtbarer Dritter in unzähligen Beziehungen wirkte, war eine Klinikassistentin, die für die Blutabnahmen zuständig war.

Die war unglücklich verliebt in Kirk, rief 1994 seine Frau an und behauptete, sie habe mit ihm eine Affäre und sich selbst mit einer seiner Samenproben befruchtet.

„Da wurde mir zum ersten Mal klar, dass die Klinik mit dem Sperma-Management offenbar ein wenig überfordert war." Zudem habe er den merkwürdigen Anruf eines Arztes erhalten, der sagte, man werde die Mitarbeiterin zur Abtreibung zwingen. Er hat später versucht, die Frau ausfindig zu machen, ohne Erfolg.

Ein paarmal schrieb er dann an die Klinik, bat um ein Protokoll seiner Spenden, wurde aber auf die Anonymitätsvereinbarung verwiesen, die er unterschrieben hatte – dabei wollte er gar keine Namen wissen, sondern nur herausfinden, wann seine Kinder Geburtstag haben und ob sie gesund sind.

Schließlich schickte die Klinik Kopien von Unterlagen, mit deren Hilfe er seine Spendenanzahl hochrechnete – etwa 1000 waren es. Diese Proben waren anschließend noch portioniert worden, um die Spermien möglichst gut zu nutzen und den Gewinn zu maximieren.

Etwa 2000 Portionen dürften es am Ende gewesen sein. Selbst wenn, zurückhaltend geschätzt, nur jede fünfte Frau erfolgreich befruchtet wurde, käme er auf 400 Kinder.

Auch wegen der Gewinnmaximierung durch Portionierung hält Maxey kommerzielle Samenbanken inzwischen für „widerlich": „Sie machen etwas Außergewöhnliches, aber sie treten auf wie Autoverkäufer."

Beim Essen erfährt Ashley, dass der frühere Mann ihrer Mutter nicht ihr Vater ist

Aus einer solchen Probe entsteht im Jahre 1987 Ashley Swetland, eines von heute schätzungsweise einer Million Spenderkindern in den USA (in Deutschland sind seit 1970 etwa 100 000 Kinder mit Fremdsamen gezeugt worden).

1500 Dollar zahlt ihre Mutter für sie – nach sieben Versuchen klappt es endlich. Weil sie mit dem ersten Kind sehr zufrieden ist, fragt sie, ob vom selben Sperma noch etwas da sei. Kein Problem, wird ihr mitgeteilt, und so zahlt sie für ihre andere Tochter drei Jahre später noch einmal 2000 Dollar.

17 Jahre lang hält Ashley Swetland den ersten Mann ihrer Mutter für ihren biologischen Vater. Wahrscheinlich rückt ihre Mutter nur deshalb eines Abends mit der Wahrheit heraus, weil sie sauer ist auf Douglas, der inzwischen von ihr geschieden ist und sich, neu verheiratet, plötzlich kaum mehr um seine Kinder kümmert.

Und so erfährt Ashley über einem Topf Spaghetti: „Douglas ist gar nicht dein richtiger Vater!"

Ashley fühlt sich wie im freien Fall. Ein Spenderkind? Nicht im Liebesakt gezeugt, sondern Resultat des Inhalts eines kleinen Glasröhrchens mit unbekanntem Absender? Unromantisch und technisch klingt das, kalt und geheimnislos. Ihr Magen rebelliert, sie weint, und als ihre Mutter sie in den Arm nimmt, blockt sie ab. Noch am selben Tag beschließt sie, nach ihrem biologischen Vater zu fahnden.

Im Internet stößt sie auf das „Donor Siblings Registry", eine Website, die Spenderkinder und Väter zusammenführt. Und dort auf das Profil von Kirk Maxey: Blutgruppe A positiv, 1,78 Meter, 79 Kilogramm, blaue Augen, Interesse für Chemie, Biologie, Evolution, Architektur, Design, Musik. „Das muss er sein", sagt Ashley, einer Intuition folgend, zu ihrer Mutter, die zunächst zweifelt. Aber dann suchen sie die alte Spendernummer raus, eine Art Katalognummer, unter der einige Merkmale des Mannes verzeichnet sind, wie Haar- und Hautfarbe oder intellektueller Hintergrund. In ihrer Mail an Kirk schreibt Ashley nur einen einzigen Satz: „Ich glaube, du bist mein biologischer Vater!"

In den meisten europäischen Ländern, auch in Deutschland, haben Spenderkinder spätestens mit 18 Jahren das Recht, über ihren biologischen Vater informiert zu werden. Bei den rund 150 Samenbanken in den USA wird dagegen nach wie vor vorwiegend anonym gespendet, und es ist eher Zufall, wenn es Kindern gelingt, ihren Vater aufzuspüren.

„Damit missachtet man das Grundrecht des Kindes, seinen biologischen Vater kennenzulernen", sagt Kirk Maxey, der das anonyme System der Samenspende „unethisch" nennt.

Er spricht sich dafür aus, die Kinderzahl je Spender auf maximal 25 zu begrenzen – wie etwa in den Niederlanden. Und dafür, dass der Gesundheitsstatus neugeborener Kinder über zwei Jahre verfolgt wird und der Spender in dieser Zeit pausieren muss. Und dass umfangreiche genetische Tests gesetzlich vorgeschrieben werden – um Fälle zu verhindern wie den jenes Samenspenders aus Ohio, der mit einer erblichen Herzkrankheit belastet war, die bei ihm nicht ausbrach. Der Mann hatte jedoch das Erbmaterial für 24 Kinder geliefert, von denen neun krank wurden und eines starb.

Seiner Frau sind die Spenderkinder von Beginn an unheimlich

Gesundheitliche Folgen sind eines der Probleme, mit denen sich die Samenspende-Industrie auseinandersetzen muss, psychische Auswirkungen ein anderes. Doch darüber ist nur wenig bekannt, weil es für Wissenschaftler schwierig ist, Antworten auf ihre Fragen zu erhalten. Zu persönlich ist vielen Eltern und deren erwachsenen Spenderkindern das Thema.

Eine Studie der Universität Cambridge stellte Mitte der 1990er Jahre fest, dass sich Kinder (die freilich nicht wussten, dass sie im Reagenzglas entstanden waren) bis zu einem Alter von zwölf Jahren sozial und emotional nicht von normal gezeugten Gleichaltrigen unterschieden – ja, dass die Eltern-Kind-Beziehung bei ihnen sogar oft besser war, weil sie eindeutig Wunschkinder waren.

Warteten die Eltern allerdings zu lange damit, sich ihren Kinder zu offenbaren, hatte das in etlichen Fällen verheerende Folgen, wie eine weitere britische Studie ergab. Fast alle der dabei befragten 90 Erwachsenen berichteten von Wut und von Gefühlen des Selbst- und Identitätsverlusts. „Ich bin nicht die Person, von der ich dachte, dass ich sie bin", sagte beispielsweise eine 44-jährige Frau.

Viele kritisierten, dass offenbar niemand sie ernst genug genommen habe, um Daten über den Spender aufzubewahren. Alle empfanden, dass ihnen dadurch ein großes Unrecht zugefügt worden sei.

Besser erging es jenen Jugendlichen aus den USA, die sehr früh, etwa mit acht Jahren, von ihrer Situation erfahren hatten und die einen „Open identity"-Spender hatten. Fast alle Befragten einer Studie berichteten den Wissenschaftlern, das Wissen habe keinerlei oder positive Auswirkungen auf die Beziehung zur Mutter und zu dem nichtbiologischen Elternteil gehabt. 80 Prozent von ihnen wollten irgendwann mit ihrem Spender Kontakt aufnehmen. Nur ganz wenige aber wünschten sich eine intensive Vater-Kind-Beziehung zu ihm, die meisten eher so etwas wie eine Freundschaft.

Im Juni 2005 treffen sie sich zum Eisessen im Einkaufszentrum von Ann Arbor: Ashley und ihre jüngere Schwester Katelyn sowie ihre Mutter und Kirk Maxey. Der fühlt sich, sagt er später, wie „bei einem ersten Date" und ist verunsichert, weil Ashley ihn anstarrt, als käme er von einem anderen Stern. Aber sie kennt ja auch nur dieses Bild mit dem Cowboyhut, das er ihr geschickt hat.

Unbeholfen reden sie über Hobbys, Vorlieben und Verwandte. Ashley hat sich immer schon ein bisschen gewundert: Ihre Schwester hat große Ähnlichkeit mit ihrer Mutter, aber so wie Ashley sieht eigentlich niemand in der Familie aus. Im Gesicht von Kirk erkennt sie sich nun wieder, die Züge um den Mund, das ausgeprägte Kinn.

Und er stellt fest: „Wenn sie redet, macht sie Sachen wie ich." Der fokussierte Ausdruck in ihren Augen etwa, bevor sie einen Satz beginnt.

Die zwei spüren, so Kirk, ein Band, das sie miteinander verbindet, entdecken Gemeinsamkeiten, auch durchaus triviale. Beide schreiben gern, sprechen Französisch, sind in einer Gruppe eher zurückhaltend, lieben sowohl „Mint Chocolate Chip"-Eis als auch „Dr. Pepper", einen Softdrink, der beileibe nicht jedermanns Sache ist.

Kirk Maxeys zweiter Frau (1995 ist seine erste Ehe gescheitert) sind die Spenderkinder von Beginn an unheimlich. Ebenso die Vorstellung, dass so viele andere Frauen von ihm schwanger geworden sind.

Etwa 2000 Portionen Sperma hat Kirk Maxey abgeliefert – damit haben sich vermutlich mindestens 400 Kinder künstlich zeugen lassen

Sie sagt, er solle sich lieber um ihre gemeinsamen Kinder kümmern.

„Sie hatte Angst", sagt Kirk, „die Spenderkinder würden mich um Geld angehen." Eine unbegründete Furcht, wie er von vergleichbaren Fällen weiß: „Sie möchten einfach nur herausfinden, wer du bist, sonst nichts. Du musst kein Rock Hudson sein oder ein Supermann. Und selbst wenn du ein Idiot bist, ist es gut, wenn sie dich kennengelernt haben."

Es ist nicht so, dass er nun aktiv nach seinen Hunderten Kindern sucht, aber er hat sich im Internet auffindbar gemacht für sie. Und will Mittler sein für andere, die auf der Suche sind. In dem von ihm gegründeten „Cayman Biomedical Research Institute" bietet er genetische Tests zum Selbstkostenpreis an, mit deren Hilfe sich Vater und Kind vergewissern können, ob sie miteinander verwandt sind.

Seiner zweiten Frau kann er sein Motiv nicht vermitteln, und so kommt es auch hier zur Trennung. Immerhin machen sie sich nicht gegenseitig das Leben schwer: Sasha, 13, und Natalie, acht, sind fast ebenso oft bei ihm wie bei ihr. Kirk Maxey ist stolz auf seine Kinder – zumindest auf die, die er kennt.

Als er Sasha erzählt, dass er noch ziemlich viele andere Söhne und Töchter hat, ist dies, wie er sich später erinnert, „natürlich nicht gerade die einfachste Unterhaltung". Er erklärt seinem Sohn, dass es viele unfruchtbare Männer gibt, für die ein Spender einspringen kann, und muss dabei auch das heikle Thema Masturbation ansprechen.

Sasha hat Ashley bislang nur einmal gesehen, und wenn es nach ihm geht, wird das vermutlich auch so bleiben. Er ist etwas eifersüchtig auf sie. „Jede Minute, die du mit ihr verbringst, nimmst du uns weg", sagt er. Außerdem spüre er keine Verbindung zu ihr: „Sie ist zwar eine Halbschwester, aber noch nicht mal eine Freundin, nur jemand, den ich kenne."

Kirk Maxey kann und will seinen Kindern nicht vorschreiben, Ashley zu mögen. Auch er selbst ist sich über seine Gefühle nicht ganz im Klaren.

Vielleicht empfindet er sogar so etwas wie Liebe zu Ashley (die ihm näher steht als Katelyn), er weiß es nicht genau. Er ist nicht verantwortlich für sie und dennoch an ihrem Wohlergehen interessiert. Er sieht sich eher als Onkel, der hin und wieder mal einen Rat gibt, zuhört, aber nicht urteilt, sich aus der Erziehung völlig heraushält.

Natalie, seine jüngste Tochter, die gerade auf dem Trampolin im Garten hüpft, hat das Ausmaß der jahrelangen Nebentätigkeit ihres Vaters noch nicht erfasst. Wohl aber, dass sie eine Halbschwester in Jackson hat. Heute wird sie sie zum ersten Mal sehen, deshalb ist sie ein bisschen aufgeregt. Auch für Kirk ist das letzte Treffen schon wieder ein halbes Jahr her.

EINE STUNDE SPÄTER sitzen sie im Auto und fahren Richtung Jackson. Schließlich stoppt Maxey vor einem Schnellrestaurant. „Dann wollen wir mal!"

Drinnen wartet bereits Ashley, am Erdbeershake nippend. Zu Kirks Überraschung hat sie ihren Freund mitgebracht, der allerdings fast vollständig hinter einem Vollbart verschwindet. Ashley trägt halblange braune Haare, ein Ohrpiercing, eine schulterfreie lilafarbene Bluse und ein Lächeln, das ihre Verleumder in den Internetforen Lügen straft. „Niemand sollte so ein hässliches Kind haben wie

sie", heißt es dort. An gleicher Stelle wird Maxey als ernsthaft gestörtes, perverses Monster bezeichnet.

Es gibt in den USA starke religiöse Einwände gegen Samenspenden sowie die weit verbreitete Ansicht, dass Masturbation nur wenig Gutes bringen kann. „Jemand, der 400-mal Blut spendet", sagt Kirk Maxey, „ist ein Held. Bei 400 Kindern mögen sie dich aber überhaupt nicht mehr!"

Jedes Kind habe das Recht, zu wissen, woher es kommt, sagt Ashley

Ashley und ihr biologischer Vater haben eine gemeinsame Wellenlänge gefunden. Im Scherz haben sie eine Liste von Sätzen zusammengestellt, die ihr als Tochter im Gespräch mit dem Vater untersagt sind. Dazu gehört der scheinbar unschuldige Hinweis „Mein Auto ist gerade defekt" ebenso wie: „Ich brauchte eigentlich eine Augenlaseroperation."

Ashley bekommt weder Geld noch Geschenke von Kirk. Es geht ihm nicht um eine enge soziale Bindung, bei ihm daheim steht kein Foto von ihr. Er möchte ihr einfach einen Eindruck von ihrem biologischen Vater verschaffen und sie über jenen Teil ihrer Herkunft informieren, von dem sie so lange nichts wusste. So kann er sie beispielsweise beruhigen, als sie ihn nach der Familiengesundheit fragt: „Mein Dad ist 85 und reitet noch. Alle meine Geschwister leben, niemand ist krank."

Maxey ist einer jener zehn ersten Menschen weltweit, die ihre gesamte DNS sequenziert und ins Internet haben stellen lassen. Bei ihm gibt es keine auffallenden Mutationen – nur eine um 1,9 Prozent erhöhte Wahrscheinlichkeit, herzkrank zu werden. Dafür aber ist sein Alzheimer-Risiko reduziert, und eine Glatze bleibt ihm voraussichtlich auch erspart.

Und dann fügt Kirk noch hinzu: „Ach, und übrigens, ich bin allergisch auf Bienenstiche."

Ashley: „Wie allergisch?"

Kirk: „Sehr allergisch!"

Ashley: „Du schwillst an?"

Kirk: „Ich kollabiere ein bisschen und kann nicht atmen."

Ashley: „Wie bitte???"

Kirk: „Das letzte Mal musste der Krankenwagen kommen."

Ashley: „Gute Idee, Bienen zu züchten ..."

Ihr Freund schaltet sich ein, ein paar Anekdoten zu Insektenstichen wechseln über den Tisch. Dann bemerkt Ashley, jedes Spenderkind müsse das Recht haben, zu erfahren, woher es stammt. Dass nicht die Tatsache, ein Samenspendekind zu sein, das Problem sei, sondern: die Lüge. Und dass der Spender eine moralische Informationspflicht habe.

Maxey fühlt sich nun offenbar in Zugzwang, aber da er es sowieso ansprechen wollte, geht er die Sache jetzt direkt an: „Hast du mal von einem Basaliom gehört?" Ein Hautkrebs, aber recht harmlos. Sein Sohn und sein Vater hätten eine solche Hautveränderung gehabt, und er selbst habe sich erst kürzlich ein Basaliom an der Stirn herausschneiden lassen.

„Aha, dann bin also ich die Nächste?", fragt Ashley, und es ist nur halb ironisch gemeint. Kirk beruhigt: „Das ist eher kosmetisch, völlig harmlos, zwei Stiche beim Hautarzt, und dann ist es wieder gut."

Nach 60 Minuten eine Umarmung, die gegenseitige Versicherung, dass es schön war, sich gesehen zu haben, und eine vage Verabredung, sich demnächst zu schreiben. Dann steigen sie wieder ins Auto.

Die achtjährige Natalie ist ganz still; sie muss die Begegnung erst einmal nachwirken lassen. Als sie wieder zu Hause sind, schaut sie Kirk mit einem Blick an, dem sich wohl kein Vater der Welt entziehen könnte, und sagt mit Zucker in der Stimme: „Halb acht ist keine Zeit, um schon ins Bett zu gehen ..."

Kirk weiß, was zu tun ist, und holt seine Gitarre raus. Der Mond steht voll über dem Huron River, als Kirk Maxey, vielhundertfacher Vater im Zeitalter der Reproduktionsmedizin, einen Johnny-Cash-Song anstimmt: „I've found the greatest joy of my salvation / is knowing that my children walk in truth ..." □

Andreas Wenderoth, 45, sah sich durch Kirk Maxeys Aussage, es sei als Mann „ein Fehler, nichts zu reproduzieren" damit konfrontiert, dass er bislang offenbar ein weitgehend sinnloses Leben geführt hat. Dem in New York lebenden Fotografen **Jonathan Torgovnik,** 41, fiel auf, wie fremd die beiden Schwestern und ihr Vater noch im Umgang miteinander sind.

MITARBEITERPORTRÄT

Im Zentrum der Mensch

Von der Kunst, Emotionen sichtbar zu machen

Obwohl David Maupilé, 30, im Zeitalter des Fernsehens und des Internets aufgewachsen ist, entdeckte er schon in der Jugend seine Leidenschaft für das „Einfrieren der Zeit", wie er das Fotografieren nennt.

Nachdem er als Assistent für Werbe- und Modefotografen in Hamburg, Paris und London gearbeitet hatte, machte Maupilé sich selbstständig. Unternahm Reportagereisen nach Sibirien und Peru. Begann Langzeitprojekte, etwa über das Thema „Vater und Sohn". Mit dem Sujet beschäftigt er sich seit vielen Jahren, hat auf drei Kontinenten die unterschiedlichsten Protagonisten in Szene gesetzt, ob Landmaschinen-Mechaniker, Streichbogenbauer oder Kolchosebauern.

David Maupilé, 30, arbeitet als Fotograf in Hamburg

Zu dieser Ausgabe hat Maupilé gleich dreifach beigetragen: mit dem Titelmotiv sowie mit Fotos aus seinem „Väter und Söhne"-Projekt (Seite 18) und einer eigens produzierten Bildstrecke mit Töchtern und deren Vätern, die ihn in zehn Tagen rund 2000 Kilometer durch Deutschland führte (Seite 72). „Im Vergleich zum Verhältnis Vater-Sohn sind die Vater-Tochter-Beziehungen viel körperlicher", hat Maupilé beobachtet; sie seien verschmuster miteinander. Das Titelbild wurde in Jachenau am Walchensee bei Bekannten aufgenommen. Das Motiv ist auf dem „Lesebett" im Wohnzimmer entstanden, das Vater und Sohn häufig nutzen.

Maupilé-Fotos, sagt GEO-WISSEN-Bildreakteurin Bärbel Edse, „zeichnen sich vor allem dadurch aus, dass es ihm immer wieder gelingt, die Persönlichkeit der Porträtierten genau herauszuarbeiten und ihre emotionale Beziehung zueinander sichtbar zu machen."

BILDNACHWEIS/COPYRIGHT-VERMERKE

Anordnung im Layout: l. = links, r. = rechts, o. = oben, m. = Mitte, u. = unten

TITEL: David Maupilé

SEITE 4: Robert Capa © 2001 by Cornell Capa/Magnum Photos/Agentur Focus: o.; David Maupilé: l. m.; Jens Bonnke: r. m.; Andreas Jung: l. u.; Edwin Koo: r. u.

SEITE 5: Jonathan Torgovnik/Getty Images/GEO-Montage o.; Andreas Reeg/Agentur Focus: u.

DIE ROLLE SEINES LEBENS: Matt und Melissa Eich/LUCEO: 6/7, 12/13; Alex ten Napel: 8/9; Lydia Panas: 10/11; Zed Nelson/INSTITUTE: 14/15; Elinor Carucci „images from the series Closer": 16/17; David Maupilé: 18/19; Brenda Ann Kenneally: 20/21; Jonathan Torgovnik/Getty Images: 22/23; Phillip Toledano: 24/25

WIE VÄTER IHRE KINDER PRÄGEN: Robert Capa © 2001 by Cornell Capa/Magnum Photos/Agentur Focus: 30/31, 37; Michael Ochs Archives/Getty Images: 33; Karsten de Riese: 34; Friedrich/Interfoto: 35; Bob Peterson/Time & Life Pictures/Getty Images: 36; akg/North Wind Picture Archives: 38; akg images: 39; Thomas-Mann-Archiv/Keystone: 40; UPPA/Photoshot: 41; Jürgen Corleis/Interfoto: 42

AM ANFANG EINES NEUEN WEGES: Andreas Reeg/Agentur Focus: 44–55

IST DIESES KIND WIRKLICH VON MIR?: Jens Bonnke: 57–65

WENN DER VATER FEHLT: Peter Rigaud: 66–70

DER MANN FÜRS LEBEN: David Maupilé: 72–87

IM REICH DER MÜTTER: Edwin Koo: 90–104

DER BLICK AUF DAS BÖSE: David Klammer/laif: 106–112

VON VATERLIEBE UND VATERHASS: Lehtikuva/dpa Picture-Alliance: 116; Damon Winter/The New York Times/Redux/laif: 118 o.; Jimmy Carter Library: 118 u.; Simon Mark/dpa Picture-Alliance: 119; Alen MacWeeney/Corbis: 121; Celestina Vaterra/Süddeutsche Zeitung Photo: 122; privat: 123, 127; Sven Creutzmann/Mambo photo/Getty images: 124; Robert Capa © 2001 by Cornell Capa/Magnum Photos/Agentur Focus: 125; Nigel Bowles/John Connor Press: 126; Ondrej Nemec/isifa/Getty Images: 128; Gamma/laif: 129; PR Photo: 130

MÄNNER UNTER SICH: Karsten de Riese: 132–141; imago/ZUMA/Keystone: 143

WENN KRIEG HERRSCHT UM DIE KINDER: Andreas Jung: 144–151

DIE 400 KINDER DES KIRK MAXEY: Jonathan Torgovnik/Getty Images: 154–156, Jonathan Torgovnik/Getty Images/GEO-Montage: 159, 160

VORSCHAU: Meyer/Tendance Floue: 162/163

Für unverlangt eingesandte Manuskripte und Fotos übernehmen Verlag und Redaktion keine Haftung.

GEO WISSEN

Gruner + Jahr AG & Co KG, Druck- und Verlagshaus,
Am Baumwall 11, 20459 Hamburg. Postanschrift der Redaktion:
Brieffach 24, 20444 Hamburg
Telefon 040/37 03-0, Telefax 040/37 03 56 48, Telex 21 95 20.
Internet: www.geo.de

CHEFREDAKTEUR
Michael Schaper

GESCHÄFTSFÜHRENDE REDAKTEURE
Claus Peter Simon (Text + Konzept);
Ruth Eichhorn (Fotografie),
Jutta Krüger (Art Direction)

ART DIRECTOR
Andreas Knoche

BILDREDAKTION
Bärbel Edse;
Maria Irl (freie Mitarbeit)

VERIFIKATION
Jörg Melander

MITARBEITER DIESER AUSGABE
Titus Arnu, Jens Bonnke, Christina Diels, Ute Eberle, Constanze Kindel, Harald Martenstein, Regina Mennig, Wolfgang Michal, Melanie Mühl, Susanne Paulsen, Jochen Paulus, Alexandra Rigos, Hanne Tügel, Bertram Weiß, Andreas Wenderoth, Sebastian Witte

REDAKTIONSASSISTENZ: Angelika Fuchs

SCHLUSSREDAKTION
Ralf Schulte

BILDADMINISTRATION UND -TECHNIK
Stefan Bruhn

TECHNISCHER CHEF VOM DIENST: Rainer Droste

HONORARE/SPESEN: Angelika Györffy

VERANTWORTLICH FÜR DEN REDAKTIONELLEN INHALT:
Michael Schaper

HERAUSGEBER: Peter-Matthias Gaede
VERLAGSLEITUNG: Dr. Gerd Brüne, Thomas Lindner
GESAMTANZEIGENLEITUNG: Heiko Hager, G + J Media Sales
VERTRIEBSLEITUNG: Ulrike Klemmer, Deutscher Pressevertrieb
MARKETING: Antje Schlünder (Ltg.), Patricia Korrell
HERSTELLUNG: Oliver Fehling

ANZEIGENABTEILUNG: Anzeigenverkauf: G + J Media Sales/Direct Sales: Sabine Plath, Tel. 040/37 03 38 89, Fax 040/37 03 56 04; Anzeigendisposition: Anja Mordhorst, Tel. 040/37 03 23 38, Fax 040/37 03 58 87.
Es gilt die Anzeigenpreisliste Nr. 6 vom 1. Januar 2010.

Der Export der Zeitschrift GEO WISSEN und deren Vertrieb im Ausland sind nur mit Genehmigung des Verlages statthaft. GEO WISSEN darf nur mit Genehmigung des Verlages in Lesezirkeln geführt werden.
Bankverbindung: Deutsche Bank AG Hamburg, Konto 0322800, BLZ 200 700 00.

Heft-Preis: 9,00 € (mit DVD: 15,90 €) · ISBN 978-3-570-19942-8 (978-3-652-00044-4)

ISSN 0933-9736

Druck: Prinovis Itzehoe GmbH
Printed in Germany

GEO-LESERSERVICE

FRAGEN AN DIE REDAKTION
Tel.: 040/37 03 20 73 Fax: 040/37 03 56 48
E-Mail: briefe@geo.de

ABONNEMENT- UND EINZELHEFTBESTELLUNG

KUNDENSERVICE UND BESTELLUNGEN
Anschrift:
GEO-Kundenservice
20080 Hamburg
E-Mail: geo-service@guj.de
Tel. innerhalb Deutschlands: 01805/8618000*
Tel. außerhalb Deutschlands: +49/1805/8610000
Telefax: +49/1805/8618002
pers. erreichbar:
Mo.–Fr. 7.30 bis 20.00 Uhr
Sa. 9.00 bis 14.00 Uhr
24-Std.-Online-Kundenservice: www.meinabo.de/service
Preis Jahresabonnement: 16,00 Euro (D) / 17,90 Euro (A) / 33,00 CHF (CH)
Preise für weitere Länder auf Anfrage erhältlich.

BESTELLADRESSE FÜR GEO-BÜCHER, GEO-KALENDER, SCHUBER ETC.

KUNDENSERVICE UND BESTELLUNGEN
Anschrift: GEO-Versand-Service, Werner-Haas-Straße 5, 74172 Neckarsulm
Tel.: +49/1805/062000*
Fax: +49/1805/082000*
E-Mail: service@guj.com

*14 Cent/Min. aus dem deutschen Festnetz, Mobilfunkpreis max. 42 Cent/Min.

Glück, Zufriedenheit, Souveränität

Die nächste Ausgabe von GEO WISSEN erscheint am 11. Mai 2011

Wer wollte es nicht sein: glücklich, zufrieden, souverän? Doch da endet die Einigkeit schon. Allein über die Frage, was der Kern von Glück sei, herrscht seit jeher Streit: Für einen Asketen wie Mahatma Gandhi lag das Geheimnis eines glücklichen Lebens in der Entsagung, für Hedonisten besteht Glück dagegen allein in der Maximierung lustvoller Erlebnisse. Ein schillernder Begriff also, irgendwo anzusiedeln zwischen dauerhafter Ekstase und stiller Zufriedenheit.

Und doch soll der Einzelne es erringen können, das Glück. Die Zahl der Ratgeber geht in die Tausende, die akademische Disziplin der Positiven Psychologie hat einen ungeahnten Aufschwung genommen, und eine ehrwürdige Universität wie Harvard bietet Happiness-Kurse an. Allerdings scheint es mit dem Glück ähnlich zu sein wie mit dem Schlanksein. Trotz (oder gerade wegen?) aller Anstrengungen, diesen Zustand zu erreichen, scheitern viele Menschen; die Zahl der Angsterkrankungen und Depressionen hat deutlich zugenommen.

Was also stimmt nicht mit unserem Glücksstreben? Ist, wer nicht glücklich ist, selbst schuld? Sind wir überhaupt dazu geschaffen, ständig glücklich zu sein? Machen Kinder tatsächlich zufrieden? Gehören zu einem gelungenen Leben nicht auch die Schattenseiten? Was geschieht in Gehirn und Immunsystem, wenn wir Glück empfinden? Führt ein tiefer Glaube zu mehr Lebenszufriedenheit?

Diesen und anderen Fragen geht GEO WISSEN in seiner nächsten Ausgabe nach – vielleicht sogar zur vollen Zufriedenheit der Leser.